Pivot to the Future

Discovering Value and Creating Growth in a Disrupted World

明智转向

[美]奥马尔·阿布什（Omar Abbosh） [美]保罗·纽恩斯（Paul Nunes） [美]拉里·唐斯（Larry Downes）
著

陈召强 陈宇 李杉
译

中信出版集团 | 北京

图书在版编目（CIP）数据

明智转向 /（英）奥马尔·阿布什，（美）保罗·纽恩斯，（美）拉里·唐斯著；陈召强，陈宇，李杉译 . -- 北京：中信出版社，2019.12（2022.6重印）
书名原文：Pivot to the Future
ISBN 978-7-5217-1021-2

Ⅰ . ①明… Ⅱ . ①奥… ②保… ③拉… ④陈… ⑤陈… ⑥李… Ⅲ . ①企业管理 Ⅳ . ① F272

中国版本图书馆 CIP 数据核字（2019）第 261416 号

明智转向

著　　者：［英］奥马尔·阿布什 ［美］保罗·纽恩斯 ［美］拉里·唐斯
译　　者：陈召强　陈宇　李杉
出版发行：中信出版集团股份有限公司
（北京市朝阳区惠新东街甲 4 号富盛大厦 2 座　邮编　100029）
承 印 者：中煤（北京）印务有限公司

开　　本：880mm × 1230mm　1/32　　印　　张：10.75　　字　　数：224 千字
版　　次：2019 年 12 月第 1 版　　印　　次：2022 年 6 月第 5 次印刷
京权图字：01–2019–5372
书　　号：ISBN 978–7–5217–1021–2
定　　价：69.00 元

谨以本书纪念我们的前董事长兼首席执行官南佩德（Pierre Nanterme，1959—2019）。对埃森哲的很多人来说，他是一位敬爱的朋友、老板、导师、伙伴、决策咨询人、教练和团队领袖。他不断地突破现状。他教我们如何破除窠臼思维。而最重要的，是他向我们展示了我们能够成为什么样的人。

为了缅怀他，我们将会把本书销售所得的版税净收入捐献给乔治－蓬皮杜欧洲医院（l'Hôpital Européen Georges-Pompidou）。

献给朱利安（Julien）和奥雷里安（Aurelien），他们积极乐观，总是充满能量和欢笑，已然是崭露头角的小小领导者。

——奥马尔

献给希尔达（Hilda）和安（Ann）。

——保罗

一如既往，献给埃里克（Eric）。

——拉里

推荐语

每一家公司都在寻求自我再创造。这本书提供了强大的、富有激励性的概念、理念和案例，以帮助和指导公司在这方面努力。对任何寻求公司再创造的人来说，这都是一本值得一读的好书！

——休伯特·乔利（Hubert Joly），
百思买（Best Buy）董事长兼首席执行官

“明智转向”的概念是一个强有力的框架，它可围绕数字战略和新的运营模式重塑领导团队的决策。在奥马尔的帮助下，我们通过该框架制定了一项数字战略，在核心业务增长与运营方式重塑之间达成了平衡。

——乔瓦尼·卡弗里奥（Giovanni Caforio），
百时美施贵宝（Bristol-Myers Squibb）首席执行官

我们最好为颠覆做好准备。我喜欢书中描述的那些战略，它们不仅可以帮助企业释放禁锢价值，还有助于企业在传统领域、现有领域和新领域进行再创造。对我们以及其他公司来说，这些战略将会长期发挥作用。

——约翰·佩蒂格鲁（John Pettigrew），
英国国家电网公司（National Grid）首席执行官

当前我们正面临一个颠覆时期，而如此程度的颠覆是我在职业生涯中从未见过的。它不仅会淘汰企业，还会摧毁行业。即便是颠覆者也会成为被颠覆的对象！

这本书以强有力的证据表明，传统战略已经不再奏效。作者从他们的自身经验出发，表明再创造必须持续不断地开展下去——不仅要对传统业务进行再创造，也要对新兴的、扩张型业务进行再创造。而这就需要组织拥抱技术和文化转型，并从外部视角出发，由外而内采取大胆举措。对于转型，要从三个层面进行衡量：旧有业务、现有业务和新兴业务。

对那些准备迎接这一令人兴奋的挑战的人来说，他们知道自己需要做什么，也渴望向同类企业学习。在这里，我愿意把这本书推荐给他们。

——戈登·凯恩斯（Gordon Cairns），
沃尔沃斯集团（Woolworths Group）**董事长、**
起源能源公司（Origin Energy）**董事长**

这本书终于为我们提供了一个急需的视角，为陈旧、过时的战略概念注入了新的活力。它讲述的不是组织如何建立优势并捍卫这种优势，而是组织如何释放禁锢价值，并以此赢得一波又一波竞争优势。它讲述的不是针对“下一个大事件”（Next Big Thing）的创新，而是创新在业务各个阶段所发挥的作用。它讲述的不是理论，而是现实世界中的真实案例。

——丽塔·麦克格兰斯（Rita McGrath），
畅销书作家、《瞬时竞争力》（*The End of Competitive Advantage*）**的作者、**
哥伦比亚大学商学院教授

这本书帮助决策者摆脱传统的线性思维，并帮助他们解决当务之急。他们应该拥抱而不是惧怕颠覆，唯有如此，才有可能在第四次工业革命中脱颖而出。

——**克劳斯·施瓦布**（Klaus Schwab），
世界经济论坛（World Economic Forum）**创始人兼执行主席**

作者成功地超越了颠覆理论，向我们分享了那些实现成功转型的企业的经验。通过案例研究和教训总结，这本书为组织提供了宝贵的再创造工具。

——**路易斯·马洛托**（Luis Maroto），
艾玛迪斯（Amadeus）**总裁兼首席执行官**

数字时代的重大机遇就是释放被旧有工艺禁锢的价值。这本书为企业领导者提供了新的视角，让他们把更多精力放到那些并不那么显而易见的重大机会上。它还提供了一份制胜战术册，以确保企业在数字革命中持续赢得胜利。

——**杰弗里·摩尔**（Geoffrey Moore），
《跨越鸿沟》（*Crossing the Chasm*）**和《制胜地带》**（*Zone to Win*）**的作者**

这是一本适时的、富有洞见的、实用的书。仅就当前已经开始出现的增材制造和数字制造而言，你就可以看出这本书有多么重要了。对任何关心企业长久发展与个人职业长期发展的人来说，这都是一本值得一读的好书。

——**理查德·达维尼**（Richard D'Aveni），
《泛工业革命：新制造业巨头将如何改变世界》
（*The Pan-Industrial Revolution: How New Manufacturing Titans Will Transform the World*）**的作者、达特茅斯学院塔克商学院巴卡拉讲席战略学教授**

我们现在生活的这个世界已经不再存在数字鸿沟。未来“赢者通吃”的市场将会创造前所未有的颠覆浪潮。优胜者必须进行大胆的、明智的转型，这是成功的前提。这本书给出了各行各业的案例，同时证明了增量创新已经不足以让企业赢得市场。苹果的 iPhone 手机在问世之后，摧毁了 27 种商业模式和 10 000 多种产品。这就是颠覆。而这也是我们要看这本书的原因——它非常及时地为我们提供了这方面的建议。

——**王磊**（R “Ray” Wang），
星座研究公司（Constellation Research, Inc.）
创始人兼首席分析师

如果公司不懂得创新，也就是埃森哲所说的不懂得“明智转向”，那么它就会面临被边缘化的危险。但如果你把转型的能力同建立合伙关系的能力结合起来，比如与初创公司、其他企业、大学和研究中心等建立伙伴关系，那么你就已经踏上了可持续增长的道路。

——**弗朗西斯科·斯塔拉切**（Francesco Starace），
意大利国家电力公司（Enel）**首席执行官**

企业正面临着前所未有的技术转型，而消费者的行为变化之大，也是前所未有的。在此情况下，“传统的智慧”已经不再奏效。埃森哲的领导者清楚地看到了这一点。但真正重要的是，作者不仅告诉我们哪里出现了问题，还为我们提供了一个走向成功的强有力的框架。

——**柯瑞达**（Patrick Koller），
佛吉亚（Faurecia）**首席执行官**

就这本书论述的主题而言，相关文献已经很难跟上时代的步伐。这是一本令人耳目一新的书，它简明扼要、视角独特、切中正题。它向我们表明，在这个复杂的、充满挑战的、让人高度兴奋的时代，无论规模多大的公司都可以生存，且能真正实现蓬勃发展。数十项支持埃森哲独特愿景的案例研究，不仅让这个令人着迷的话题变得鲜活，还强化和证实了将业务转向其他人不敢涉足领域的必要性。

——安东尼奥·胡尔塔斯（Antonio Huertas），
曼弗雷（MAPFRE）**董事长兼首席执行官**

在企业领导者致力于追求价值和增长的时候，奥马尔及其合著者为我们描绘了一幅实现该目的的蓝图：对现有业务进行转型，同时利用技术和转型开展新兴业务。对那些只想找一本好书读的人来说，这里还有很多非常有趣的商业历史背景和分析。

——阿利斯泰尔·菲利普斯–戴维斯（Alistair Phillips-Davies），
南苏格兰电力（SSE）**首席执行官**

社会正在转型，而且这种转型不会停止。渐进主义已经不再适用。不断发展的数字技术需要我们从根本上转变态度。公司必须持续不断地转向新兴业务。随着利润窗口时间的缩短和转向的不断出现，机会大大增多。阿布什、纽恩斯和唐斯以一种谦卑的态度讲述了其所供职的埃森哲在持续转型中获得的经验教训。这本书为管理动荡、波折的环境提供了深刻洞见。

——戴维·柯克帕特里克（David Kirkpatrick），
技术经济媒体（Techonomy Media）**创始人兼总编辑**

在这个瞬息万变的时代，战略敏捷性已经成为赢家的标志性特征。这本书很好地抓住了这一点。书中并不讳言首席执行官们所犯的错误，同时也强调了磨砺领导技能的重要性——要大胆行动，勇往直前，改变固定思维，打造有使命感的团队。至于这本书的精髓，很多首席执行官都有过谈论，而且深受启发。对那些致力于成为颠覆者而非被颠覆者的首席执行官来说，这本书值得一读。

——弗雷德·哈桑（Fred Hassan），**《再创造：领导者连续成功的战术手册》**（*Reinvent: A Leader's Playbook for Serial Success*）**的作者、先灵葆雅**（Schering-Plough）**前董事长兼前首席执行官，现为华平投资集团**（Warburg Pincus）**高级顾问**

目 录

第二部分 重组战略思维

第四章 埃森哲式“明智转向”

第五章 旧有业务、现有业务和新兴业务

第三部分 优化核心资产

推荐序

智向未来

我经常被客户们问的问题是：数字化转型的颠覆时代，我们企业进一步的发展机会在哪里？

在这场由数字化带来的转型面前，埃森哲为了更好地回答这样的问题，对中国企业的数字化进程进行了深入研究。事实上，企业管理者都已认识到转型的必要性和战略意义。埃森哲最新推出的2019年企业数字化转型指数分析报告显示，不少传统企业已借助数字化改造稳住了阵脚，但从更高的价值维度来看，只有9.2%，也就是接近十分之一的中国企业转型成效显著。目前，仍有一些企业缺乏清晰的、系统的转型战略和专注力。

咨询和投资行业多年的积累和洞察也告诉我，在经历模式创新、技术创新等诸多风口后，技术和行业场景正在深度结合，传统企业的数字化进程渐入佳境。在数字化带来的持续性的颠覆面前，传统企业依旧需要通过不断创新来激发短期、中期和长期竞争力。

正如书中列举的，微软和亚马逊等大型企业在不被看好的情形下，完成了明智的转向，成就了新的增长曲线——微软由单一的Windows（视窗）系统开发者成了云计算市场的领军者；亚马逊由电商平台进军电子产品市场，推出Kindle（金读）阅读器，同时更是把自身强大的 IT 基础设施打造成全球数一数二的云服务提供商。

如何能够激发这样的潜力？与将转型视作新旧业务切换的二分法不同，埃森哲在“跨越 S 曲线”理论的基础上丰富了研究，并指出成功的转型是企业在过往（Old）、当下（Now）和未来（New）三个发展阶段上皆能释放更多的价值。对于大多数企业来说，困难但也美妙的事情在于，企业需要同时经历这三个阶段的考验。在每个阶段做出合适的投入以激发新旧业务的协同效应，是转型成功的关键。

这本书的作者奥马尔·阿布什先生是埃森哲全球管理委员会成员，他曾长期担任公司首席战略官，现任公司通信、媒体与高科技事业部首席执行官。在企业面临数字化颠覆时该如何通过创新战略、数字技术应用及投资的优效结合进行转型方面，奥马尔与他领导的全球业务和客户项目团队积累了极其丰富的研究和咨询经验，其中也包括埃森哲公司近年来自己走过的数字化转型之路。

事实上，作为长期处于转型浪潮并近距离观察各行业转型道路的专业服务企业，埃森哲自身的确也是一个转型典范。对于传统服务，例如系统集成和外包业务，我们并没有弃之不顾，而是利用新技术创新进一步提升其效率和投资回报率。从中释放的投资收益则让我们有能力加速现有核心业务转型，并通过内生增长和一系列收购来扩展新业务。自 2014 年开始，埃森哲每年 10 亿 ~17 亿美元的投资大部分都落在了新兴领域。如今，与云计算、网络安全、数据分析等相关的新业务净收入增长迅速，已经占了埃森哲全球收入的六成。

这本书意在启迪中国的企业家们，在面对种类繁多的技术方案和转型路径时能够有所参照，在转型实操中真正做到以创新、财务及人才三方面为枢纽，对转型进程进行更好的管理，如此方能由过往业务的升级守住生存“底线”，经由拓展当下和新兴业务来触摸发展“高线”。

企业的增长之路就是不断进行转型的过程。同各行各业的企业一样，埃森哲是转型的倡导者和实践者。同时，我们也是企业转型的赋能者，我们运用智力、技术和交付资源，帮助企业切实地、更快地实现转型目标。

是为序。

朱　伟

埃森哲全球副总裁、大中华区主席

前　言
成为企业持续转型的引擎

在埃森哲35年的职业生涯中，我亲历了许多变化，但最大的变化莫过于当下正在发生的。肇始于5年前的技术颠覆，推动着史诗般的数字化革命席卷全球，其意义甚至可能超过工业革命。

成功驾驭变化的大潮大浪不是胆小者的游戏。它需要颠覆性的"反思"。它需要智慧，要在保持航向和速度、创造投资能力，以及持续投资核心业务三个方面达成巧妙平衡，但同时又要勇于拓展新的业务边界，扩大创新规模，实现增长，创造利润。

它还需要魄力。

领导者必须自觉克制过早放弃旧有业务的冲动。他们必须让"现金奶牛"全面发力，通过创新找到新的增长点。而在拓展新业务方面，他们必须要有壮志雄心。除此之外，他们还必须激励整个组织，齐头并进，拥抱变化。

我们是怎么洞悉这些的呢？因为埃森哲也一度面临潜流和巨浪，有可能裹足不前，渐失阵地。我们的领导者知道，在创新之风劲吹之时，我们不能坐以待毙。我们必须重塑自我。

这是一部关于现实的著作。作者之一奥马尔·阿布什此前是埃森哲的首席战略官，他推动了公司驾驭颠覆性新转型。另外两位作者——保罗·纽恩斯和拉里·唐斯长期专注于研究行业和公司的发展和转型之道。

奥马尔深知转型的奥义，因为他和我一道精心设计了埃森哲的转型，强力推动了我们的创新文化和持续的自我重塑。埃森哲甚至将这些能力产业化，将经验传授给了众多客户。最终，这些客户的故事又回到了书中。100多个案例研究样本作为证据表明，“明智转向”对埃森哲来说的确是一个制胜战略，对不同行业和不同地区的企业来说亦是如此。

让我来浅谈一下我们如何从经验中吸取成功之道。2011年前后，我们认识到，专业服务和外包终将成为一般性服务。市场上有很多优秀的竞争公司。在继续保持公司差异化优势方面，我们知道我们将面临重大挑战。拥有基本技术技能的人才一度短缺，现已大为丰富。

于是，我们投资了5项具有发展前景的，且有可能为我们的客户带来重大效益并为我们自己带来高速增长的数字业务能力：互动数字营销、移动技术、数据分析、云计算和网络安全。

但这还不够。我是科班出身的经济学家，职业习惯使然，在我们的转型历程初期，我开发了一款新工具，用以跟踪我们转型的进度。我们必须通过某种方式来激励和持续推进转型，我们必须知道是什么在起作用。如此一来，一旦我们在这些选定的领域成长为领先者，我们就会保持领先的地位。我们一遍又一遍地问一个简单的问题：我们在这些“新”领域的收入和增长率是多少？就当时而言，这个“新”是指我们的5项新业务能力。

截至2017财年末，这5个领域的销售收入在埃森哲总收入中的占比已经超过50%。截至2018财年末，这一比例超过了60%。随着我们的业务呈现显著增长的趋势，我们开始与我们的投资者分享这些指标。通过这种方式，他们可以看到，在我们传统核心业务的增长趋缓时，我们通过新的可持续性收入来源提供了增长动能。技术转型没有颠覆我们，而是推动了我们的新增长。我们也因此证明了公司有未来持续增长的潜力。

我们一直在打造促进持续转型的引擎，我们投入数十亿美元发展业务，推动咨询和技术服务业史上最重大的转型。事实上，自2014年以来，我们新增雇员154 000人，收入增长超过100亿美元，市值几乎翻番，超过了1 000亿美元。

埃森哲自身的转型挑战了公司文化中我们引以为豪的诸多核心信念。但结果不言而喻。正如奥马尔、保罗和拉里在书中明确表示的，任何企业都可以推动实施“明智转向”。

我真心希望35年前加入埃森哲时就拥有这本书所提供的这种详尽、实用的战略。它揭示了埃森哲是如何以未来为导向实施“明智转向”的，以及为什么要实施这种转型。它还表明，公司不要畏惧颠覆，而是要力图发掘价值并驱动新的增长，实现“明智转向”，在数字化革命中向上而生。

现在，轮到你们了。

南佩德

埃森哲前董事长兼首席执行官

引　言
重新定义“再创造”

对一家大型专业服务公司的首席执行官来说，如果问题不是如此严重的话，他可能会觉得自己面临的这种颇具讽刺意味的形势甚至有点儿好笑：在过去的几十年里，在颠覆性力量颠覆了一个又一个行业之时，他和他的同事为世界各地的公司建言献策，为它们提供面向未来的发展建议。但如今，随着宽带互联网、云服务和移动设备等数字技术的扩散，他自己公司的核心咨询业务却正遭受两面夹击。

一方面，来自印度的服务提供商正为全球客户提供低成本的应用开发外包服务以及其他技术服务，而长期以来，这都是他领导的这家公司的重要业务。此外，印度的这些提供商也已开始进军高附加值服务领域，与他的公司展开直接竞争。另一方面，硬件巨头和软件平台提供商正利用专有软件产品，将它们自己转变为大型服务公司，这危及他的公司与“《财富》世界500强”企业高管建立的战略关系。

网络数字技术、移动数字技术和协作式社交媒体等新兴技术的滚滚乌云正迅速逼近地平线。它们来势汹汹，有可能颠覆一切。比如，用不了多久，技术平台的规模经济就有可能使软件产品大规模替代业内专业人士。

虽然他所在公司的现有市场呈现增长停滞或增长率下降的趋势，新兴技术业务的新价值却正在被其他竞争者截获。机遇就在眼前，就在公司的操舵室里。但管理层却够不到它。价值好像以某种方式被禁锢了。

对这家公司来说，它需要的并不仅仅是新的战略，它还需要新的战略实施方案——让公司最大限度地利用新技术，将颠覆性威胁转变为获利机遇的方案。这个新方案还需要赋能公司，帮助公司持续地、更快地变新技术为增长机遇。

要想蓬勃发展，该公司就必须在创新上超过那些发展速度最快的公司，且必须抢在其他公司动手之前，实现自身核心业务的颠覆性转型。

上面提到的这家差点儿被颠覆的公司就是几年前的埃森哲，确切地说，应该是2014年的埃森哲。它也是本书三位作者——奥马尔·阿布什、保罗·纽恩斯和拉里·唐斯所供职的公司。本书源于埃森哲重塑自我的经验，以及在持续不断的技术颠覆中，对再创造这一根本理念的再创造的经验。

为了加快当前的业务增长，并在未来的机遇中建立领导者地位，埃森哲需要重塑自身业务。我们需要系统地对我们的核心资产进行再投资，这包括我们的员工、我们的知识产权、我们的文化和我们的信息系统等——这些核心资产都在面临顶风前行的压力。

在此过程中，我们最深刻的体验是，面对不可预测性，单靠一次大规模的“转型”根本不能解决问题。回顾过去半个世纪的商业成败史，我们的结论是，在面对持续的、有可能引起颠覆性后果的变化时，唯一的解决方案就是不断进行再创造，重塑业务架构，确保我们可以迅速且高效地转向一个又一个机遇。

也就是说，埃森哲需要平衡其在业务生命周期三个不同阶段的战略举措：趋于过时的成熟产品和服务（旧有业务）；当前最赚钱的产品组合（现有业务）；针对不久的未来的前沿风险项目（新兴业务）。

我们需要在每个阶段实现利润增长，释放已然存在但却被禁锢的价值。我们需要围绕核心资产不断地推进业务转型，不断地从一个阶段跨入下一个阶段，快速应对市场环境的变化以及颠覆者的逼近。我们称这种业务价值创造的方法为“明智转向”。

作为埃森哲自身“明智转向”的一部分，我们的内部智库——埃森哲商业研究院（Accenture Research）就技术如何影响企业开展了为期超过两年的研究。此次研究涉及的企业规模大小不一，成立时间有长有短，且涉及不同的行业和地域。

我们想厘清三个问题：哪些行业最容易受颠覆性力量影响，成功的公司是如何发现价值机遇的，领先的组织是如何应对颠覆性变化的。同时，我们也想看到，领导者如何做到在促进旧有业务增长的同时，又能迅速进入新兴业务领域，并在短时间内达到可实现盈利的规模。

到目前为止，我们已经对分布在20个主要细分行业的3 000多家全球最大规模公司（按收入划分）进行了经济研究和案例分析，以确定颠覆性变化的驱动力量，以及领先公司为充分利用这些颠覆性力量所推出的新战略。

此外，我们还以问卷调查或直接对话的方式与数千名高管进行了交流，聆听他们的洞见。埃森哲自身的成功转型，以及我们帮助各行各业的客户实现类似的明智转向的一手经验，也从实践角度印证了该项研究的价值。

在本书中，我们将分享此次研究成果，包括源于案例研究的洞见，以及我们与领先企业合作的经验。

从行业知名领军企业的案例研究中，我们可以看到，在利用颠覆性力量方面，仅仅靠愿景是不够的。我们自己的转型经验也表明了这一点。这些领军企业涉及零售、制造、金融服务和消费产品等行业，它们的故事激励人心，有时亦发人深省。除了愿景，它还需要高管的支持，需要大胆发挥技术的引领作用，需要建立或并购具有发展前景的颠覆性企业，需要一个协同流程——既能留住员工，又能实现资产在业务生命周期各阶段的再平衡，等等。

上述关键要素不应该仅仅停留在愿景和目标的层面，它们必须要变成企业数字化时代新战略的强制性规定，要严格实施。而在实施过程中，或可运用颠覆性初创公司所青睐的游击战术。

开发新战略，释放被禁锢的价值；在旧有业务、现有业务和新兴业务中同时实施这些战略；围绕核心新旧资产不断进行业务重新调整；等等。这些都是“明智转向”的要素。

任何企业都可以实施“明智转向”，通过释放被禁锢的价值而将生存威胁转变为黄金机遇。但是有一点需要强调，这并不是一项胆小者所能承担的任务。在一个受技术转型不断驱动的市场——今后越来越多的市场乃至所有市场都将会成为技术转型驱动市场——转型会一次接着一次，一直持续下去。转型需要的并不是对抗潮流的战略方法，而是驾驭颠覆性浪潮的战略举措。

“明智转向”适用于有着不同时间跨度的各类企业，它可以帮助它们释放已然存在但当前却被禁锢的价值。领导者在业务生命周期各阶段以及各阶段之间推行相互关联的阶段性战略，不断进行资产与投资的重新配置，平衡旧有业务、现有业务和新兴业务之间的关系。这可以确保来自旧有业务的已接近生命周期终点的核心资产持续产生收入，以及可用于未来投资的利润，为企业及其员工迅速从现有业务过渡并平稳进入新兴业务领域提供了支持。

“明智转向”并不是要压榨核心资产——产品、客户和技术等——而是要围绕这些资产进行转型，把这些资产牢牢掌握在手中，避免失控。

旧有业务。尽管客户和市场转变的速度越来越快，但要保持可持续运营，企业仍需高度关注当前的核心产品和服务，以及它们产生的收入。如果过早退出或单纯放弃依然可行的成熟产品和技术，那么你就主动放弃了对未来投资至关重要的额外利润。熟稔“明智转向”的高管会将新技术应用于旧有的产品和服务，重启业务增长，为面向未来的转型提供驱动力。

现有业务。“明智转向”大师会从战略高度持续投资最成功的产品和服务，希望以更快的速度实现收入和利润增长。同样，新技术及创新的引入和应用会增加商业机会，甚至有可能为核心业务带来新的方向——在急速通往未来的道路上，那些未曾预见的或被忽略的方向。

新兴业务。“明智转向”需要进行审慎规划，需要准确把握下一次颠覆性浪潮到来的时机。或许，只有在经历一系列重大失败之后，成功才会到来，比如电子书和数字音乐服务等。关键在于最大限度地减少失败的次数，同时又要规模化地实现新业务的盈利。投入技术的价格与技术组件的可用性之间的合理组合，以及在市场上升时致力于实现快速增长的承诺与能力，必须完美地匹配。

据我们的经验来看，很少有企业愿意拥抱新生事物，即便它们已经清楚地看到核心业务正在失去发展势头。比如，石油公司知道，从长远看，它们的未来不会完全依赖化石燃料，但那又怎样呢？同样，随着自动驾驶技术的成熟，汽车保险公司也需要寻找新的保险项目。每一家企业都必须找到适合自己发展的未来路径，但同时还应保留那些让自己最初取得成功的核心资产，比如企业文化等。

即便路径看起来很清晰，但在面向未来的转型过程中，依然障碍重重。我们经常听到企业高管说，他们缺少投资未来的资源，更不用说迅速扩大投资规模了，因为他们将所有资产都投在了当前的核心业务上。

即便可以释放足够的资本，惯性也有可能阻碍真正的转型。毕竟，时下的流程和信息技术系统经历了多年的持续优化，以支持核心业务。它们成了难以突破的条条框框，而企业执行的则可能是早已经被遗忘的战略。公司内部的这些“抗体”或会在无意间破坏那些有可能引领经理人走向未来的举措。要知道，旧事物无时无刻不在决意杀死新事物。

要想解决这一问题，企业就需要在高层的推动下实现资源的重新配置。这里的高层是指首席执行官、首席财务官和高管团队中的其他成员。让我们来看一看微软（Microsoft）首席执行官萨提亚·纳德拉（Satya Nadella）的果断决策。在社交媒体和智能手机业务竞争失利之后，纳德拉决定另觅他途。

微软从 Windows 系统转向云计算，并将其视为通往新的核心业务的最佳路径。为了应对快速发展的亚马逊云服务（AWS），在纳德拉的领导下，微软进行了一系列并购，以支持“移动为先，云为先”的公司使命。自 2010 年推出云计算平台 Microsoft Azure 以来，公司的商用云业务已经实现了超过 230 亿美元的收入，2018 财年的毛利率更是达到了 57%。

近期，微软斥资 75 亿美元收购开源软件开发平台 GitHub，进一步巩固了它作为全球领先的云计算提供商的地位。目前，微软正调整航向，朝着“下一个新业务”进发——依靠实力强大的、有着 8 000

名员工的人工智能和研究事业部，着力打造一流的人工智能平台。

这个案例告诉我们，这种“明智转向”需要采取果断的方法，以迅速推动新业务的成长和发展。要想真正从颠覆性浪潮中获利，企业就必须做好充分准备，管理好日趋缩短的盈利时间窗口，在客户开始拥抱新事物时迅速扩大规模，然后在需求下降时，以近乎同样的速度缩减规模。

为了迅速实现规模化，企业管理者需要提早获取新兴技术，提早获取在恰当时机可运用这些技术的关系资源。为了获得相应的市场和技术洞见，“明智转向”严重依赖于试验和早期投资。这可通过多种形式来实现，比如以“孵化器”方式培育内部初创项目，或对多家企业赞助的外部孵化器项目，即通常所说的“加速器”项目进行投资等。

此外，面临颠覆性浪潮的企业还会正式发起并成立风险资本基金，以投资方式获取开发相关技术的初创公司的部分所有权。但在有些情况下，快速实现规模化的最佳方式就是并购那些已经开发出新产品且已经建立客户关系的初创公司。

让我们来看一下荷兰消费品巨头皇家飞利浦（Royal Philips）的优雅转型。在 21 世纪之初，这家公司认识到，再过大约 10 年，发光二极管（LED）技术进一步发展之后，LED 灯将会比传统白炽灯的性能更优、价格更便宜、使用更持久。要知道，传统白炽灯是皇家飞利浦创设的一个产品类别，而在一个多世纪里，这家公司一直保持着该领域的竞争优势。

利用公司在制造、配送和营销等方面的旧资产，皇家飞利浦在加快 LED 技术研发和投资的同时，也对过渡型照明技术紧凑型荧光灯（CFL）进行了短期战略投资。这样，在将白炽灯业务出售给竞争对手之后，皇家飞利浦已经做好了以服务提供商身份进军 LED 市场的准备，并依靠其专有的“秀”（Hue）技术，成为最先推出可编程照明系统产品的公司之一。

自始至终，皇家飞利浦都在投资和发展健康技术业务，而这最终也成了该公司新的核心业务。至此，皇家飞利浦基本退出了其苦心经营 100 多年的照明行业。它在别处看到了自己的未来，而且，基于旧有业务和当前现状的审慎规划，它已经具备了成功走向未来的创新力、财力和人力。

再来看一下亚马逊（Amazon）。它利用自己在图书销售方面取得的成就，顺势推出电子阅读器 Kindle，成功杀入电子书市场。要知道，在消费电子领域，它在此前几乎没有任何经验。亚马逊先从关键技术入手，加大对存储、显示屏、电池和联网等技术的投资。而受这些因素的掣肘，早先的市场上并没有出现占据绝对优势的电子阅读器产品。

在这些技术发展成熟且可用于生产高效能的、价格适中的产品时，亚马逊迅速行动起来，利用它在图书行业积累的知识以及它在零售领域的专业技术和强大的客户基础，最终推出了可满足客户需求的产品，成功地抢占了电子书市场。

与此同时，亚马逊还规划了下一个“新领域”，为此前支撑高容量零售平台的技能、关系和技术寻找新的应用场景。

亚马逊利用这些核心资产，把它的信息技术基础设施转变为服务设施。先是服务入驻公司平台的小型零售商，然后逐渐扩大规模，发展成云托管业务平台——亚马逊云服务。通过为企业用户提供便捷的、低成本的服务，亚马逊云服务的规模在短短的 10 年里迅速达到近 200 亿美元。

最后，让我们再来看一下网飞（Netflix）的“明智转向”。网飞最初是一家从事 DVD（高密度数字视频光盘）影片租赁和寄送服务的公司。它推出的这项业务对百视达（Blockbuster）和西海岸影碟店（West Coast Video）等传统租赁企业形成了致命的打击。饶是如此，网飞的首席执行官里德·哈斯廷斯（Reed Hastings）还是将组织的转型早早提上了日程：通过日趋普及的高容量宽带网络提供基于订阅的数字视频流服务。

通过抓取和分析视频流业务中的用户数据，网飞又开启了另外一次至关重要的转型，并由此进入一个新的领域：原创节目制作。基于自身打造的推理引擎（inference engine），该公司对用户的收视习惯和偏好有了更深入的了解。在此基础上，它以影视工作室的自身定位成功切入新的业务领域，并引起广泛关注。很快，它就赶上了在视频内容制作领域摸爬滚打几十年乃至更长时间的老牌公司。2018 年，网飞超过了包括传统媒体公司和新媒体公司在内的所有竞争者，成为获艾美奖（Emmy Awards）提名最多的影视公司。

对网飞来说，平衡三个生命周期阶段的投资需要明智且持续的战略转变，但从实施上看，并非所有战略都完美无瑕。比如，在大多数用户已转向流服务时，为维系收入，网飞持续不懈地提升依然可行的 DVD 寄送业务的运营效率，而在此期间，它试图将这两方面的业务区分开来——事实证明，这是一次过早的贸然行动。结果，新的定价方案遭到了用户的反对。很快，网飞就放弃了这次改变计划。

同样，在视频流市场被老牌公司和新进入企业推出的竞争产品迅速占据后，网飞继续投资数字压缩技术和其他优化技术，因为它知道公司的技术平台将会成为即将到来的原创内容分销的基石。

最后，在时下的新业务中，网飞依赖于它同超过全球 1 亿用户建立的以数据为驱动的深层次关系。它摒弃了好莱坞过去那种基于直觉的大片模式，运用科学的方法开发和推广原创内容，并迅速扩大规模，使得供应链上越来越多的竞争者始终处于措手不及的状态。

这些案例清楚地表明，对一家公司来说，“明智转向”并不仅仅是平衡各业务的三个生命周期阶段的互不相关的投资，它还需要在这些业务之间达成有价值的协同效应——有的效应是依照计划实现的，而有的效应的实现则完全出于偶然。

比如，在构建埃森哲自己的人工智能能力时，我们发现了一些可以自动运行冗长乏味的、易于出错的软件测试流程的创新方法，而在当时，软件测试恰是我们业务的关键组成部分。这些新的工具成倍地提升了软件测试流程的效率和可靠性，进而提高了我们现有业务的业绩。

在竞争对手看来，这一进展可能会蚕食埃森哲在过去几十年里积聚的宝贵的专业知识和技能。但我们不这么认为。相反，我们认为这是一个机遇——基于当前人工智能的自动化操作，被禁锢在低效的、高成本的、劳动密集型流程中的价值会被释放。与其等待别人发掘这一价值，不如我们自己来做。

我们知道，人工智能迟早会改变测试。如果不是由埃森哲改变，那么也可能是由其他不涉及测试业务的公司改变的，因为它们自己没有需要保护的这种业务。之后，我们将测试专家转到其他领域。“明智转向”为这项衰退业务注入了新的生机，并为公司带来了新的利润。

最后一个案例告诉我们，“明智转向”需要持续不断地、勇敢无畏地穿行于旧有业务、现有业务和新兴业务之间。新兴业务最终也会成为旧有业务（这个过程可能很快），而这个循环亦会一直继续下去。在任何一个阶段，过度投资或投资不足都是恒定风险，并有可能酿成灾难性后果。领导者必须重新审视各阶段业务的投资比例，确保彼此之间的平衡。即便面临来自外部的不可预测的颠覆性力量，亦需保持平衡。事实上，三个阶段形成了一个平衡三角，确保了核心资产的有序流动。

在接下来的章节中，我们将详细地探讨一些新老公司的制胜战略。尽管面临持续的竞争威胁和不断的技术转型，但是它们都实现了蓬勃发展。我们还将仔细地审视它们在颠覆性时代为维系增长而开发的工具和制定的策略。

我们此次研究的关键发现是，技术的潜力与公司对技术的实际利用能力之间，存在着日渐拉大的差距。这种错配导致大量价值被禁锢，而数字技术在速度、尺寸、力量、价格和效能等方面的持续改进，又起到了推波助澜的作用。

就我们的研究来看，尽管许多行业都存在这种机会，尽管技术创新正在创造大量新价值，但顶级老牌公司的利润已经不再增长。发现和捕获这些价值的多是行业的新进入者。

"明智转向"建立在对阻碍老牌企业发展的种种因素的深刻理解之上。它会提供扭转这一趋势的战略，将核心能力和资源从老化资产转变为快速增长的引擎。

发现和释放禁锢价值（trapped value）的机会是巨大的，但对每一代颠覆者来说，时间窗口正变得越来越小。我们的研究揭示了禁锢价值积聚的四个领域，每个领域都吸引着不同类型的竞争者和新进入者。

如何发现和捕获禁锢价值是我们首先要探讨的主题。

第一部分

企业转型现状

第一章　被禁锢的价值

新兴的、快速迭代的技术会创造机会，释放尚未开发的收入来源，其中也包括一些因市场无效性而被长期禁锢的收入来源。那么，这个时候会发生什么呢？当下，数字组件正朝着性能越来越高、价格越来越便宜和体积越来越小的方向持续发展。在此背景下，所有行业的所有规模的公司都需要回答这个问题，而且几乎可以肯定地说，需要回答这个问题的时间比它们预料的还要早。

这是因为，时下技术正在创造越来越多的工具，而这些工具则被竞争对手——包括现有企业和初创公司——用来开发新的数字产品和服务。这些新产品和新服务旨在释放潜在需求，服务未被满足的需要。我们称这种潜在收入为禁锢价值。如果你做不到先人一步，那么你就会发现遭破坏的并不仅仅是未来的增长，还有当前的业务发展。这种破坏的到来或快或慢，但无论快慢，它可能都已经启程了。

禁锢价值之于创业者，就像蜂蜜之于熊。它会吸引新的资本投资来源和新的进入者。这些新的进入者渴望在现有市场中进行试验，亦渴望同你的客户、供应商及其他利益相关方建立合作关系。它们乐于分享它们所释放的价值。它们建立新的业务关系，同时制定新的战略和执行方法，这在很大程度上颠覆了传统的管理思想和智慧。

分享一下好消息。从我们所在行业的自身经验以及我们与世界各地公司的合作经历来看，在释放禁锢价值方面，现有企业的表现同样优异，而且往往会超过初创公司，甚至是最具颠覆性的硅谷初创公司。

然而，对现有企业来讲，困难的并不是掌握新技术，而是摒弃旧有的计划、流程和系统。这些计划、流程和系统，适用于相对静态下的竞争，适用于行业缓慢转型时期，适用于渐进式的技术改进时期，但却不适用于颠覆性时期。

至于原因，让我们从一个时常登上媒体头条的行业讲起。这是一个被颠覆的和被彻底改造的行业，其过程必然是痛苦的。

零售业的数字化

对零售行业来说，过去的几年是一段非常糟糕的时期。

长期以来，规模相对较小的网络零售商的颠覆性力量，并未对传统的实体零售商产生威胁。如今，后者节节败退，正放弃抵抗。传统零售商的破产申请数已经创下纪录，而其中就包括人们熟悉的西尔斯（Sears）、睿侠（Radio Shack）、有限（The Limited）、运动权威（Sports Authority）、玩具反斗城（Toys “R” Us）和玮伦鞋业（Payless ShoeSource）等知名公司。仅 2017 年一年，其他知名零售品牌就宣布计划关闭超过 3 500 家门店。

这并不是因为消费者失去了购物兴趣。他们只是去了其他地方而已。

亚马逊是一个明显的颠覆者。自 2010 年以来，这家电商先驱的销售额已经增加了 4 倍。2017 年，它的销售收入是西尔斯的 5 倍。到 2018 年，西尔斯的收入已经降到了亚马逊 2007 年时的收入水平。截至 2019 年，50% 的美国家庭订购了亚马逊 Prime 会员服务，包括免费的次日达快递服务和免费的互联网原创视频内容。从整体来看，零售行业的年销售额为 3.5 万亿美元，数字业务的年销售额目前已接近 4 000 亿美元。

然而，实体零售店倒闭并不是不可避免的。事实上，这个行业曾有超过 20 年的应对时间。1996 年，互联网购物充其量也就是噱头，但它自此之后稳定增长，年增长率在 15%~25%。到 2016 年，假日购物季中电子商务的销售规模已近 1 000 亿美元。但即便是那时，它所占的份额也不过区区 10%。

现有零售商先是否认在线购物对其业务构成威胁，然后又增加同质化网站，效仿在线零售商的做法。然而，由于担心这会对实体商店产生侵蚀效应以及冒犯供应商，现有零售商在电子商务产品销售方面往往采取折中措施，仅上线有限的商品或清仓商品，或要求门店取货和退货，而商品价格也极少反映在线服务的低成本。

对很多传统商店来说，它们错过的是不断下跌的技术价格和日益普及的互联网创造的新机会，而首要一点，就是以更有效、更个性化的方式服务客户。然而，零售商在很大程度上放弃了技术创新。在一轮又一轮的成本削减中，即便是最基本的客户服务也被放弃了，这让客户感到沮丧，觉得自己被忽略了。

但是，消费者又会转到哪里购物呢？他们无处可去，他们被困在了商场。

也就是说，直到电子商务公司在窗户上打开了一道缝隙，消费者如雷鸣般的不满之声才被听到。降低价格？好。定制解决方案？没问题。要有服务，要开通自助服务？行。

将数字优先的零售商同传统零售商区分开来的，并不是它们对数字技术的创新利用，而是它们对客户体验的持续改进，这使得购物更个性化、更便捷、更有趣、更划算，甚至更能彰显社会责任。

亚马逊、亿贝（eBay）、苹果（Apple）、美捷步（Zappos）和戴尔（Dell）等公司与客户进行深度沟通，发掘他们的需求，并致力于满足他们的需求。它们在网站上增设安全支付功能、视频功能，以及其他增强功能。在后台，它们打造一流的仓储和配送网络，投资机器人技术和无人机技术，并开发强大的数据分析工具，旨在了解客户需求以及他们何时有需求等。现在，通过语音激活的智能家居控制中心，比如亚马逊智能音箱 Echo 和谷歌智能家居设备 Google Home，产品已经实现了自我订购。

在传统零售商裁员、前景黯淡和库存长期积压的同时，网络销售商仍在投资它们所拥有的一切，并不断地加大力度。它们推出各种新服务，包括免费配送、轻松退货、即日达、定向促销、客户评价和移动端购物等。这些都提升了在线购物的体验。相比之下，如果你去商场购物，则需要开车，要找停车位，希望商场有存货，希望不用排队结账，希望尽快完成交易。

领先的在线企业甚至还试行设立实体店，而这些门店就设在传统商场里。比如苹果零售店的店内没有收银台，但它有店内课堂和客服中心“天才吧”（Genius Bar），那里从来都是人头攒动。亚马逊在其试运营的实体百货店中推出了一项新服务——顾客离店时自动结账。该服务所依赖的新技术包括计算机视觉、机器学习和人工智能等。

此外，在线销售商采用的是自动化仓储系统，而且由于是线上店，无论店内有无顾客，它都无须支付与实体门店有关的那些成本，比如场地租赁、仓储维护和人力等成本。这样一来，在线销售商降价也就成为可能，有时降价的幅度还会很大。

最终，电子商务变得比实体店体验更好、价格更便宜，而作为两种催化剂，更好的客户体验和更低的产品价格则引发了一种颠覆性力量，那是一种再也不能被忽视的颠覆性力量。一旦这种力量发挥作用，各地商场开始加速关门将只是时间问题。

在接受《纽约时报》的采访时，宾夕法尼亚大学沃顿商学院市场营销学教授、零售研究中心前主任芭芭拉·卡恩（Barbara Kahn）简明扼要地表示：“那些吸取了教训的零售商认识到，亚马逊已经永久地改变了消费者的行为。消费者认为，自己不应该费力去购物。”

随着时间的推移，零售业整体上并没有出现大的衰退。不断涌现的新技术、新网络和新设备，以个性化、便捷性和预测分析等方式确认并释放新的价值，消费者和新进入者通过协同应用愉快地共享这些价值。他们每一个人从这些早期经历中学到的东西，都会发挥作用，进而催生更多的创新、更多的技术和更多的价值。

很多新价值已经积聚多年，也已经被禁锢多年，只等合适的技术到位，便可被释放。然而，在行业再创造的过程中，现有企业几乎都在袖手旁观。它们本可以研究初创公司的成败案例，特别是那些广为人知的案例；它们本可以采用那些行之有效的创新成果；它们本可以利用与供应商、客户和广告商的长期关系，与行业新贵一决高下；它们本可以将它们无处不在的实体店转变成坚不可摧的竞争优势。

相反，它们迟迟不愿采用为客户服务的技术，甚至对这类技术充满怨恨。资产慢慢缩水，然后迅速转为负债——昂贵的“地锚”将它们拖入致命的旋涡：随着销量下滑，规模收益也在大幅下跌。很多企业对此无能为力，只能坐以待毙。

美国零售商所受影响尤为显著，因为美国的人均购物面积是全世界最大的，它相当于澳大利亚的两倍多，是英国的近五倍。

尽管如此，还是有少数的现有零售企业取得了蓬勃发展，特别是那些早期的零售创新者。沃尔玛（Walmart）大规模投资互联网，其中就包括收购 Jet.com（美国一家在线零售创新企业）和印度电子商务新秀弗利普卡特（Flipkart）。其他公司如达乐（Dollar General）等则进军已被遗忘的市场，比如农村市场。在高端领域，蒂芙尼

（Tiffany）正全面翻新改造其位于曼哈顿的旗舰店，致力于将自身品牌融入新的酒店服务，在蓝盒子咖啡馆（Blue Box Cafe）打造更新潮的“蒂芙尼的早餐”。

所有幸存下来的零售商都在拓展数字业务，并将数字业务融入它们的实体门店，将早先昂贵的地产转变成资产。它们正转向新的可能性，这得益于它们对技术的热情拥抱。

禁锢价值缺口

当前零售业以及其他成熟行业所经历的革命，就是那些已被禁锢了几十年的价值突然被释放后导致的结果。游戏规则被大幅度改写，生态系统参与者之间的杠杆发生扭曲，进入壁垒突然消失，相关行业以及其他领域的入侵者乘虚而入。

此外，释放被禁锢的价值还有助于现有企业重新启动业务增长，扩大收入来源，并促使它们进入新的市场、获取新的客户。而在以前，新市场的开辟和新客户的获取则面临着成本过高或距离过远的问题。

然而，就在你需要转型的时候，你可能会发现自己像实体零售商一样陷入了所谓的“成熟悖论”（maturity paradox）。在核心业务经历了几十年相对稳定的发展之后，富有经验的经理人在高瞻远瞩、制定大胆战略或预见各种新竞争来源的方面，已基本没有什么经验可谈了。

市场上，无限的潜在的新价值被创造，但现有企业却被排除在外。对这些公司来说，新价值就像它们自己一样，被禁锢了。为什么呢？以可预测业绩为基准而进行优化的组织，可能受制于难以摆脱的长期合约，而无论是从技术还是从人力角度看，资源都被顽固地投入已过时的商业模式和内部系统，这严重地压制了创新活力。你努力巩固的资产、供应商关系、客户基础和人力资本或已失去灵活性，因而在需求和机会发生明显的重大变化时，你已无法做出及时改变。

在接下来的章节中，我们将讲述禁锢价值的成因、企业的诊断和应对之策，以及企业如何提升自身技能，在现有业务生命周期的三个阶段同步发现和释放禁锢价值。总而言之，就是以“明智转向”的方法实现连续性的、可持续的转型。

但首先，让我们了解一下所谓的禁锢价值——它为何被禁锢，是如何禁锢的，被禁锢在何处。然后，我们来看如何发现禁锢价值。

正如我们在零售案例中看到的，当技术提供的客户体验优于你以及你的竞争对手所提供的客户体验时，禁锢价值就会被积聚。它可能会以未实现收入的形式呈现，其原因则在于客户服务的要素缺失或特性缺失。对客户来说，这也是一种价值损失，因为他们需要做更多非必要的工作，这或许是因为产品信息的不足、订购和追踪工具的低效或通用产品不符合他们的实际需求。

在组织内，当你放任低效运营时，价值同样会被禁锢，这还会导致利润损失。而这种低效运营，是可以通过提升组织的自动化来消除的。

暂且撇开零售不谈。禁锢价值的持续累积以及它对现有组织产生的潜在破坏性，并非因为投资创新失败。总体来看，创新投资规模呈大幅增长的趋势。2012—2017 年，按收入划分的全球 1 000 家最大规模企业的传统研发开支的年增长率达到 6%，从 3 610 亿美元增至 4 650 亿美元。

换句话说，这意味着企业在研发、基于技术的并购，以及企业风险投资（CVC）领域的总开支超过 3 万亿美元。企业风险投资，是指企业同传统风险基金经理人一样，以投资方式获取初创公司的股权。

企业领导者可能认为这 3 万亿美元全都投向了潜在的颠覆性创新活动中，但在大多数情况下，并非如此。尽管投资规模庞大，但大多数公司开展的只是隔靴搔痒式的创新投资，它们在业务领域无力促成任何根本性转型。实际数据表明，大量投资针对的是渐进式改进，而这并不足以让企业抓住新技术创造的释放禁锢价值的最大机会。

对很多公司来说，要成为颠覆者而非被颠覆者，首先就要在对待数字技术的态度上做出根本性转变。你不应将数字技术视为开发网站或强化内部系统的附加工具，相反，你需要把数字技术融入你的产品和内部运营。你需要把新的创新和新技术放到首要位置上，设计和重新设计你跟利益相关方之间的互动关系，打造我们所称的“数字优先”的组织。

在埃森哲，数字优先意味着向世界各地的客户提供新技术辅助式能力，同时对我们自己的内部企业流程做数字化处理。比如，我们据此成立的埃森哲互动数字营销事业部（Accenture Interactive），现已成为世界上最大的数字营销服务提供商。与此同时，我们还将近乎所有的内部系统迁移到了公共云。

在组织规模快速扩张的同时，数字优先也推动了我们大幅提升工作协同的能力。我们在世界各地的雇员通过一整套虚拟工具连接在一起，其中就包括视频会议系统 Skype for Business 和微软的 OneDrive（一款云存储服务）。培训、文件制作、项目团队协作，以及客户关系管理都已经实现了数字化。公司高管可以通过智能手机有效地管理企业运营。

数字优先仅仅是第一步。当然，对很多公司来说，这是重要的一步，也可能是代价非常高昂的一步。这是“明智转向”的必要条件，但并不是充分条件。

这有什么用呢？数字优先的公司建有持续转型平台。随着颠覆性力量的不断增强，它们可以通过该平台以快于竞争对手的速度应对即将到来的创新，应对快速变化的客户需求，并依据市场状况——新市场的出现、市场的爆炸式增长和市场的萎缩——扩大或压缩业务阵线。

这种灵活性是至关重要的，因为数字革命的步伐仍在加速。正如摩尔定律解释的那样，数字技术每隔几年就会呈现一种近似指数的增长趋势。摩尔定律是由英特尔（Intel）创始人戈登·摩尔（Gordon Moore）提出的一种预测，即核心计算部件的容量和能效每隔一段时间就会翻倍，而它们的尺寸则会减小，但成本却不会增加。

由此，从云存储到基因组测序、3D 立体打印机、商业无人机和基本的通信带宽，一切都在价格上呈下降趋势。举例来说，2001—

2017年，个人全基因组测序的成本从1亿美元下降到1 000美元左右。

类似的成本削减，亦适用于一段更长的、可预测的时期，同时也会给越来越多的行业带来颠覆性风险和机遇。这是因为，在充分利用性能更好、速度更快和价格更便宜的数字组件方面，企业越来越赶不上技术转型的步伐。

正如图1.1所示，技术转型创造的价值和商业转型释放的价值之间的分化越来越明显。随着潜在价值创造与实际价值创造之间差距的拉大，新技术产生的好处被越来越多地隐藏了，这是一股潜藏的、不断强化的颠覆性力量。

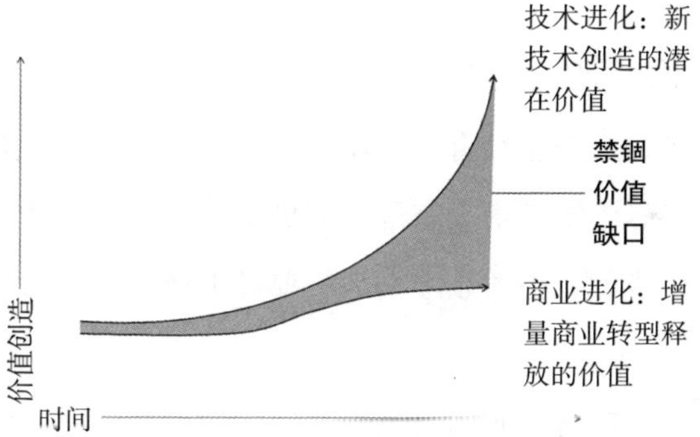

图1.1　技术转型创造禁锢价值

我们称这种差距为“禁锢价值缺口”。技术发展速度越快，这个缺口就越大。在这种日趋严峻的紧迫性之下，你必须采取新的战略，并以更快、更有效的方式去应对和解决。你必须做到先人一步，走在竞争者、新进入者和创业者的前面。

仅就数字技术而言，在半个多世纪的持续改进中，它一直不断地将颠覆性力量注入经济中，其中也包括那些远离计算和消费电子世界的行业。基于各种有线技术和无线技术，我们现在已经建立了几乎无处不在的高速数字网络，它不仅把人和企业连在一起，而且越来越多地将人与工业及家居用品连在一起，使得每一个人和每一件物品都处于持续不断的交流之中。

此外，这些网络还有望让计算、应用、存储和数据从物理上与它们的使用者分离开来。快速发展的云计算行业大大降低了信息技术服务的成本，企业开发、运营和维护其自身系统的很多限制条件都已经被扫除。

更多的事物被以更有趣的方式连接到一起。在这种情况下，网络经济与技术改进两相结合，这使得数字技术的价值以前所未有的速度在提升。尽管物理学现有理论的极限已经放缓了摩尔定律及其所发挥效力的步伐，但对企业来说，要赶上数字技术的步伐，至少还需要 10 年。

为帮助你缩短这一时间跨度，我们在接下来的内容中会提供一些真实案例，以此说明各行业的企业是如何运用这些技术释放禁锢价值的。

图 1.2 列出的是我们最常用到的一些新技术的清单。如果把这份清单拉长一点儿，它还将包括数据分析、出行和位置服务、人工视觉、自然语言处理、加密、安全交易、生物测定、自动驾驶车辆、无人机，以及自适应算法等。

虽然这里面有很多数字技术，但另外一些技术却是建立在材料科学、遗传学、天体物理学，乃至量子力学的进步基础之上的。比如，超轻、超强碳纤维制造方面的创新，给飞机、高端汽车，甚至自行车的设计带来了革命性的变化。基于持续不断的创新，用不了多久，这种材料的价格就会大幅下降。届时，碳纤维将会成为一种划算的替代材料，应用于交通、能源，以及其他可从该材料的高性能中获益的行业。

此外，时下的一些新兴技术颠覆者跨越多个行业，禁锢了更多的价值，但它们同时也使得这些禁锢价值更难被发现，也更难被释放。人工智能的应用正在消除和重新划定机器工作与人类工作之间的长期界限，这个周期的持续时间将会超越我们的有生之年。

同样，在不断下降的计算成本的驱动下，低成本的基因组测序和操纵也正产生新的、数量庞大的原始科学数据，这必然会对医疗保健、制药、农业，以及老年人口产业带来革命性的变化。

最后一个例子是基于云和宽带网络的鲁棒性①。工业级的强大物联网将会连接近 1 000 亿件实物，从而使得万物的持续再创造成为可能：从家用电器到交通，再到能源生产和分配。

此外，物联网还会助力自动驾驶汽车和智能道路的发展。同样，激光探测及测距系统（LIDAR）组件——自动驾驶车辆用于感知周边环境的技术产品——的成本，在过去的 5 年里呈数量级下降趋势。制造商预计，一旦开始大规模生产，单车系统的价格将会降到 500 美元。

① 鲁棒性（robustness）是指系统的健壮性。它是在异常和危险情况下系统生存的关键。——编者注

扩展现实
用虚拟现实混合、覆盖或取代真实现实的交互体验软件，包括虚拟现实、增强现实和混合现实。

云计算
分布式计算模型，其中第三方提供软件、信息技术基础设施、平台或其他大规模的虚拟资源。

3D 打印
一种增材制造工艺。通过这种工艺，3D 物体会被一层层地打印出来。这可以推动快速成型和材料创新的发展，亦有助于 4D 打印的发展。

人机交互
使人和计算机之间的交互更为自然的传感技术，包括手势识别和脑电波映射等。

量子计算
在经典计算中，计算机的运行单位比特是确定值，为 1 或 0，除此无他。量子比特则可以承载更复杂的信息，甚至是负值。

边缘计算和雾计算
边缘计算和雾计算是云应用优化方法。它们会将某一应用及其数据或服务的一部分从一个或多个中心节点分离出来，从而实现云应用的优化。

人工智能
模仿人类智能、推理和决策的算法，而且日趋成熟。新的分支包括贝叶斯人工智能和集群人工智能，以及自动机器学习（AutoML）等。自动机器学习会自动生产人工智能应用。

物联网
由传感器和分析工具组成的、用于监测实物资产状态和性能的生态系统。新应用包括数字孪生（Digital Twins）、智能尘埃传感器和物联网网络安全等。

区块链
带有时间戳更改标记的分布式账本。有益的应用包括资产追踪、文件管理、支付和智能合约等。

智能机器人
将传统机器人功能同传感器、计算机视觉和智能相结合的，具备新功能的机器人，包括协作式机器人、自动驾驶车辆和集群机器人等。

图 1.2　十大新技术

仅仅这 3 种技术所产生的潜在价值就非常惊人。比如，相关预测认为，人工智能技术将会使发达国家 2017—2035 年的经济增长率翻一番；仅就美国经济而言，就会创造高达 7.4 万亿美元的潜在价值。

帮助个体识别健康风险、助力企业开发定制药物的人类基因组技术也不甘落后，它现已发展成为一个数十亿美元的产业。到 2030 年，物联网预计会创造 14.2 万亿美元的新价值，对实际 GDP（国内生产总值）增长的贡献率将会达到 1.5%。

大爆炸式颠覆 vs 挤压式颠覆

这就是我们正在讨论的不断增长的、不可预测的禁锢价值。它突显了这样一个问题：企业很难以一种快速、有效的方式利用已具备成本效益的新技术。

当然，在硅谷和其他一些技术中心，寻求大量未开发的禁锢价值是投资和创业的驱动力。这是因为，新技术快速拉大了禁锢价值的缺口，其所引燃的创意火花催生了过去几十年里最具颠覆性的企业，其中就包括谷歌、亚马逊、优步（Uber）、爱彼迎（Airbnb）、苹果、网飞、微软、脸书（Facebook）、阿里巴巴、腾讯、Salesforce[①]、百度和蚂蚁金服等公司当初提供的革命性的、如今已经普遍存在的产品和服务。

① Salesforce 是美国云计算巨头，是一家客户关系管理软件服务提供商。——编者注

在风险投资家玛丽·米克尔（Mary Meeker）的年度调查中，上述企业以及来自美国和中国的其他一些企业上榜，成为最有价值的互联网企业。以禁锢价值释放为衡量指标，2018 年米克尔榜单中的前 20 家大企业的总市值达到 5.5 万亿美元，较 2013 年时增加超过 4 万亿美元。几乎所有财富——实际上就是这些公司所拥有的，并预计会持续释放的现有价值与潜在禁锢价值——都是在过去的 20 年里创造的。

在拉里和保罗的上一本书《大爆炸式创新》(*Big Bang Disruption*)中，我们对米克尔榜单上很多公司的战略进行了回顾和分析，发现它们成功的关键点是进入市场的新产品和新服务比现有公司的竞争产品和服务的质量更好，价格也更便宜。

从历史上看，技术的增量改进会产生一个钟形的消费者使用模式。这一点最早是由社会学家埃弗雷特·罗杰斯（Everett Rogers）于 1962 年提出的。“大爆炸式颠覆”会呈现一个更明显的起伏模式，我们称之为“鲨鱼鳍”(shark fin)。这个名称源于它不祥的外形以及鲨鱼作为捕食者所产生的严重威胁。当攻击发生时，一切都会迅速结束。想一想基于智能手机的导航应用，它的突然使用几乎第一时间取代了独立的 GPS（全球定位系统）设备和纸质地图。

事实上，突然使禁锢价值缺口增大的技术会推动大爆炸式颠覆，因为这些技术使得新进入者和行动迅速的现有企业有机会为消费者提供远胜于当前的优秀产品。通过社交媒体和用户论坛，消费者会充分了解颠覆性产品的相对优点，进而放弃老旧产品，拥抱新产品，这一点并不意外。(见图 1.3)

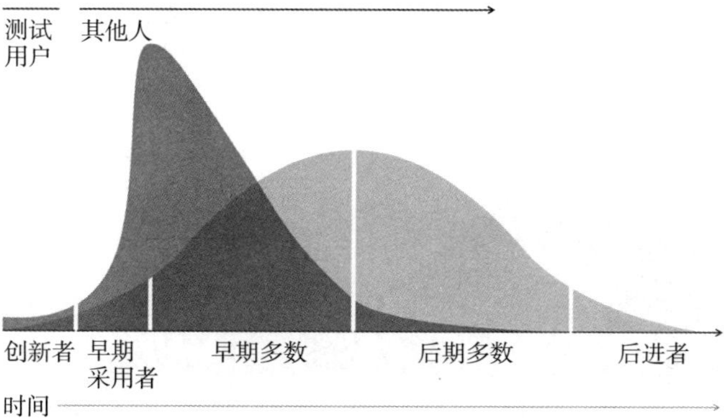

图 1.3　将创新投入市场后产生的大爆炸式颠覆阶段

在描述那些已经成功转型的企业的故事时，我们会看到很多大爆炸式颠覆的案例，其中既包括现有公司，也包括初创公司。

但在激发和重塑“明智转向”的过程中，还有另外一种更普遍、更隐秘的颠覆性力量发挥着重要作用。相比于大爆炸式颠覆，这种颠覆持续的时间更长。在成熟的资产密集型行业中，它尤为常见，因为这些领域的消费者更难从旧产品转向新产品。我们称这种形式的颠覆为“挤压式颠覆”。这种颠覆已经在改变电信、公用事业、能源、材料、医疗保健、金融、汽车，以及工业等诸多行业的状况。（见图 1.4）

为什么挤压式颠覆的速度较慢？这些行业均为高资本投资行业或具备其他一些特征，比如拥有强势品牌，因而给予现有企业强大的规模经济效益。在某些情况下，大量的监管限制也在无意中发挥了作用，延迟了新进入者将颠覆性技术引入行业的时间。总而言之，这些因素为现有企业打造了保护性壁垒，将更好、更便宜的数字颠

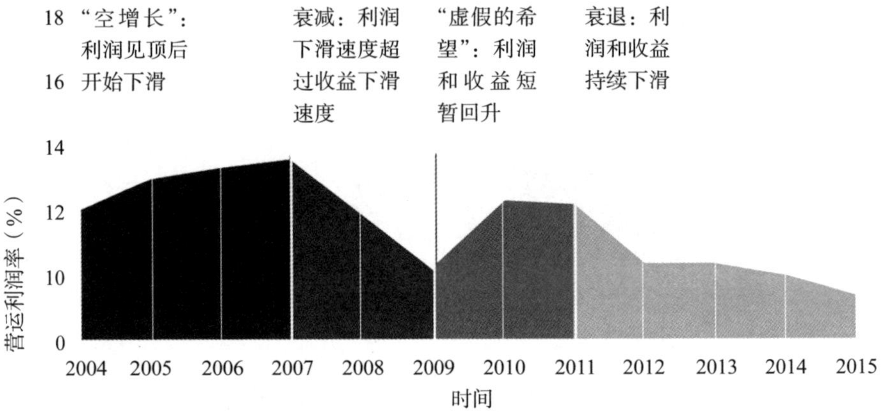

图 1.4　挤压式颠覆

来源：标普智汇（S&P Capital IQ）；样本来自工业、电信、能源、自然资源、公用事业和汽车等 6 个资产密集型行业的 1 396 家公司。

覆者隔离在外——至少在一定时期内是将它们隔离在外的。

然而，随着禁锢价值的不断积累，颠覆还是会发生，即便不显露于表面。这些行业的收益可能仍在增长，但随着核心技术的过时，它们的利润率却受到了挤压。一旦营运利润率开始出现真正意义上的下滑，无论你采取多么大胆的创新措施，都无法扭转局面。

在该进程的最后阶段，随着禁锢价值释放速度的加快，就像在行业中突然引入更好、更便宜的大爆炸式颠覆者一样，数十年的行业规则将会被彻底改写。

挤压式颠覆可能比大爆炸式颠覆需要更长时间，但两者的结果都是一样的：对传统的行业供应链和商业模式，以及对竞争者和包括客户在内的其他利益相关方之间的利润分配，进行全面、反复的重新配置。

前面讲的零售业的故事就是一个挤压式颠覆的例子。毕竟，早期的电子商务购物体验并不总是优于实体店的个人购物体验，而且价格并不总是比实体店更便宜。但电子商务实验所需的技术成本低廉，而且它的发展迅速。与此同时，消费者日益增长的、需要引入新技术才能满足的需求，以越来越快的速度拉大了禁锢价值的缺口。这些未被满足的需求就像万有引力一样，让那些看到机会的人和企业加大投资和实验力度。

就像其他重资产行业里的企业一样，早期的传统零售商认为，电子商务既不会对行业产生严重威胁，也不会给行业带来重大机遇，至少没有任何一家企业能够以具有成本效益的方式大规模部署电子商务业务。随着实力最弱的竞争者的倒闭，传统零售商的收益甚至出现了增长，也暂时提升了市场占有率。至此，它们只剩下虚假的希望，认为自己会成为幸存者，服务于一个由传统客户——他们既不想在线购物，也不知道如何在线购物——组成的统一市场。

最终，数字优先的零售商获得了可与传统零售商全面竞争的技术和规模经济效益，进而导致后者出现了无法避免且不可逆的衰退。现在回过头去看，这一点非常明显。

类似的故事仍在其他重资产行业上演。虽然有的行业比其他行业需要更多时间，但结果总是一样的。无论是源于大爆炸式颠覆还是挤压式颠覆，以近似指数级速度改进的技术正在产生极大的禁锢价值，这诱使风险资本投资的初创公司和竞争者寻求新的释放禁锢价值的方式，并期望至少从中分一杯羹。

它们怎么做呢？第一步是要知道去哪里寻找。

四大价值来源

找到并释放禁锢价值并非易事。我们对 1 000 多家上市公司的业绩进行了分析，重点关注两个关键指标：当前的增长和潜在的未来增长。当然，当前的增长是以收益来衡量的。为了预测潜在的未来增长，我们研究了这些公司市盈率的改善情况，因为市盈率反映了投资者对公司持续收益增长的信心。

在我们分析的这些公司中，两个关键指标均呈持续改善的仅占2%。为什么这个比例如此低呢？我们认为这里有多方面的原因，而这些原因都与企业高管未能认识到禁锢价值缺口的增长有关。

企业高管通常会忽视利用新技术改善现有及未来产品和服务的机会。相反，他们中的很多人认为技术只是降低成本的一个工具。然而，即便在发展初期，图 1.2 中所列的很多技术也可被用来提升收益和利润。

此外，削减成本的思维也意味着企业高管可能只会在企业内部评估技术机会。但在企业之外，禁锢价值也在不断地积聚，而就当前和未来的收益增长而言，那里的机会甚至可能更具吸引力。

在一个行业之内，价值通常会被禁锢，因为过时的基础设施可能服务于数百家公司，这就降低了它们大规模投资更高效的技术的积极性。毕竟，对它们中的任何一家来说，率先投资新技术都会让竞争对手获益，最佳结果也只是均衡获益。自互联网革命拉开序幕以来，这一直都是成熟行业，特别是监管行业中基础设施改革的障碍。能源的生产和分配或商业银行，就是明显的例子。

禁锢价值还有一个来源，那就是消费者，他们可能会因公司技术投资不足而受损，比如糟糕的客户服务、高昂的价格，以及停滞不前的产品和服务等。但在传统的行业供应链上，消费者很少有机会表达他们的集体偏好，更不用说让生产商回应他们的诉求了。由此，禁锢价值作为一种潜在需求被积聚了。

在各经济体中，甚至在全球范围内，禁锢价值都在不断地增加。如果将现有技术用于改善发展中世界人民的生活条件，那么在此过程中将会产生大规模的收入，但很少有高管会关注如此广阔的市场。

比如，全球数十亿人无法获得基本的人类需求，包括清洁水以及可靠的能源和通信等。再者，从整体上讲，不可持续的环境实践影响众生万物，并让他们付出代价，但任何一家公司都难以将其转化为机遇。

关于禁锢价值，这里还有一个不为传统营商实体所待见的基本事实。我们的研究显示，持续的价值释放需要公司将更多价值与其他利益相关方分享——包括客户、供应商，以及生态系统合作伙伴等——而不是将这些价值全部留给自己。分享比例最高或可达10比1。由此，在进行创新投资时，如果你瞄准的只是那些可以让你保留大部分创造价值乃至全部创造价值的机会，那么你就会错失最大的机会。

为利益相关方释放价值或让人感到不快，但当你发现禁锢价值的缺口之大时，你就不会这么认为了。举例来说，单单是基于移动设备的数字支付系统就激活了很多新的服务，包括共享出行、高级游戏，以及低价值交易的基本银行服务等，而在此之前，这需要买方和卖方在同一时间、同一地点持有现金。

同样，在我们所讲的零售案例中，电子商务释放了被虚高价格、非便捷性或糟糕服务禁锢的价值。从整体上讲，顾客的购物体验越来越差，因为挤压式颠覆必然会引发灾难性的成本削减。

即便是最成功的电子商务公司，也会继续将它们的很多价值与顾客分享，而不是与投资者分享。这些公司可能有天文数字般的市值，但这些数字反映的是投资者对它们未来的颠覆潜力的信心以及对它们未来的利润的信心。

当企业高管将行业利润视为零和游戏时，现有企业甚至愿意采取这样一个不太可能的战略：在固定池内就小增量市场展开竞争［即 W. 钱 · 金（W. Chan Kim）和勒妮 · 莫博涅（Renée Mauborgne）在其合著的《蓝海战略》（*Blue Ocean Strategy*）中提出的红海战略和蓝海战略］。对这些企业来说，它们应该瞄准更广阔市场的新收益，而不是致力于提升小市场的利润率。也就是说，它们应该共同做大蛋糕，而不是就所分得蛋糕的微小差异而争斗。

网络技术的普及以及让网络技术大放异彩的规模经济，意味着未来的机会正从竞争转向合作。你需要把自己视为一个合作伙伴，而不是一个竞争者。你需要在广阔的、协同式生态系统中营商，而不是在一条狭窄的行业供应链上竞争。

即便是消费者也可以成为这些生态系统中的一部分，无论是他们把自己通过太阳能电池板所发的电输送回电网，还是允许利益相关方使用他们在智能设备上的操作数据，并将这些数据接入新兴的物联网的供应链。

新的蛋糕有多大呢？仅仅比较我们研究的这 1 000 多家上市公司的当前价值和未来价值就可窥一斑。华尔街认为这块蛋糕非常大。2016 年，分析师将这些公司的总估值的 42% 指定为未来价值，即这些公司未来将会实现的价值。这些价值量化后接近 14 万亿美元，而在 2000 年，这个数字仅为 8 万亿美元。

在你自己寻求释放禁锢价值的过程中，首先要着眼于 4 个相互关联的来源：企业、行业、消费者，以及整个社会。（见图 1.5）

当机会明显可见但又无法通过现有的商业模式和能力释放时，企业层面上的禁锢价值也会积聚。

让我们一一详述。

企业。在评估新技术时，很多经理人只关心其颠覆性创新的潜力。如此一来，他们就无法看到这些技术改善当前企业中一般业务的潜力，从而错失大幅度降低成本和改进流程的可能性。新技术带来的转型会降低经济学家所称的“交易成本”，即由官僚主义、不完全信息和过时流程造成的低效率。

禁锢价值的 4 个层级

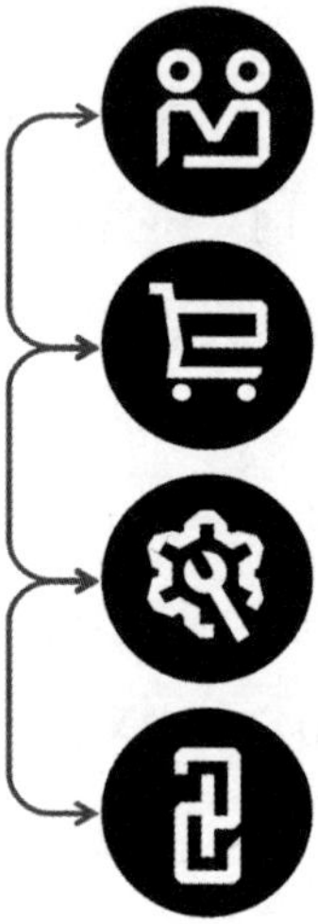

社会

未能建立可解决社会问题的盈利式伙伴关系，进而导致价值被禁锢，比如回收电子垃圾。

消费者

未能充分利用私人资产而导致价值被禁锢，比如热门景区的空置房屋。

行业

在共享基础设施方面缺乏合作和投资，进而导致价值被禁锢，比如电动车的充电站。

企业

可改变商业模式的数字技术的有限使用，并由此导致价值被禁锢，比如智能仪表。

图 1.5　禁锢价值潜藏何处

你可能会看到其他企业，尤其是新进入者，利用颠覆性技术大幅提升了企业流程的效率或快速引入新的创新型产品和服务。但受制于过时的规则和程序、不鼓励创新的企业文化或信息技术系统及其他技术跟不上竞争对手的步伐，你的企业就可能无法迅速行动起来。

价值也可能会被禁锢在核心活动的日常管理中。在下放权力、编制技术项目预算，以及管理企业内部和外部的利益相关方关系方面，人为限制可能会形成意想不到的障碍。比如，你可能会看到通过运用人工智能实现高成本活动自动化的大好机会，但又感到这样做会受到劳动合同和劳动法规的限制。

提升其他方面的效率可能需要与终端用户建立密切的协作关系。如果有合适的数字工具，包括互动网站和简单易用的应用等，你的客户可能会愿意承担一些成本高昂的服务职能工作，比如订单输入、订单追踪和回答其他用户的问题等。关键是，供应链上的合作伙伴，包括代理、分销商、零售商，以及不愿分享访问权限的服务专业人士等，会阻断你与客户之间的联系，使得这种协作难以实现，甚至连与客户的直接互动都难以达成。

最后，释放企业层面上的禁锢价值通常还需要把改善的企业流程同更高效的技术结合起来，使之发挥合力。比如，服装制造商正在有效地利用可迅速学习新任务的新型机器人技术。耐克（Nike）与制造合作伙伴协力改进流程，30 秒即可生产一个鞋帮，这较之前的流程减少了 30 个步骤，可节约多达 50% 的劳动成本。同样，阿迪达斯（Adidas）与提供 3D 打印技术（又称“增材制造”技术）的美国 Carbon 公司合作，为消费者“打印”个性化鞋履，将传统设计流程所需要的时间从长达数月降到了短短几天。

行业。当能够改善整个生态系统的技术仅惠及少量的行业参与者时，禁锢价值就会在行业层面上积聚，并形成僵持不下的局面，即经济学家所称的“协调成本”。

在这一点上，颠覆性技术创造了改进的机会，这可能是通过新平台以及涵盖更多利益相关方的扩展型生态系统实现的。流媒体音乐服务就是一个例子。声田（Spotify）允许独立艺术家直接上传他们的音乐作品，绕过了为唱片和 CD（光盘）等物理介质音乐而优化的排他性的、效率低下的供应链。在声田平台，艺术家享有 50% 的收益以及 100% 的版权收入——这远高于他们从唱片公司拿到的收益，当然，前提是他们能够签约唱片公司。

现有企业通常缺乏敏捷性，所以新进入者可能会建立新的行业规则，或创建替代供应链，将现有的竞争对手排除在外。

比如，特斯拉（Tesla）正利用其在电动车领域的专业知识和技能颠覆能源存储行业。它推出的产品就是特斯拉能源墙（Tesla Powerwall）。作为家用可充电电池，消费者可通过该能源墙存储和利用家中太阳能电池板所发的电力，而无须将这些电力输送回电网。

由此，房主可以享有更低的能源成本，而在遭遇断电事故时，亦可保障家庭电力供应。但在此过程中，他们也将颠覆电力公用事业的核心业务。这种行业颠覆的到来可能比预测的还要早，因为早期用户也是用电大户。

我们再来看看汽车行业的复杂供应链。传统的汽车制造商一直是个人交通运输市场的主导力量，高资本成本赋予它们规模经济效益，并让它们建立了广泛的配送网络。但电动化、自动驾驶和连通性等新兴技术与共享经济的结合，则有可能释放巨大的禁锢价值，并在此过程中挑战现有的商业模式。

毕竟，汽车是一项远未得到充分利用的资产。即便是在交通开支超过食品开支的美国家庭，汽车在 95% 的时间里都处于闲置状态。新兴的汽车共享企业释放了因汽车闲置而产生的禁锢价值。这类企业包括提供按需用车服务的 DriveNow，以及提供共享出行服务的优步和来福车（Lyft）等。行业人士预测，汽车共享和自动驾驶技术的结合将会减缓汽车销售的年增长率，而在这个重新定义的行业，新进入者将夺得 40% 的利润。

消费者。当消费者承受的过高成本可通过现有技术降低时，禁锢价值就会在消费者层面积聚。这包括消费者付出的时间和精力以及花费的金钱，比如不得不去实体店，而不是坐等送货上门。这还包括他们所拥有的、未被充分利用的商品，比如原本可用于出租的房屋被闲置。该层面释放的禁锢价值，用经济学术语来讲就叫“消费者剩余”。

找到并释放这一禁锢价值的机会非常多。比如，对大多数互联网企业来说，消费者无须支付任何费用即可享有它们所提供的内容、软件和其他服务，而消费者要做的就是同意这些企业分析他们的互动数据，以期企业达到更准确地投放广告的目的。我们的研究估算，截至 2016 年，互联网服务释放的禁锢价值已经超过 1.5 万亿美元，而自 2007 年以来的年增长率更是达到 10% 以上。就释放的这些禁锢价值而言，其中很多都是以信息产品的形式出现的，而这些信息产品是可以被无限复制的，无须增加任何成本。

释放消费者层面上的禁锢价值，意味着要与消费者分享其中的很多价值，乃至大部分价值。这一点尤为重要。

想一想那些在线市场，比如住宿、汽车共享，以及其他可提升消费者所持资产（包括智力资本，如专门的知识和技术）利用率的技术驱动型创新等。

一旦你买了房或车，无论是谁卖给你的，他们都没有什么动力去帮助你最大限度地使用它，即便他们可以通过新技术轻而易举地做到这一点。对他们来说，给予你帮助可能只会产生适得其反的效果，这或许是因为你的资产一旦共享，他们的销售可能就会受到影响。

然而，禁锢价值的规模可能远超当前行业的现有收益规模，因为消费者和行业之间还有很多价值空间。如果现有企业忽视了这一机会，那么新进入者就会蜂拥而至，抢占先机。据估算，2010—2016年，爱彼迎已经释放了 200 亿美元的用户收益，而这原本都是禁锢价值。同期，爱彼迎自身实现了 25 亿美元的收益，其中利润为 1 亿美元。

同样，2004—2014 年，阿里巴巴和亿贝通过促进消费者之间的交易，共赚了 1 400 亿美元。这些消费者迫切地希望购买和销售新商品及二手商品，但苦于此前没有低成本的、简单易用的全球市场。这两个在线平台共释放了近 1.4 万亿美元的价值，其中大部分被禁锢在了车库、阁楼和存物柜中。（见图 1.6）

除了充分利用未尽其用的资产，消费者层面上的禁锢价值还可通过解决未被满足的需求而得到释放。这些需求一旦得到满足，就会转化为生产率的增长和生活质量的提高——这通常很难测量，但如果你有亲身体验，那就很容易理解了。

比如，缩短等候时间或减少差错的技术，包括亚马逊的当日达快递服务，允许顾客通过电话订餐而无须排队的应用，以及为消费者提供便利的、友好的自助服务的富媒体[①]网站等。

---

① 富媒体（richmedia）是指具有动画、声音、视频和交互性的信息传播方法。——编者注

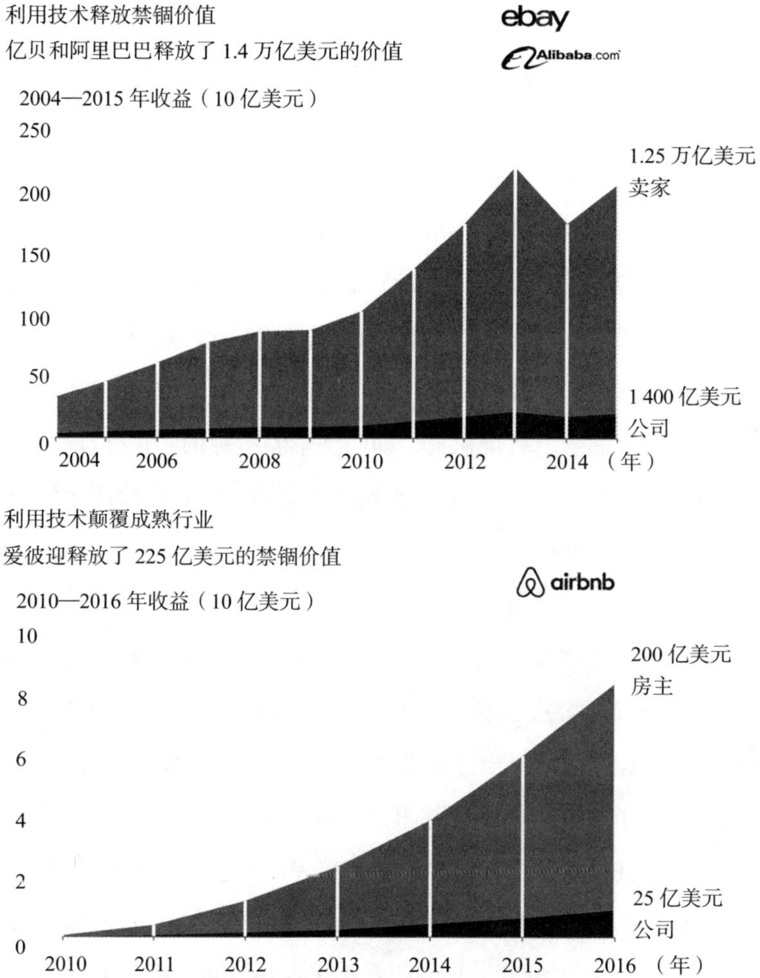

图 1.6 创新释放的禁锢价值

来源：亿贝新闻稿、MarketWatch①；AirDNA②、爱彼迎新闻稿、世邦魏理仕（CBRE Group）。

---

① MarketWatch 公司是道琼斯公司的全资子公司，也是全球领先的商业新闻、评论、个人金融信息及投资工具和数据提供商。——编者注

② AirDNA 提供用于市场分析和商业智能的短期租赁数据。——编者注

还有一些价值可能潜藏在产品和服务之中。在这些产品和服务出现之前，消费者并不知道他们存在这方面的寻求，但这些产品和服务一旦出现，他们就再也离不开了。配备摄像头的智能手机就是一个例子。这样一种集拍照和视频功能于一体的设备，再加上脸书、照片墙（Instagram）和色拉布（Snapchat）等社交媒体网络的连通性，已经为用户释放了深远的价值，尽管它在相当程度上毁掉了相机市场。

社会。最后，当商业活动无法创造可惠及所有人的成果时，社会层面上的禁锢价值就会积聚，即经济学家所称的“正外部性”。这可能包括减少污染和碳排放，提高教育水平、食品和饮用水安全标准，以及提高卫生和健康水平等。

比如，仅仅是改善社区居民的沟通渠道就可以提升街区的宜居性，进而以房地产增值的方式释放禁锢价值。即便是相对简单的布告栏和电子邮件警报系统，如Nextdoor（社区社交网络服务商）和UrbanSitter（在线保姆预订服务商，其在几分钟之内就会派出有资质的护理者）等，也会加强邻里之间的关系。

利用为其他用途创建的平台也可以发现社会层面上的禁锢价值。专为年轻的、忙碌的城市居民打造的共享出行服务，也正发展成为老年人和残疾人的帮手，并由此实现了业务的进一步增长。基于这样的平台，老年人和残疾人不用开车也能出行，而更多的老年人也可以在自己家中颐养天年。

我们的研究发现，少数几家超级明星公司找到了在4个层面识别和释放禁锢价值的方法。它们通常采用的是同样的颠覆性创新的

组合。（见图 1.7）

中国游戏巨头腾讯在低效率的、缺乏信任的金融网络中发现了禁锢价值，然后利用其与中国消费者之间的现有关系，推出新的电子支付功能。如今，该业务已为公司创造了 13 亿美元的收益。在短短的几年里，中国移动支付市场的交易额就已超过 5.4 万亿美元，这是美国移动支付市场规模的 50 倍。其中，腾讯拥有近 40% 的份额，而抢得先机的阿里巴巴拥有超过 50% 的份额。与此同时，中国的传统银行却鲜有行动。

消费者也从这些应用中获益，每天总体产生 6 亿笔支付交易，其中很多是涉及日常活动的小额支付，比如购买食品和乘坐交通工具等。

腾讯的另一个应用是广受欢迎的微信即时通信服务。该服务为外国公司提供了一个与中国消费者交流和交易的方式，进而释放了行业价值，否则二者可能无法建立这种联系。

就整个中国社会而言，腾讯的银行应用利用低成本技术——包括智能设备和宽带网络等——为数以百万计的低收入消费者提供基本的金融服务。若非如此，这些消费者将难以获得金融服务。鉴于全球有 20 亿人未曾获得传统银行服务，腾讯的行动既彰显了包容性，也给公司带来了利润。

成立于 1998 年、总部设在加利福尼亚州的亿明达在当前运营收入和投资者预期方面同样领先于同行。该公司的主营业务为基因测序。早期预测显示，解码人类基因组的成本可能高达 30 亿美元，但在亿明达于 2006 年发布第一款设备之后，实际价格骤降至 30 万美

	企业	行业	消费者	社会
Tencent 腾讯	腾讯增长最快的业务是支付、云服务和数字内容订阅（2018 年，视频订阅人数增加了 85%）。	微信为外国公司提供了一个商务平台，95% 的全球奢侈品牌已经入驻该平台。	微信支付是腾讯旗下即时通信应用微信的一个功能。目前，微信用户超过 10 亿人。	满足全球非银行用户的需求；中国移动支付市场的规模是美国的 50 倍。
illumina（亿明达）	先进基因组测序领域的先锋，拥有 70% 以上的市场份额。	设立 DNA（脱氧核糖核酸）信息“应用商店”，为医疗保健服务商提供简单易用的工具。	推动测序成本从 1 亿美元降至 1 000 美元（目标是 100 美元），并在此过程中发挥了至关重要的作用，助力消费者基因组学发展。	将技术充分运用于养牛业，满足全球食品需求。
（星巴克）	自 2000 年以来，星巴克门店收入的年复合增长率达到了 12%。	与声田建立合作关系，为咖啡店工作人员提供付费流媒体音乐服务，并将其作为打造“下一代音乐生态系统”战略的一部分。	推出名为“我的星巴克点子”（My Starbucks Idea）的在线互动平台，收集超过 10 万条消费者建议。	向食物银行捐赠超过 1 000 万份餐食。这些捐赠品来自星巴克各门店的剩余产品和未售产品。

图 1.7　释放禁锢价值

来源：《财富》，2017；星巴克网站，2018；MarketWatch 网站，2018；Business Insider（商业内幕网），2018。

元。然后，在 2014 年，亿明达推出了 HiSeq X 测序系统，基因组测序价格随后下降至仅 1 000 美元。

即便占据了 90% 的市场份额，亿明达仍在释放禁锢价值，其所推出的最新创新设备预计会进一步降低基因测序成本，使之降至 100 美元以下。

与此同时，该公司——2016 年的年收益已达 24 亿美元——不断扩大蛋糕规模，全面进军新市场。比如，它于 2015 年成立子公司希利克斯（Helix），致力于提供 DNA 检测及相关产品和服务，满足潜在消费者的个性化需求。

只需支付 80 美元，希利克斯就可以利用唾液样本对客户 DNA 的关键成分进行测序，并创建个人档案。这些资料对客户来说有很多用途，比如据此更好地了解他们的家族谱系或通过希利克斯的应用商店，从第三方提供商那里定制健康和健身计划。通过建立收入分成合作关系，应用提供商获得了希利克斯的客户及其数据，进而释放更多禁锢价值。

让我们再来看咖啡连锁巨头星巴克。自 2000 年以来，通过利用数字技术，星巴克门店年收入增长率达到 12%。此外，星巴克还投资了所谓的“下一代音乐生态系统”，与声田合作，将音乐嵌入自身应用。

星巴克积极地与它的 2 000 万个移动消费者合作，并提供在线建议留言箱，据此获得了超过 10 万条帮助公司改善产品和服务的建议。最后，该公司还致力于减少食品浪费，改善食品最缺乏地区的人们的生活水平。自 2016 年以来，它向食物银行捐赠了超过 1 000 万份餐食，这些捐赠品来自星巴克各门店未售出的但仍可食用的食品。

每一项创新都分别提升了星巴克的收入，合并到一起，它们相当于对禁锢价值发起了一次全面进攻。很多被释放的禁锢价值都反映在了公司的资产负债表上，因为品牌价值、商誉和其他无形资产都得到了提升。

对于星巴克采取的释放禁锢价值的行动，投资者给予了积极回应。2011—2017 年，公司市值急剧飙升，几乎是以前的三倍。在星巴克 2018 年 790 亿美元的估值中，不足一半可用当前收益来解释，而剩余部分反映的则是投资者对该公司的信心，即星巴克未来还会释放更多价值，还会继续实现收益和利润的增长。

企业如何明智转向？

正如这些案例所表明的，不同行业的公司都在成功地部署创新成果，释放不断增长的禁锢价值。随着技术越来越普及、越来越具有成本效益，找到禁锢价值的机会也越来越多。在接下来的章节中，我们将向读者展示，如何将那些领先者的战略应用于自己的企业中，通过“明智转向”实现禁锢价值的释放。

时不我待。随着禁锢价值差距的不断拉大，全球各经济部门和各行业都将经历再创造的洗礼。没有任何一家企业可以幸免。正如那个古老的笑话所讲的，两个露营者听到帐篷外有熊的叫声。你是跑不过熊的，但如果你的行动足够快，你还是可以跑过另一个露营者的。

尽管所在行业已经相对成熟了几十年，但你的企业还是无法逃脱颠覆性技术的“万有引力”。那些被数字革命重塑或一再重塑的行业，以及那些进入壁垒很高、直到现在仍未受到冲击的行业，都应保持警惕，因为大爆炸式颠覆和挤压式颠覆已经找到了你的营地。

毫无疑问，你已经在你的企业里看到了转型的迹象。静态的供应链已经开始解体，并转型为动态的生态系统，它将包括客户在内的所有的利益相关方都纳入其中。在数字技术的推动下，创新产品和服务取代了老的产品和服务，而在这些老的产品和服务中，有的已经主导市场达一个世纪。现有公司打造的进入壁垒高昂的基础设施成本或监管控制，已经开始瓦解。竞争者正在寻找新的合作伙伴和新的投资模式，助力转型，奔向新的时代。

在这样一种新的商业现实中，教科书式的战略规划方法已经失去效力，因为它们的速度实在是太慢了，而且这些方法往往还是增量式或连续性的。一次性的“转型”最多只能让你在几年里获得回报，因为接下来的颠覆浪潮还是会席卷市场。仅仅专注于单一的颠覆性产品，并期望它大获成功，只会让你失去开展一系列创新活动所需的基础设施或专业知识和技能，因而也就无法满足周期更短的客户需求浪潮。大规模地押注一两个细分市场可能会让你失去一切，因为更好、更便宜的替代品会渐渐或突然把你最赚钱的客户拉走。

随着禁锢价值缺口的拉大，你要利用你自己的创新、专业知识和技能、知识产权、企业文化和人力资本去缩小这个缺口，而不是任凭自己的竞争优势被一点点削弱。

要做到“明智转向”，至关重要的一点就是要认识到，你没有必要一下子解决所有问题。也就是说，你没有必要过早地放弃你的核心资产、资源和产品。相反，正如我们将要看到的，你需要利用你的核心资产、资源和产品去创造更多的收入，运用新技术重启停滞不前的老产品，并加快新产品的开发步伐。然后，你利用这些收入构建下一代组织，并基于更先进的技术迅速扩张新产品和新服务。

换句话说，颠覆已不再是我们在整个职业生涯中难得一遇的问题。它是一个持续不断的循环。在我们研究的每一个行业，可能性和可用性之间总会出现不断扩大的禁锢价值缺口，而且出现的次数会愈加频繁。

这就成为一次又一次重塑企业和所在行业的新机遇和新使命。为了持续不断地推动“明智转向”，我们接下来要描述的用于寻找和释放禁锢价值的技能，将会成为企业如何营商的重要组成部分，亦是组织使命的核心原则。

不过，在讨论如何做之前，先让我们探讨一下什么不能做。

第二章　企业转向误区

禁锢价值释放者是指那些持续通过创新方法准确找到并释放积聚在企业、行业、消费者和社会层面上的禁锢价值的公司。在接下来的章节中，我们将讲述它们用以加快行业再创造、创建动态生态系统和解决全球环境与社会问题的战略。但首先，让我们来看一下现实情况。

尽管它们已经看到了价值释放的机会，但就我们研究的企业而言，大多数都还没有做好开启“明智转向”之旅的准备。领导者把精力放到了当前的技术、产品和市场上。在上市公司，接受过训练的职业经理人将华尔街分析师的需求置于客户的需求之上。而组织则是僵化的，信息技术系统脆弱，员工专注于技能的改进与强化，以满足过时的和有限的职业路径要求。

正如我们从埃森哲自身再创造中学到的，这里面的很多局限性都与某些商业实践有关。在市场变化缓慢以及竞争对手的行为或多或少都可被预测的情况下，这些商业实践表现极佳。但问题是，当技术驱动的颠覆出现时，它们很快就会从最优实践变成最差实践。

因此，在正式开启“明智转向”之前，你首先要了解这样一个事实：一些公司所做的方向调整会在无意中阻止它们找到和释放禁锢价值。这就是我们所称的“七大错误转向”。

顺便讲一个警示性的故事——关于戏剧性崛起和悲剧性陨落的音乐及媒体零售巨头淘儿唱片（Tower Records）。淘儿唱片于1960年成立于一家药店之中，到20世纪80年代末，它已成为全球音乐零售业的主导者。它是它那个时代的颠覆者。

然而，在2006年，这家公司突然陨落，从顶峰时在15个国家拥有200家门店和超过10亿美元的年销售收入到破产清算。而自成立以来，它的收入是逐年增长的。

对于淘儿唱片的倒闭，传统观点将其归咎于数字音乐颠覆的突然爆发，首先是纳普斯特（Napster）和其他在线交换平台的非法音乐交易，然后是苹果的iTunes以及潘多拉（Pandora）和声田等流媒体音乐平台的合法音乐交易。

但数字音乐颠覆的出现远非该公司的唯一挑战。它只是暴露了淘儿唱片长期以来的业务设计和管理有多么糟糕。

这家公司一时兴起就会向新的国家扩张，举债从不计后果，并把所有决策交给著名的首席执行官拉塞尔·所罗门（Russell Solomon）。所罗门没有任何战略计划，他以凭直觉行事的经营理念为傲，从来都不听从与他共事已久的首席财务官的建议，也不听从债权人的建议。

简而言之，淘儿唱片缺乏应对重大市场变化的机制。它更无法应对先进数字技术对其商业模式造成的生存威胁。用音乐行业的一个术语来说，它就是“昙花一现的奇葩”。

坦白地讲，这家公司根本就算不上是公司。相反，它是一种正合时宜的理念：为音乐迷打造庞大的、奢华的零售空间；雇用精力充沛的年轻人担任销售员，他们无一例外都是音响发烧友，狂热程度甚至超过顾客。淘儿唱片刚好赶上了由婴儿潮一代推动的录制媒体的最后一波浪潮——始于 20 世纪 60 年代，但早在互联网彻底改变这个行业之前，录制媒体就已经显现疲态了。

然而，当时被颂扬的，正是这些决定了淘儿唱片命运的行为。所罗门是一个有远见卓识的、特立独行的人。他了解音乐市场，并打造了一家全方位服务雇员和顾客的公司。淘儿唱片的成长刺激了当地经营不善的、购物体验差的唱片店的整合，而这也证明了其快速扩张的合理性。包括 CD 和 DVD 在内的新技术扩大了高品质物理介质音乐市场的规模，并刺激了快速替换周期，进而鼓励了加速扩张的战略。

与此同时，对于日益增长的禁锢价值，作为真正解决方案的数字颠覆正变得更好、更便宜、更快，而且日甚一日，就等一个不会沉迷于淘儿唱片的物理介质音乐和一流店内体验的人的出现。

事实证明，除了音响发烧友，一般的音乐消费者更想要的是歌曲，而不是专辑，他们还对不断升级的介质和人为制造的最新产品的虚高价格感到气愤。此外，他们也想听到更多风格的歌曲以及独立艺术家的作品。然而，在效率低下的、以唱片公司为中心的供应链上，作为零售商的淘儿唱片无力提供这些艺术家的作品。

用户想要的随时随地的音乐体验，与唱片公司精心设计的计划之间出现了鸿沟，而且这条鸿沟越来越大。唱片公司决意要将音乐的品位和技术同时掌握在自己手中。

纳普斯特的创始人、大学生肖恩·范宁（Shawn Fanning）只是利用互联网和少量软件就暴露了音乐消费者和低收入甚至无收入的音乐家的不满情绪，而且这种不满情绪是与日俱增的。待法律尘埃落定之后，我们发现，承担纠偏挑战的是技术公司，而不是唱片公司或零售商。

换句话说，淘儿唱片做的所有事情都是对的，然而突然在某一天之后，它做的所有事情又都是错的。就禁锢价值而言，数字技术是一个有着巨大潜力的新来源。在数字技术转型到来之时，那些看似符合每一所商学院信条的管理决策反而将淘儿唱片及其同样耀眼的唱片合作伙伴推向了绝境，最终使得它们无路可走，只得倒闭。

禁锢价值危机

淘儿唱片的倒闭是如此戏剧化，以至于它都成了一部纪录片的主题。然而，面对被低估的技术转型和行业禁锢价值的增长，以类似方式突然倒闭的企业绝非仅此一家。即便是颠覆者也可能会成为受害者，因为消费者总是期待下一代的创新。如果行动不够迅速，那么更新的新进入者或其他更认真倾听客户心声的公司就会获得机会。

当积聚的禁锢价值达到危机点时，可能只需要启动一项新技术实验——诸如纳普斯特、优步和爱彼迎等——就能暴露这些价值，并会导致无法避免的再分配。

一些现有公司建立管理和组织壁垒，排除了与其当前商业计划不符的实际客户需求。对这类公司来说，如果它们采取的权宜之计突然失效，那么它们必定会栽跟头。再者，如果它们没有做好拥抱下一代创新的准备，且缺乏转向下一代创新的灵活性，那么面对不断萎缩的收入，它们将束手无策，且只能将全部资源投入现已过时的产品。结果通常是全面而迅速的崩溃。

一段时间以来，公司戏剧性倒闭的原因一直是我们研究的重点。比如，我们最近发表在《哈佛商业评论》(*Harvard Business Review*)上的一篇文章就对部分原因进行了评析，该文章的主题是再创造与公司在重塑过程中面临的困难。

我们发现，无论是令人尊敬的现有企业还是名噪一时的初创公司，都不能把导致它们过时的原因简单归咎于新技术。音乐行业或已变得更加混乱，但毫无疑问，消费者仍愿意购买录制媒体，即便他们已经开始偏向数字产品，比如苹果的 iTunes 以及随之出现的付费订阅服务。

现有企业在再创造以及持续再创造的过程中所需的工具早已

存在。

那么，为什么首席执行官所罗门无法找到改进和重振核心业务的方法呢？这样的方法，至少可以让公司产生可投资新兴数字音乐技术的资本。是什么阻止淘儿唱片成为下一代娱乐行业的领导者呢？要知道，它可是一个强大的全球品牌，对音乐有着极大的热情，还拥有忠诚的客户。那些年轻雇员的精力以及专业知识和技能又是如何被白白浪费的？为什么第一次遇上真正的挑战，它就一下倒闭了呢？

在通常情况下，对某一公司业务失败的解释是，新技术创造的价值与该公司现有结构所能实现的价值之间的差距越来越大。这是一条不断扩大的禁锢价值鸿沟。高管们看到了公司业务持续领先该领域的光明前景，但他们就是到不了那里。很多时候，他们甚至无法迈出第一步。

为什么呢？在很多情况下，这个问题的答案与颠覆者毫无关系，一切都与基本原则有关。随着时间的推移，公司已经不再重视最根本的商业之道，而是完全沉浸于市场成功之中，从未想过要把它的价值观转化为企业文化——一种平衡创新和可持续性的商业文化。它可能也没有采取财务控制措施，以至于债台高筑，或者缺乏可以招募和留住最优秀人力资本的体系。

在越来越多的消费者转向电子商务的大趋势下，淘儿唱片以及其他零售商逐渐衰落，然后突然倒闭。颠覆者只是“敲了敲门”，就让企业的致命弱点暴露无遗：它们无非就是一个个“波将金村庄”[①]，一遇到挑战就全面瓦解。

为什么被颠覆的企业如此不堪一击？我们的研究揭示了一个更深层次的原因，实际上这也是一个颇为讽刺的原因。在很多情况下，企业缺乏灵活性是因为高管所做的每一件事情都是“对的”，或者至少从流行的管理理论的角度看，他们这样做是对的。这无疑是个悲剧。

无论是追求“股东价值”、开展“精益”运营、拥抱“设计思维”或“敏捷”开发，还是成立下一代的研发中心以期克服“创新者的窘境”，那些最无力释放禁锢价值的企业总是那些最严格遵照商学院方法制定战略和开展商业活动的公司。即便这些学术方法曾经奏效，企业也不能指望利用它们去适应一个颠覆性技术持续出现且频率越来越快的世界。

不同的错误导致不同的价值禁锢路径。比如，有些企业过于专注于为以往的客户提供服务，以至于错失了从其他人群或其他地域迅速崛起的、新的，而且通常是规模更大的细分市场。或者，在企业上市后，创始企业家发现外界对他们的文化关注远不及对他们的季度盈利的关注，进而放弃了最初让他们取得成功的创新思维。

在成熟行业，比如金融服务业、公用事业和交通运输业等，造成禁锢价值的根本原因通常在于行业与监管机构之间的不健康关系。

① 波将金村庄（Potemkin village）意指弄虚作假、装潢门面。——编者注

经过长时期的严格监管，这可能包括定价和新服务审批等，整条供应链成了监管机构的附庸。事实上，监管机构也是它们唯一的真正客户。当颠覆者打破长期以来的行业进入壁垒时，现有企业的管理层就会失去方向。他们已经忘记了如何竞争——如果他们还记得有竞争这回事的话。

就我们的经验来看，导致价值被禁锢的更常见的原因是执行不力。即便是新公司，也很快会沾染上令很多现有企业困扰的官僚主义习气，削弱了最初让它们取得成功的执行力文化。

换句话说，价值之所以被禁锢，是因为时下的市场领导者忙于追求基于当前行业结构以及支撑该结构的核心技术的增量收益。即便有清晰的前行路径，组织的运行轨迹也不是管理层能改变的。这些组织固守自己的方式，一步步走向死亡，然后突然倒闭。它们变得脆弱不堪。它们已经无力转型——无论是明智的还是不明智的转型。

这种僵化往往是专业管理造成的直接结果，即成功的、快速成长的企业采取了专业管理的方式或交由专业人士来运营。如此一来，运营方很快就会与客户以及产品和服务失去联系。管理层和一线之间的距离越拉越远，这会让领导者在做真正业务改变时犹豫不决，一是担心未能完全理解转型的含义，二是担心这可能会造成意想不到的后果。

正如我们将要看到的，他们不像创始人那样，天生就有亲力亲为、注重细节的执行习惯。职业经理人很容易习得自由放任的管理风格，但实际上，这代表着速度和敏捷性的丧失。

随着技术颠覆步伐的不断加快以及新创新渗透市场的速度的提升，即我们在前面提及的大爆炸式颠覆和挤压式颠覆，禁锢价值积聚的问题只会越来越严重。

反过来，这些易变的行业转型力量则是两大宏观经济趋势的结果：在越来越多的市场中，新产品几乎在第一时间就会被消费者采用；数字商品迅速过时。让我们分别简单地看一下。

近乎完美的市场信息。任何拥有智能手机的人都知道，从推出一款新产品到它最终被大多数客户使用，其中的间隔时间已经大幅缩短了。这种瞬间饱和始于消费品和软件产品，但它现在已经扩散到数字型耐用品甚至工业品领域了。买方要么一时间同时出现，要么永远都不会出现。

在某种程度上，这是因为数字技术降低了买方了解和评估新产品的成本，亦即经济学家所称的“信息成本”。通过社交媒体和其他数字渠道的扩散，信息的成本已经大大降低，从而使得消费者可以迅速而有效地评估潜在购买品。

我们称这一现象为“近乎完美的市场信息”。在产品发布之时（在某些情况下，甚至在产品发布之前），买方就已完全了解了你的产品，其中也包括其他用户喜欢和不喜欢它的地方。任何想拥有该产品的人都会在第一时间购入，而你所期待的其他客户则永远不会出现。那些等待产品变得更好或更便宜的人，通常都是新入场者。

比如，2016 年，在推出备受期待的新品之后的头两个星期里，特斯拉就预售了近 40 万辆 Model 3，其中大多数是在最初 3 天里卖出的。也就是说，过去那种大量买家排队等候的情况，可能不会再出现了。在产品发布的那一刻，大多数买家就已经现身了。

从第三个星期开始，新订单数量的增速就开始大幅下滑。到 2018 年年中，特斯拉报告披露截至第一季度末，净预订数仅为 45 万辆。完成订单需要时间（发货时间最早要到 2017 年），但这只是没有交付的订货，而不是新的需求。事实上，一些分析师预测，多达 25% 的客户会要求返还订金。

新的市场现实甚至会让那些采取数字优先战略的公司措手不及。不妨想一想 2016 年大起大落的手游《精灵宝可梦 Go》（*Pokémon Go*）。是年 7 月，游戏开发商尼安蒂克（Niantic）推出了第一款增强现实游戏，大获成功。在该游戏中，玩家可以"寻找"和"捕获"随机出现在其智能设备屏幕上的数字生物，并可将其添加在现实世界的相机视图中。

在极短的时间内，世界上几乎所有人都在玩这款游戏。在游戏发布后的第一个星期里，就有 750 万个玩家下载了《精灵宝可梦 Go》，玩家人数在第二个星期达到顶峰——2 850 万人，平均每人每天玩 1.25 个小时。但这种兴奋情绪只持续了几个月。从第 10 个星期开始，这款火爆游戏开始走下坡路。在短短一个星期内，《精灵宝可梦 Go》就流失了 1 500 万个玩家。

到当年夏天结束时，游戏玩家已经基本流失殆尽，与此一同蒸发的还有任天堂（Nintendo）大约 67 亿美元的市值——任天堂是该游戏中角色形象的联合所有者之一。

该游戏发布后，第一个月的游戏收入就达到了 3 500 万美元。投资者认为这一趋势会延续下去，甚至认为收入还会继续增长。受此驱动，任天堂的市值在 7 月初上涨了 230 亿美元，但到 8 月时又悉数蒸发。之后，尼安蒂克再也没有开发出可替代《精灵宝可梦 Go》的游戏。

数字商品的迅速过时。正如《精灵宝可梦 Go》这个案例所彰显的，第二种经济力量是数字商品的迅速过时。目前，数字商品是各行业越来越多的产品和服务的核心组件。如前所述，数字组件在价格、性能、尺寸和电能利用等方面的持续改进，大大缩短了新版本产品和服务及新创新的周期。

时下，越来越多的产品和服务内嵌了数字技术。由此，消费者和企业替代几乎任何东西的速度，都是由技术转型的混乱步伐而不是由行业标准的有序演进决定的。

将这两大趋势结合起来，你就有了应对加快积聚的禁锢价值的方法，以及应对越来越频繁地出现的生存危机的方法。

淘儿唱片可能是一个极端例子，但即便是世界上那些最受尊敬和最成功的公司，也极少能挺过所遇的第一次危机，无论危机发生在何时。标准普尔 500 指数（Standard and Poor's 500）覆盖公司的平均寿命已从 20 世纪 20 年代的 67 年降到如今的 15 年。据耶鲁大学（Yale University）教授理查德·福斯特（Richard Foster）的研究结果，到 2020 年，在标准普尔 500 指数包含的公司中，有多达四分之三将会是2010年闻所未闻的公司。

大爆炸式颠覆和挤压式颠覆正迅速扩散到那些基本上未受第一波互联网技术浪潮影响的行业。物联网和3D打印技术正准备颠覆制造业，而基因组学、农学、无人机和低成本传感器正积聚力量，一同重塑农业。汽车公司和保险公司已经着力应对即将到来的未来的挑战，这包括电动车和自动驾驶汽车等。而包括埃森哲在内的专业服务公司正全力应对应用型人工智能的商业应用及其对知识工作者的潜在影响。

七大管理错误

我们发现了七大常见的管理错误，而这也解释了为什么如此多的禁锢价值仍未被现有企业释放。在这些管理错误中，很多都是一代代高管遵循最佳管理实践的结果。每一个错误都旨在解决一个特定问题，但它要么没有将其对组织长期健康的影响考虑在内，要么是在颠覆加速的时候，没有以足够快的速度扩大规模。

过于精益化经营。美国企业家、作家埃里克·莱斯（Eric Ries）在其著作《精益创业》（*The Lean Startup*）中为初创公司提出了建议：第一步是以尽可能快的速度销售最小化可行产品（MVP），然后利用社交媒体等低成本渠道与客户进行密切互动，寻求他们的反馈，并据此对产品进行迅速迭代。

虽然精益方法深受新老公司的欢迎，但公司如果将所有资源都投入单一产品，那么就会遭遇失败。时下，市场的饱和速度越来越快，生产新产品的能力比仅生产一种产品的专门能力更为重要，而无论这种产品多么受客户追捧。

尽管有明显迹象显示客户已经厌倦了某种产品，但企业还是将所有资源放到这种产品上，这时就会在企业层面上积聚禁锢价值。企业这样做，会让有才华的开发人员和明智的创业者错失利用下一波新技术开展创新活动的机会。

如果市场只是简单地发展，并等待下一次创新的到来，那么按照精益方法论的要求，将核心资源用于产品的反复迭代和路线修正是可以解决错误问题的。但在需求饱和之前，管理层必须组织一支新的团队，启动新产品的开发。若非如此，它就会陷入所谓的死亡螺旋：一方面，忠实客户不断减少；另一方面，公司又必须不遗余力地为客户的增量需求提供更好的服务。如果这样的企业能够存活下来，那么唯一的机会就是被更多元化的公司收购，而收购价通常都是甩卖价。

让我们来看看精益方法论的忠实信奉者，至今依然围绕“社交购物”这一核心创新开展业务的高朋团购（Groupon）。所谓社交购物，就是消费者利用其规模优势同卖家商谈产品折扣的一种购物方式。尽管有明显迹象显示，社交购物的高涨热情已经退去，但高朋团购还是专注于证明这一概念，有条不紊地调整网站界面，并购即将倒闭的竞争对手生活社会（LivingSocial），还有可能进军旅行团购领域——这不是一个明智之举。

与此同时，该公司因未能坚持基本原则问题而导致运营成本飙升。在上市前后，公司又因令人尴尬的会计错误问题与美国证券交易委员会（SEC）发生争执。到2018年年中，高朋团购的市值已较2011年上市时跌了70%以上，而且销售收入自2014年以来就一直呈下降趋势。

因沉迷于现有客户“树”而错失市场“森林”的并不仅仅是精益理念的坚定追随者。TiVo是美国的一家电视录制技术公司，它于1999年推出数字视频录像机并率先实现该产品普及化，被誉为颠覆创新者。很快，它就成了视频点播服务的代名词：作为公司名称的TiVo成为一个动词，意为录制一档节目以待日后观看。但此后，该公司被基于互联网的流媒体应用超越，后者以一种更彻底的方式打破了付费电视的商业模式，它们包括网飞、葫芦（Hulu）和亚马逊等。

TiVo继续对其产品进行增量改进，对所持技术进行授权，但该公司的很多关键专利都即将到期。尽管TiVo在2016年被娱乐软件公司乐威（Rovi）并购，但在过去的5年里，TiVo的市值还是跌了三分之二。目前，它已将硬件和零售业务外包，但它最近否认了开展更多并购的可能性。

在竞争更为激烈的智能手机应用丛林中，瞬间饱和问题甚至更严重。在那里，如果技术的持续改进不能创造潜在的新价值，则通常意味着企业命运的结束。在这方面，产品开发人员常常搞错重点。

以星佳（Zynga）为例，这是一家非常成功的游戏开发商，开发过《农场乡村》(*FarmVille*)等多款热门游戏，但它几乎栽在了大起大落的《你画我猜》(*Draw Something*)上。作为一款画和猜的游戏，《你画我猜》在2012年发布之后的短短几个星期里，就吸引了1 600万个玩家。但在接下来的几个月里，由于这家公司一直没有找到合适的替代游戏，玩家很快就流失殆尽了。该公司的收入状况最近虽然有所改善，但能否开发下一个热门游戏，仍未可知。

虽然很多案例都来自初创公司，但精益化的冲动也会影响现有企业和资产密集型企业。在通信、公用事业和金融服务业，流行的趋势是将研发和工程业务外包。然而，企业这样做往往也会损及自身的创新能力，加剧了被颠覆的风险。

建立注定失败的资本结构。精益管理在公司金融领域的确会发挥效力：在选择投资者方面，数量要尽可能地少，投资期限要尽可能地长，同时要避免出现沉重债务。高杠杆资本结构只适用于公司超常增长时期。如果市场收缩，即便只是温和收缩，传统债权人很快也会紧张起来。在创新投资活动影响公司生存和未来扩张的关键时刻，他们可能会鼓励甚或迫使公司缩小投资规模。

短期债权人会直接登门施压。如此一来，价值就会被禁锢在客户层面。用户看到了下一波创新浪潮可能释放的潜在价值，并按预期放缓购买步伐。换句话说，低迷时期并不意味着一定要倡导节俭，而是暗示要加快下一代创新的开发速度。如果一家公司缺乏驾驭下一代浪潮的资金或自由，那么它可能会被落在后面。信贷危机不仅得不到解决，还会进一步加剧。

比如，淘儿唱片长期以来严重依赖债务融资推动扩张，债务规模甚至一度达到 3 亿美元。沉重的债务负担给公司财务带来极大的压力，而随着 21 世纪初唱片销量的暴跌，这一压力最终压倒了公司。

2000 年，淘儿唱片亏损了 1 000 万美元，次年亏损近 1 亿美元。不出所料，债权人收紧缰绳，切断了通过投资新兴在线服务实现再创造的任何希望。2004 年，淘儿唱片申请破产，留给债权人的是该公司 85% 的股份和 8 000 万美元的债务豁免。

我们再来看看大型儿童玩具连锁店玩具反斗城，其在 2017 年申请破产保护之后，又于 2018 年永久关闭了旗下的门店。媒体不可避免地将该公司的失败归咎于其无力与提供更好、更便宜的产品的在线公司竞争，比如亚马逊。它突然倒塌的种子早已经种下，而且这一切都与不可持续的债务有关。

2005 年，玩具反斗城被私募股权投资者以近 70 亿美元的价格收购，自此背上了沉重的廉价债务。之后它一直进行再融资，直至 2007—2008 年金融危机爆发。到该公司申请破产时，它一年要支付 4 亿美元来偿付 50 亿美元的债务，这远超过了它在门店和计算机系统上的支出。

除了资本，那些脆弱的公司通常还背负着其他不必要的长期负担，从而限制了未来的灵活性。对现有公司来说，未来负债包括多年期租约、基于债务融资的设备采购，以及可能严重限制管理层改变经营策略能力的长期外包合约等。

初创公司一般不存在这样的问题，但它们经常会产生过高的运营成本，包括提供午餐、慷慨的休假政策、免费的日托，以及在高端写字楼租赁办公室等。如果这些成本所占的比例过高，那么对初创公司来说同样危险，尤其是在市场突然变化的时候。

比如，野心勃勃的商业无人机软件初创公司 Airware 于 2011 年成立，在 7 年后的 2018 年，它突然倒闭，共烧掉了超过 1 亿美元的风险融资。

钱去了哪里呢？这家公司总是不计后果地更改战略，一度要自行制造无人机，后又准备转型成为行业顾问。它并购了其他初创公司，甚至成立了自己的无人机投资基金。

正如该公司创始人承认的，Airware 的软件一向过于复杂，很难兼容现有的无人机硬件。在等待行业迎头赶上的同时，它并没有选择保留现金，反而推出了一系列昂贵的变通方案，拒绝放弃成为行业最先进企业的雄心。

一名前雇员在接受 TechCrunch（美国一个科技类博客）网站的采访时说："Airware 善于从谷歌、欧特克（Autodesk）等公司挖极具天赋的、身价不菲的人才。我们这里甚至还有 SpaceX（美国太空探索技术公司）和美国宇航局（NASA）的前雇员。Airware 在招人方面从不吝惜金钱。"

失去领导者。无论是在初创公司还是在企业孵化器的新产品开发领域，最佳做法通常都是尽快迫使创新者卸任领导职务。外部的风险投资者和内部的风险委员会会在组织运营方面给予有远见的创业者相当大的自由，有时候这种信任是非常随意的。这种情况会一直持续到某种成功产品上市为止。

但一旦有了真正的客户，投资者和企业监督者就会迅速推动富有经验的管理层或“成人监督层”（adult supervision）接管公司的日常运营。创始人常常会被边缘化，被安置到角色有限的工程岗位上，比如雅虎（Yahoo）的杨致远和推特（Twitter）的埃文·威廉姆斯（Evan Williams）等。由于缺少了持续创新的资源或激励机制，他们很快就会辞职。之后，他们通常会继续成立初创公司，并拉他们最信任的同事入伙。

在创始人出走之后，公司或部门的领导问题将会变得更加严重。随着禁锢价值缺口的不断扩大，这个问题总会早早地到来。富有经验的经理人最终会将重点放到原创产品的改进上，而原创产品往往会成为新进入者突然竞争的目标，因为它们随时都准备获取更新的价值释放技术，而且不会固守此前颠覆者采用的、或已过时的商业模式。

由于富有远见的领导者已经出走，所以这些公司可能会觉得它们别无选择，只能加倍下注现有策略。这样一来，一旦市场出现变化，它们就更容易陷入困境。比如，在创始人离开之后，雅虎未能找到充分利用其搜索引擎的新方式，也未能在其他领域找到实现多元化发展的新方式。

我们来看看谷歌的做法。在富有经验的首席执行官埃里克·施密特（Eric Schmidt）稳定了核心的搜索和广告产品之后，该公司董事会意识到，严重依赖于单一产品的爆炸式增长是不可持续的。于是，他们又把谷歌最初的创始人请回公司，让其担任领导职务，从而激发了公司前所未有的大胆创新。

同样，史蒂夫·乔布斯（Steve Jobs）也是二次掌舵。在他富有经验的继任者未能推出消费者想要的产品之后，苹果又把他请了回来，而他也由此成为这家公司更辉煌的化身。

与之相对，雅虎则在一系列旨在推动业务转型的战略问题上苦苦挣扎，但在制定这些战略时，公司管理层却没有认真倾听用户的需求。当所有这些努力失败之后，在投资者的压力下，该公司以45亿美元的价格被出售给威瑞森（Verizon），这一价格与雅虎2000年1 250亿美元的市值峰值相去甚远。

多年来，雅虎一直是互联网搜索的主宰者，但自2004年谷歌占据第一位置之后，它就再也没有翻身过。在威瑞森并购雅虎时，谷歌的市值已经超过了6 400亿美元。

一切为了华尔街。公众投资者以及为公众投资者提供建议的研究分析师，比持有公司债务的债权人更保守。那些过早上市的、深受追捧的初创公司发现投资者已经成为一种障碍——他们口口声声说想看到更具颠覆性的创新，但当利润增速没有达到预期时，他们又会打击公司股价，抨击公司管理层。

同样，成熟公司也会受制于老派的华尔街分析师：他们会把关注重点放到公司的日常绩效上，因而常常错失更深层次的、严重影响行业现状的颠覆性趋势和技术。公司捕获不断增长的禁锢价值的努力被延迟，因为它们的战略总是被强势的投资者改写，有时在这方面还会陷入致命循环。

色拉布和蓝围裙（Blue Apron）等公司的管理团队已经在全力平衡动态战略与公众需求之间的关系。这两家公司均在 2017 年上市，时间上可能过早了，而且自上市之后，它们都经历了关键高管的离职和股价的大幅下跌。

对 2011 年上市的商业网络先驱领英（LinkedIn）来说，它陷入困境的原因很多，但更主要的是，由于几次都未能产生华尔街期望的收入，这导致公司上市 5 年后股价暴跌。这使得领英成为一个对微软颇有吸引力的并购目标。微软认为它能够且现在已基本恢复了领英昔日的光彩。

对年轻公司来说，为取悦股东而改变战略的做法很快就会危及其使命，而最终结果就是让所有人失望。手工艺商品先驱易集（Etsy）于 2015 年上市，时任首席执行官的查德·迪克森（Chad Dickerson）将零售投资者的单人投资上限设为 2 500 美元，以此确保公司的社会和政治使命继续居于优先地位。

上市两年以来，公司成本暴涨。与此同时，易集手工艺品卖家对一项允许在该网站销售制成品的决定产生了疑惑。两相叠加，激进投资者迫使迪克森出局，与他一同离开的还有易集 8% 的雇员。

易集由此放弃了它作为一家具有社会意识的“B 公司”（B Corp）的地位，而其所承诺的公益公司（public-benefit corporation）重组计划也就不了了之。虽然专业管理提升了公司的收入和股价，但易集佣金的提升也疏远了一些生产者，而更多的实验计划则胎死腹中。

对易集来说，上市并没有帮助它达到提升品牌和迅速扩张业务的目的；相反，过早上市给它造成的损害可能多于给它带来的好处。

让我们来对比一下易集和亚马逊：亚马逊首席执行官杰夫·贝佐斯（Jeff Bezos）每年花在投资者关系上的时间只有 6 个小时，而这也是他深以为傲的。亚马逊不遗余力地开展分析师教育，告诉他们不要只关注短期利润，而是要把重点放到新业务上，比如无人机送货、亚马逊智能音箱 Echo、亚马逊智能助理 Alexa，以及针对物联网的大规模投资等。

虽然贝佐斯和他的管理团队持续不断地将收入用于再投资，但他们这样做是为了在未来创造更多的价值。可以想象，如果贝佐斯依照传统投资者的意愿，仅仅围绕成功的在线书店业务不断地优化和迭代更新，那么价值就会被禁锢。

凭靠运气。在一个可通过组合互换性硬件和软件组件打造新产品和新服务的时代，越来越多的公司打破纪录，在最短的时间里实现数十亿美元的估值——有时还是公开市场的估值。这些“独角兽”的估值似乎并不是基于投资基本面，而是单纯基于早期用户的热情和未来的预期收入。近乎完美的市场信息造就了“赢者通吃”的成功。

无论是初创公司还是现有企业，在推出一款被证明是大爆炸式颠覆者的产品后，领导者往往会产生一种战无不胜的感觉。对企业来说，在很大程度上靠意外走红而取得的成功往往会被视为有先见之明的管理决策的结果，这是一种危险的幻象。

更糟糕的是，业内会出现围绕公司首席执行官的个人崇拜现象。在此情况下，首席执行官会高估自己的能力，不再倾听客户的心声，也不再从自身错误中吸取教训，反而沉醉于发表主旨演讲或就时下大事发表评论。经理人缺乏自主权，只能等最新指令，而不是将精力用于分析。成功中孕育着失败。

自以 140 亿美元的估值上市之后，推特一直没有实现华尔街期望的收入和增速。付费推文、投票和长推文等新功能的引入惹恼了很多长期用户，他们甚至在推特自己的平台上对推特表示不满。与此同时，公司管理层就像一道旋转门，关键高管和工程师接连离开。

此外，推特的用户增长也呈放缓趋势。不过，最近通过削减薪酬、研发、销售和市场营销等方面的成本开支，以及基于新功能带来的收入增长，该公司已经实现了扭亏为盈。

将高估值视为个人天才成就的经理人也可能会破坏产品的优雅设计。在发布最初产品时被他们明智过滤的那些花哨功能，可能会出现在之后的产品中，从而疏远了最初推动产品成功的忠实用户。

举例来说，初创公司奥克卢斯（Oculus）开发的虚拟现实头戴式显示设备原型机在 2014 年消费电子展（CES）赢得了“最佳展品奖”。几个月后，该公司被脸书以 20 亿美元的价格收购。

但由于过度设计，该公司第一款商用产品直到 2016 年才上市，而售价 800 美元的全套设备则让消费者望而却步，严重压制了他们的热情。

在此期间，宏达电（HTC）、索尼（Sony）和三星（Samsung）

等公司开发的产品在第一年的销量就超过了备受期待的 Oculus Rift（一款为电子游戏设计的头戴式显示器），奥克卢斯只占了总销量的 4%。整体而言，虚拟现实硬件的销售已经趋于疲软，而早期的过度宣传也让消费者对这项技术的能力产生了怀疑。

这绝不是虚拟现实理念的失败，也不是虚拟现实在 4 个层面释放巨大禁锢价值的失败。它是市场洞见的失败，即错误地认为这家超级公司会塑造未来市场。

服务监管者而非客户。当更好、更便宜的产品迅速瓦解某一成熟市场时，目瞪口呆的现有企业就会求助于它们的长期监管者，希望后者将“叛乱者”驱逐出市场或至少为它们争取更多应对时间。在金融服务（金融科技）、航空（无人机）、酒店（爱彼迎）和医疗保健（基因检测）等行业，现有企业首先会游说监管机构彻底查禁颠覆者。

当消费者代表颠覆者进行反击时，监管者就会退回到那些草率制定的且往往会造成严重后果的新规则上，而对于初创公司与现有公司在产品或服务上的区别，这些新规则了解甚少，甚或一无所知。讽刺的是，其结果往往是社会层面上的禁锢价值越积越多，旨在运用技术提升更广大人口生活质量的创新被人为地放缓了步伐，这些创新甚至还可能偏离轨道，进入生产率更低的领域。在这种情况下，被延迟的梦想意味着潜在的价值未被释放。

此外，政府也越来越担心信息革命带来的潜在社会成本，特别是一些实力强大的公司的影响。这些公司收集和利用消费者数据，通过广告收入推动免费在线服务的发展。目前，这种担忧正转化为新的监管规则，其或在无意中支持了那些有能力承担高昂合规成本的大公司。比如，在2018年，欧盟（European Union）实施了一项涵盖广泛的新法律——《通用数据保护条例》（*General Data Protection Regulation*），那些违反数据使用原则或滥用消费者数据的公司将会面临巨额罚款。

然而，在该法律生效后的头6个月，有强有力的证据表明，该监管规则进一步提升了谷歌、亚马逊和脸书等巨头在在线广告领域原本就已经很高的市场份额。与此同时，欧洲初创公司获得的投资总体上呈大幅下跌趋势，原因就是市场考虑到了该地区的高合规成本。对新公司来说，高额罚款可能会让它们直接关门。

正如该案例表明的，初创公司现在必须尽可能早地聘请法律顾问，并将其极其稀缺的资源从公司建设中转移出来，用于处理与市议会、公用事业委员会和立法听证会等有关的事务。在世界各地，优步、爱彼迎和其他共享经济企业已经在为争夺经商权而奋战，不接受现有酒店企业和交通运输公司的监管规则是完全不可能的。

对初创公司来说，重点关注监管者会产生潜在风险。急于留在行业内的颠覆者可能很快就会形成对监管者的依赖关系，就像现有企业对监管者的依赖一样。初创公司突然有了律师和顾问，就会更加谨小慎微。它们也认为它们可以以法律为壁垒，将下一代的创新者隔离在外。它们可能会赢得监管战，但这样做的结果是，它们将会失去前行的动力，而且可能会失去那些早先给予它们深刻同情的客户。

对客户抱有不切实际的期望。“赢者通吃”的现象意味着购买颠覆性产品和服务的客户会一同全部出现，但在产品和服务的未来销售以及后续产品和服务的市场规模方面，这些客户往往会释放混乱的信号。特斯拉就是一个例子：当某种新产品出现时，消费者利用社交媒体和其他电子渠道发出信号，认为这是必备品，结果就是突然的抢购，紧接着就是迅速陷入沉寂。埃弗雷特·罗杰斯相对温和的钟形使用模式已经不复存在，存在的只是“鲨鱼鳍”形的使用模式。

以智能手表为例，它实际上是一款可穿戴的智能手机产品。2015 年，苹果以相对较高的价位推出苹果手表（Apple Watch）。上市首日，便有超过 100 万的美国客户预订了该产品。然而，智能手表的替换周期并不像智能手机和平板电脑那样，由新功能、新外观或新硬件驱动而导致频繁换机。虽然现在苹果是可穿戴技术的领导者，但苹果手表的销量还是趋于沉寂，而很多早期的行业领导者，要么已经出现衰退，要么已经倒闭关门。

不幸的是，初期大获成功的公司往往会把早期销量视为未来增长的迹象。由于预计会有更多的客户和新的细分市场，习惯于钟形曲线的经理人会投入高昂的资源，扩大生产和配送网络，为实际上再也不会出现的后续销售做准备。他们招聘客服人员，打造生产和配送设施，开展市场营销活动，扩大销售渠道，投资高成本的专项信息技术网络，而待他们做好这一切之后，产品已经无人问津了。

或者更糟糕的是，他们生产了大量库存，但很快就发现这些产品无论以什么价格都已卖不出去。游戏开发商 THQ 在 2010 年凭借其为任天堂 Wii（一款家用游戏机）生产的一款绘图平板电脑而大获成功，之后便贸然行动，大举投资，为其他游戏平台生产新的平板产品。

但随着苹果 iPad（苹果的平板电脑）的发布，消费者的需求突然转向了与游戏机分离的独立绘图应用产品。THQ 仍在生产它的平板电脑，最终库存积压达到了 140 万台。这家公司只得申请破产保护，就此销声匿迹。事发之后，THQ 的新总裁詹森·鲁宾（Jason Rubin）承认说："我也不知道怎么会发生这种情况。"

且不论资源和库存的多寡，当企业应提早缩小投资规模时，如果没有缩小反而扩大了投资规模，就会产生禁锢价值。

在接下来的章节中，我们将会向你讲述如何规避这些错误转向，并用现实世界中的战略来取代它们。这些战略将会释放禁锢价值，而不是继续产生禁锢价值，让行业新进入者和竞争对手有机可乘。首先，让我们用七大正确理念来替代这七大错误理念。

第三章　明智释放价值

即便是最有远见的领导者，也有可能遭到七大错误转向的阻挠，难以释放自己熟悉的行业中的禁锢价值。在克服了这些困难之后，领导者的下一个任务将是制定路线，把竞争对手以及那些急于抢占先机的初创企业甩在后面。

该怎么做呢？奇怪的是，有时候最好的做法就是后退一步，抓起最近的钝器，然后挥舞它。

拯救海尔

1984年，35岁的张瑞敏前往一家濒临倒闭的电器厂任职，当时他几乎没有从商经验，但他在上任之后，进行了创造性的颠覆。在张瑞敏决定亲自经营这家公司之前，公司在短短几年内已经更换了几任总经理。张瑞敏开始阅读他能找到的一切管理书籍，甚至让人翻译了他最喜欢的学者彼得·德鲁克（Peter Drucker）的著作。

厂子当时的状况让张瑞敏震惊：产量下降、资金短缺、士气低落。当然，产品质量也很差。客户到工厂来向张瑞敏抱怨说，他们收到的新冰箱是坏的。

当年在中国，商品供不应求的情况很严重。张瑞敏决定从根本上改变现状。他和一位不满意的客户去库房查看，发现了 76 台有缺陷的冰箱，占所有成品的 20%。他下令把这些冰箱搬到工厂的院子里。然后，他拿起一把大铁锤，砸烂了所有不合格的冰箱，让聚集在周围的工人目瞪口呆。

这是一个具有开创性的时刻，一种以客户和质量为中心的创新文化出现了，它引导海尔集团发展成了中国最大的家电制造商，并最终成为全球最大的家电制造商。

张瑞敏决定牺牲当前的一些营收，来为公司的未来争取更大的机会，而不是继续在市场里半死不活地苟且。他以卓越的质量为中心，开始重塑海尔的品牌，而这一举措需要对战略、运营和组织进行全面反思。

海尔当时还在亏损，张瑞敏意识到，公司最需要的就是跨越与全球大牌竞争对手之间巨大的技术鸿沟。为了实现这一目标，海尔与德国领先的制造商利勃海尔（Liebherr）合作，对工厂进行现代化改造，并向工人灌输了以前没有的自豪感和主人翁意识。

跨越最初的技术鸿沟，也为更多的再创造奠定了基础。多年来，海尔对实力较弱的竞争对手进行了一系列收购，其中包括在

2016 年收购美国通用家电（GE Appliances）。与此同时，海尔也获得了多项国际质量奖，巩固了张瑞敏在中国的商界偶像地位。时至今日，表现优异的海尔员工会获得带有金色大锤图案的牌匾作为奖励。

在张瑞敏的领导下，海尔不断地发展。公司的每一次战略转型都缩小了快速增大的禁锢价值缺口，这个缺口与其说是由竞争对手推动的，不如说是由巨大的经济和技术转型驱动的。全球中产阶级消费者崛起之际，海尔已经做好了为他们服务的准备。随着新技术对产品设计、制造、分销和客户互动的可能性进行重塑，海尔一马当先地采用了这些技术。

例如，当中国的家电制造商竞相提高自家产品的质量时，张瑞敏已经在大力推动海尔向优质客户服务方向发展。当这些竞争对手开始更加注重为消费者服务时，张瑞敏又再次重塑了海尔的业务，聚焦在灵活性上，将人力资源重组为数百个小企业单位，或称“小微”，这些单位像初创企业一样运营，资金来自海尔和其他公司。

每一次，海尔都是先弥合技术差距，再弥合经营差距。例如，它是中国第一家采用现代制造技术，又与公司内外的创业者合作，通过引入新产品以及具有最新功能的改进产品，来实现多样化的公司。海尔还充分拥抱了社交媒体，与消费者形成直接联系，并让他们参与新产品的设计。

如今，海尔正忙于再次重塑自己，这次它打算在快速增长的物联网领域成为一个由软件驱动的领军者。海尔从它售卖的电器中收集信息，它认为这些数据会变得比电器本身更有价值。

“我们不能指望每天都砸冰箱，”多年后，张瑞敏在回忆起砸冰箱事件时说，“但实际上，我每天都想做这件事。”

七大制胜战略

海尔和张瑞敏是独一无二的案例。尽管如此，张瑞敏无所畏惧的领导力也表明，即使是在最具挑战性的市场和僵化的行业中，也有必要的、可用的工具释放禁锢价值。海尔不断变化的结构和战略，让竞争对手眼花缭乱，用张瑞敏的话来说，就是处于“呆头鱼”状态。

更重要的是，海尔长达35年的转型历程证明，面对日益增大的禁锢价值缺口，高管要想实现可持续增长，就需要以不断进化的核心资产为支点不断进行转向，从一个未来愿景转向另一个未来愿景。随着市场条件的变化，以及技术颠覆者的不断涌现，他们必须以更快的速度做到这一点。

我们将在本章探讨如何明智转向。一些公司可以比竞争对手更快地释放禁锢价值，我们就从观察这些公司采用的新战略讲起。

在接下来的几章中，我们将解释如何将这些战略注入公司的每一根纤维，如何在技术持续推动禁锢价值边界的情况下，去实施一个又一个转型。

为了理解释放禁锢价值有多大的潜力，我们先来看看张瑞敏给海尔带来了什么。海尔拥有 7.5 万名员工，年收益为 350 亿美元，一直保持着高达 20% 的年增长率。在过去的 9 年里，它一直是世界上最大的家用电器零售商，拥有超过 10% 的全球市场份额。2005—2015 年，海尔的企业价值增长了 25%，对新公司的投资带来了 20 亿美元的市值。

海尔品牌在中国内外都享有盛誉，张瑞敏经常应邀在一年一度的德鲁克全球论坛（Global Drucker Forum）和其他知名活动上就领导力和战略发表演讲，这些都彰显了他的才能。

在每次再创造中，海尔（与客户和其他利益相关者合作）都聚焦在四个层面上释放禁锢价值。随着它越来越多地与消费者、行业和整个社会分享这种价值，海尔凭借自身的力量成了全球巨头。

为了释放禁锢价值，海尔采用了特别适合应对持续变化的一些新战略。这些新战略取代了关于竞争优势的陈旧思维。后者往往只追求一个通用目标，比如“成本领先”“差异化”“专注”，它们即便发挥过作用，现在也已经不够用了。现在的公司必须接受数字优先的战略，瞄准最适合客户需求的，而不是计划者自己喜欢的东西。

释放价值不是按季度来运营和衡量绩效，而是围绕对核心资源——包括技术、客户、利益相关者和更广泛的社会价值——的关注和培育，对每个职能和每个员工进行重新定位。把业务看作一个集成的投资组合来管理，在一段持续的时间内寻求卓越的总体回报。

我们将这种数字优先的方法统称为“七大制胜战略”。虽然在我们的研究中，很少有公司将七个战略全部投入使用，但成功者通常使用了其中的一个或多个战略。他们不是一次性使用，而是持续不断地使用。

这些制胜战略是明智转向的转折点，是释放禁锢价值的关键，需要坚持不懈、无所畏惧地实践。公司可能本来有一套经过几十年摸索后行之有效的方法，但现在面对不可避免的持续颠覆，大家都觉得再继续采用这套方法注定会失败，而实际上，失败的速度可能会比大家预想的更快。而采用这些制胜战略，会让公司离开那条通向失败的道路。

在本章中，我们将详细地探索每一种制胜战略的例子。首先，我们来简要地介绍一下这七种制胜战略。

技术推动。掌握能够实现业务创新的前沿技术。

高度相关。了解如何通过发现和满足客户不断变化的需求，以保持相关性。

数据驱动。生成、共享和部署数据，以便安全、可靠地交付新产品和服务创新。

资产配置。采用精明配置资产和运营管理，尽可能高效地运营业务，为其他创新工作腾出资源。

包容。采用开放和透明的方法进行创新和治理，把更广泛的利益相关者包含进来。

人才富集。创建现代的劳动力管理机制（灵活、渐增、具有适应性），以在快速变化的市场中获得竞争优势。

生态体系。精心管理合作伙伴关系，利用生态系统的力量，为客户提供最好的创新。

这七种制胜战略中的哪一种将为你的公司释放禁锢价值？在某种程度上，答案取决于价值的性质。在我们的研究中，一些公司仅使用其中的一种就能够实现价值释放。还有一些公司会组合使用好几种战略，只有极少数公司全部使用了这七种。一些公司侧重在他们自己的企业或行业的价值上，还有一些公司则从困扰客户和社区的问题中释放了更丰富的资源，在此之前，他们对这些问题并没有好的解决办法。

图 3.1 把我们研究的公司最常使用的新技术和利用它们能达到最好效果的制胜战略对应起来。当然，正如我们将在下面的例子中看到的，在某些情况下，把比较旧的技术正确组合起来也同样有效。

战略一：技术驱动

在技术推动的公司，高级管理人员会亲自倡导和推动新技术的采用。公司在那些可以改进创新过程本身的技术上投资，并创建了一套稳健的基础设施，能安全可靠地促进外部协作。他们明白，要想让其他六个制胜战略发挥作用，自己的公司就必须成为采用新技术的领军者。

	扩展现实	云计算	3D 打印	人机交互	量子计算	边缘计算和雾计算	人工智能	物联网	区块链	智能机器人
技术推动	●	●					●	●	●	●
高度相关		●	●	●			●			
数据驱动		●			●		●		●	
资产配置		●				●	●	●		
包容				●			●	●	●	
人才富集	●			●						●
生态体系		●		●			●		●	

图 3.1　技术与七个制胜战略

事实上，在我们的研究中，每一家技术推动的公司——比如海尔和埃森哲——的首席执行官都是公司的主要技术推动者。首席执行官不仅为未经验证的技术提供资源，而且同样重要的是，他们还和每位员工沟通，让他们知道为什么需要大胆地、创造性地思考和采取行动，为什么开发新应用的时候需要持有广阔的视野，了解未来的用户及其需求。

在前首席执行官南佩德的领导下，埃森哲被重塑为一家数字优先的企业，南佩德通过亲自使用新技术来强调它们的重要性。例如，为了支持埃森哲的全球化组织，公司投资了最新的通信工具，包括全息摄影术。自 2016 年以来，南佩德一直是这些工具的狂热用户，他将这些工具视为一种跨越时间和空间又不失人性化的有效沟通方式。

但是在这方面也要谨慎。采用技术推动的战略，给张瑞敏本来就很紧张的 IT 部门带来了极大的压力，因为他们需要为越来越多的内部和外部用户提供支持，这导致越来越多的新需求积压了起来。对快速 IT 解决方案的需求，可能会导致一些短视的决策，比如鼓励对现有系统进行取巧式的改动，从而危及开放、可扩展和强健的系统架构。

不稳固的技术基础设施，是七大错误转向中第一个产生的主要副作用——牺牲可持续的业务构建来实现虚假的“精益”好处，或者过于死板地遵循敏捷系统开发的快速迭代模型。

虽然对于单个项目来说，这些方法通常很不错，但把它们应用在核心的技术基础设施资产上，就可能会引发灾难。你可能会面对脆弱、老化和连接不上的系统，内部人员都无法相互沟通，更不用说与外部利益相关者沟通了。

我们研究过的很多企业，都是从IT系统开始进行“明智转向”的，这些系统多年来遭受了不少损坏，就是因为短期考虑在改动和打补丁时没有顾及整体架构的完整性。

每一次损坏——链接文件而不是构建数据库，将新的前端连接到无法维护的系统上，让公司的不同部门使用同一软件的不兼容版本——都会带来软件开发人员所说的“技术欠债”。

我们从更广泛的视角来看待这个问题，可以将其称为“技术债务”。技术债务不仅仅是硬件、软件和代码的沉没成本，它衡量的是由于依赖过时或失控的技术体系结构而产生的低效率、重复过程和额外工作。

技术债务是企业层面禁锢价值的关键来源。要想消除它，可能就需要相当多的重新投资才能理清头绪，更不用说把企业的技术基础设施打造成一项战略资产了。如果任其继续恶化，技术债务可能会让企业出现“IT破产”，不管付出什么代价，系统都无法被修复。我们见过好几个这样的例子：仅仅是因为要修复过时的、支离破碎的技术成本太高，母公司直接卖了子公司。

技术债务是如何导致企业禁锢价值的？随着IT基础设施老化，以及在现有旧系统中添加更多功能，技术债务以不断增长的固定运营成本的形式累积，转移了本来应该投入创新和新功能的资金。随着时间的推移，要把打过补丁的不同系统连接起来并加以更新，在成本和技术上可能会形成巨大挑战，对技术推动型公司特有的战略创新关闭了机会之门。

在互联网时代之前诞生的企业，和它们的后辈竞争对手“数字原住民”相比，往往面临更多的技术债务。无论旧系统维护和更新得多么好，它们的适应性都低于专门为互联网技术时代设计的分布式、可扩展、可伸缩用途而设计的系统，这是不可避免的事情。

实际上，“数字原住民”公司通常通过云服务提供商［包括AWS、微软、谷歌、Salesforce 和 SAP（思爱普）］租赁应用程序、容量和基础设施，不用承担自有系统陈旧化的风险。云服务提供商为公司的IT独立性提供了一站式服务，价格也变得越来越有吸引力。

例如，AWS 基于组件的 IT 系统所具备的可扩展性、灵活性和模块性，是推动亚马逊超越现有实体零售商的关键资本——亚马逊现在将这一竞争优势出租给 100 多万家企业，其中大多数是中小型企业。这些企业靠自己永远也负担不起 AWS 提供的最先进的技术，更不用说维持下去了。

对于网飞、优步和爱彼迎这些相对较新的数字巨头来说也是如此。灵活的 IT 基础设施是它们能够分别在娱乐、交通和酒店方面颠覆老牌竞争对手的关键。

因此，要想成为真正的技术推动者，第一步就是消除技术债务，并致力于那些确保你将来不会再次积累技术债务的 IT 做法。

对于老牌公司来说，这意味着要尽可能快地将陈旧的、铁板似的系统解耦，并将它们转换为更小的、模块化的组件。实现这一目标的技术包括构建应用程序编程接口（API），将数据和信息迁移到基于云的平台上，以及转移到微服务架构上。在微服务架构上，应用程序是以松耦合的服务和实时“数据湖”的形式组织起来的。“数据湖”可以让你把所有结构化和非结构化的数据存储在一个地方。

这些技术利用了核心 IT 资产的关键部分，同时又不会给当前或未来的敏捷性设限。解耦既给老牌公司提供了云计算的灵活性，同时又帮助它们通过这些面向未来的新系统，从公司已有数据库中收获大量有价值的信息。

如果能正确地管理这种过渡，你就可以扩展和增强核心 IT 资产，甚至在为未来做准备的同时，从基础设施的拖累中脱身，变成一家从数字资产中获得助力的技术推动型公司，而不是守着数字资产却用不上。

英国保险经纪公司 Towergate 就是一个例子，它在过去的 20 年里实现了大幅增长。完成了近 300 项收购后，它的新增部门带来了新的业务，极大地扩展了公司的专业知识，让它拥有了为客户提供小众和专门保险产品的潜力。

然而，这种增长也伴随着一些重大的 IT 难题。新的经纪人带来了他们自己的 IT 设施，这造成了一个高度分散的内部环境。公司里有多种电话系统、不同类型的硬件，以及众多版本的 Windows 和其他各种软件。公司没有 IT 服务台。故障维修经常导致业务不能正常运行，有些故障一修就是好几天。Towergate 的技术债务不断积累，最终到了不得不还债的时候。

“这里就像是一座 IT 博物馆。”该公司首席运营官艾德里安 · 布朗（Adrian Brown）告诉我们，“不管你想看什么古董，我们这儿都有。”

Towergate 的 IT 系统、应用程序和流程陈旧过时，不稳定的补丁程序对客户服务、员工协作和创新能力非常不利。更糟糕的是，如果不实施系统集成战略，更多技术债务累积的风险将会高到离谱。

多次宕机之后，Towergate 决定实施一个完整的 IT 现代化项目，包括将其所有系统迁移到云上。该项目是金融服务行业史上最全面的技术重启之一，网络、数据中心、最终用户计算和支持，都在这个过程中被重置了一遍。

这个项目开始于 2016 年，仅用了一年多的时间就完成了。你可以想象那是多么艰难的一年。该公司将其支持的 IT 应用程序数量从 2 500 多个减少到 200 多个，在 100 个地方安装了新网络。该公司成为第一家将所有数据存储在云中的保险公司，从而削减了三分之二的本地服务器，并且大幅减少了系统停机次数。

这一改变也对 Towergate 的利润有好处。把 IT 成本削减了 30%，相当于每年节省 500 万美元。

Towergate 的客户是真正的赢家。有了集成的基础设施，信息现在可以在整个企业中无缝移动。Towergate 可以按需提供新的服务，为客户和员工创造更好的体验。未来，Towergate 的新模块化架构确保了公司能够整合新收购的公司，并为进一步增长铺平道路。

但是，技术推动的公司不仅仅聚焦在那些提高企业效率的技术上，它还会寻找那些能够刺激未来创新的 IT 投资。

例如，迪士尼旗下制作《星球大战》的卢卡斯影业有限公司（Lucasfilm）就已经创建了一个“数字后台”。这是一个虚拟的档案，它可以让你轻松地访问制作资产，无论其来源如何。你还可以对它们进行编目，并重新调整用途，以便在未来的项目中使用，不管这个项目是电影、游戏，还是主题公园。这就为公司创意部门的员工节省了时间，让他们可以更加专注于故事情节，而不是重新发明绝地武士的光剑。

例如，2017 年的《星球大战：最后的绝地武士》（*Star Wars: The Last Jedi*）所需的一个生物角色，一开始由概念艺术家绘制草图，然后被制作成一个实体木偶。这部分设计完成后，工作人员再对木偶进行 3D 扫描、修饰，并批准其成为一项生产资产。此时，该资产可以作为文件被导出到数字后台。当这个生物的形象后来被制作成孩之宝（Hasbro）玩具或某个游戏中的角色时，它就可以很轻松地被重复使用，同时保持形象的一致性。

有时候，这种分享也会反过来。比如在制作电影《星球大战外传：侠盗一号》（*Rogue One: A Star Wars Story*）时，卢卡斯影业有限公司的合作伙伴工业光魔（Industrial Light & Magic）就从游戏开发商 Dice 那里借来了人气游戏《星球大战：前线》（*Star Wars: Battlefront*）的一些资产。

战略二：高度相关

与客户保持高相关度的组织会在创新的过程中与客户协作，对客户交互进行个性化，并围绕客户体验开发产品和服务。

一个普遍存在的问题是，企业的客户保留策略可能是靠奖励、返点或折扣的方式来“收买”忠诚度实现的，这是一种在 20 世纪 80 年代从航空公司和其他“回头客”项目发展起来的流行做法。它的成本高，收益却微乎其微。它把企业的品牌商品化，将利润分给消费者，但回报却很少。具有讽刺意味的是，它很少或根本没有为客户忠诚度带来什么好处——恰恰相反，这么做是在训练客户寻找能提供更好赠品的竞争对手。

因此，市场营销的“忠诚度时代”退潮也就不足为奇了。

新的时代依靠的是数字竞争、深度数据收集和先进的数据分析，消费者之所以购买某个品牌的东西，是因为这个品牌与他们的需求相关，因此这就需要明智的生产者可以轻松地收集信息、塑造形象、定制产品。如今的企业需要即时为客户提供服务，能在正确的时间准确地提供正确的产品和服务。高度相关的公司出售的不是产品，而是像作家 B. 约瑟夫 · 派恩二世（B. Joseph Pine II）和詹姆斯 · H. 吉尔摩（James H. Gilmore）说的那样，这些公司出售的是体验。

例如，在我们的研究中，一家全球汽车租赁公司开发了一种实时方法，在客户完成预订的时候就能生成定制报价。数据分析工具提供了客户最有可能接受的报价。例如，它可能会为过去拒绝报价的客户提供另外一种促销优惠，即使这对公司来说利润较低，但客户却更有可能接受它。公司明白，促销的效果取决于客户是否愿意因此下单。

就像这个例子展示的那样，要做到高度相关，就需要访问详细的客户行为数据，并使用分析工具解读这些数据。更重要的是，企业需要与客户建立长期的关系，而不是简单地卖给他们这样或那样的东西。企业和客户需要相互了解，企业还需要相应地推出定制产品和服务。

换句话说，高度相关的公司不仅仅是供应商。它们是客户生活中不可或缺的一部分，它既拥抱他们的价值观，也满足他们的需求。因此，一个高度相关的战略需要深入的、数字化的互动，并最终与客户进行协作，即使这意味着需要协调不同渠道、社交媒体平台和利益团体之间的数百万次互动。海尔等一些公司就是这么做的。

我们的研究发现，通过高度相关战略释放价值的公司，会在创新的过程中直接与客户合作，利用从互动中获得的洞见来对用户反馈进行个性化服务，无论是向客户展示认可其贡献的姿态，还是真的按照他们的要求制造产品，还是介于两者之间。

例如，移动网络运营商斯普林特（Sprint）打造了一个人工智能驱动的“聊天机器人”，它会根据客户寻求帮助时提供的信息，为客户提供相应的支持，就像真人客服一样。客户也知道自己正在与软件交谈。当客户的问题超出聊天机器人的能力时，软件会将对话移交给更有经验的员工。尽管如此，聊天机器人很快也学会了如何为想要升级设备的客户提供帮助，在这个潜力十足的新市场展现了能力。

通过这种连贯而持续的交互，高度相关的公司可以在客户意识到自己有需求之前就预测到这种需求。这不仅仅是为了更好地了解客户。高度相关意味着与客户建立持久和健康的关系，强调信任和安全感，特别是在敏感信息和私人信息方面。

CVS Health[①] 的零售品牌 CVS Pharmacy[②] 也是采用这种新方法的一个好例子。该公司本来仅仅是按处方给客户配药，现在正在投资新技术，以帮助公司与客户发展长期关系，共同改善健康结果。聚焦于当前客户的“痛点”为 CVS 带来了简单但有效的创新，这些创新改善了客户的购物体验，包括定制的处方标签系统、送货上门服务，以及只需发送新的保险卡照片，即可更新保险信息的功能。

作为一家高度相关的公司，CVS 的原则是满足其客户的健康愿望，在大多数患者已经与药剂师建立了信任关系的基础上提供服务。它已经完全理解了客户的医疗保健目标，从最初提供治病用的药品发展到主动提供护理型的保健产品。店铺专门开辟了一些空间来提供营养、睡眠和免疫产品，而且在尝试一些关于验光和听力的低成本远程医疗解决方案。

今天，这些技术可以发送个性化的信息，提醒客户回购或服用药物。而在未来，消费者将获得根据他们特定的基因构成定制的个

① CVS Health 是美国一家零售商和医疗保健公司。——编者注

② CVS Pharmacy 是美国第二大连锁药店。——编者注

性化解决方案。通过运用这些新技术，CVS希望未来在从膳食补充剂到护肤品的所有领域，都能为客户提供高度相关的解决方案。

战略三：数据驱动

数据驱动的公司会发现洞见并提出建议。它们通过分析多种数据源来预测未来的需求，并通过行为方面的洞见来影响客户的行为。

然而，成为一家数据驱动的企业可能是一把双刃剑。你只需花几分钟看看新闻，就会知道我们正面临着全球数据危机。更快、更便宜的数字技术使得收集、存储、分析和重新配置如此多的新信息成为可能，以至于几乎不可能衡量其规模或价值。

一方面，新的数据源和操纵这些数据的技术带来了重要的新型服务，比如社交媒体、用户制作的视频内容，以及新兴的物联网，它们已经并将继续丰富全球数十亿用户的生活。

另一方面，这些廉价技术导致企业，甚至是政府机构在数据隐私方面出现了一些非常糟糕的错误——发生了令人尴尬而危险的数据泄露和其他事件。在某些情况下，知名品牌几年甚至几十年才建立的宝贵的信任度在短短几天内就会烟消云散。

消费者和公民分别承担着信息滥用成灾的大部分成本——从身份盗窃到个人隐私的普遍丧失、错误信息、公共话语的减少，以及对我们的移动设备和喜爱的应用日益“上瘾”的焦虑。

最终的结果就是涌现了很多不满意的用户。立法者注意到了选民的不适感，已经开始推动新的法律通过，试图把“数据精灵”抓回到瓶子里——在某些情况下，这些努力可能只会让问题变得更糟，给用户带来更多的不便、不适，使其错失机会。

数据安全漏洞还会威胁到企业的品牌、运营能力、专有信息和其他知识产权资产。这些是价值的关键来源，需要被妥善保护——企业需要将它们作为独特的联网资产，以及可再生和可持续的资产来对待，而不是简单地把它们看成数据。这意味着在整个公司范围内以一种端到端的视角来对待安全，并使用最新的安全硬件、软件和业务实践来保护它。

尽管如此，如果你担心客户关系和品牌遭受损害，因此不使用信息进行创新，那你就会在数据仓库中留下太多的禁锢价值。假设你的竞争对手更灵活，可以管控数据安全问题的风险，能以更有竞争力的方式使用信息，你就是在把机会拱手让给它们。事实上，相对于新入行的公司，老牌公司的主要优势之一就是拥有精心收集的特定行业的大量数据，有些已经收集了几十年，这些信息不应该被浪费。

数据驱动公司则会采用一系列最佳做法，包括负责任的数据设计、信息安全、透明度和相称性等，不一而足。例如，它们只收集实际需要的数据。它们会让用户精确地知道它们打算用这些数据做什么。它们会分享从利用这些信息中获得的价值，并小心翼翼地保护它，让它免受外部和内部的滥用，无论是涉及犯罪还是其他目的。

就像在技术驱动型的公司一样，数据处理策略必须由高管倡导沟通，并在整个公司中实施。没有例外，没有捷径。不幸的是，在很多公司，这些当务之急往往只是愿望而不是现实。在我们调查过的高管中，有四分之三的人同意全公司都必须践行安全的数据处理方法，然而大多数人承认，目前他们自己公司的网络安全仍然是由一个职能部门在集中管理。

如果安全和信任风险得到了适当的管理，成为数据驱动的公司将会获得巨大好处。公司收集的数据越多，产品和服务就会得到越多的改进，就越能吸引更多的客户，并深化现有的客户关系。这反过来又会改善未来的产品，并有助于公司预测和塑造未来的需求。

人工智能正在日益推动数据分析的发展，它同样创造了一个良性循环，有助于识别迫在眉睫的竞争威胁，同时也能识别有助于利润增长的新合作伙伴。企业拥有的数据越多，就越能创造竞争优势，围绕自身的业务打造一道保护性的信息屏障。

高级分析工具是一项领先的技术，这种数据处理工具可以生成改进决策过程的建议。业界正在用人工智能技术——包括机器学习以及模拟和数据可视化——增强这种技术。它可以为很多行业的用户提供帮助。比如在制造业中，它可以预测单个部件未来会发生什么故障，什么时候发生故障。

严格的数据处理实践不仅保护了消费者和企业的品牌，也保护了企业的利润。以数据驱动的雪佛龙（Chevron）为例，它是全球第三大上市石油生产商。该公司每年在页岩盆地的生产作业上投入超过 50 亿美元，约占其年度资本支出的四分之一。该公司正在利用其在海上油井开发的钻井专业知识来提高该公司陆上水平作业的效率。利用这种专业知识，只要一口井，企业就可以横跨整个油田进行钻探。

雪佛龙的数据驱动方法利用了500多万口井的属性的专有数据库，并辅之以对岩石物理属性的处理密集型分析，例如孔隙度（孔隙空间的度量）、含水饱和度、渗透率和密度。该公司获得的洞见把页岩井的钻探时间从27天减少到了15天，哪怕是新的、更长、更复杂的井也是如此。

南非保险公司AllLife也是一个好例子，它是世界上第一家为HIV（人类免疫缺陷病毒）阳性人群提供终身保险的公司。南非近20%的成年人口携带艾滋病病毒，该公司现在有超过10万份这样的保单。

AllLife是如何为这些通常"无法投保"的人提供保险的？该公司收集了详细的客户资料，并将这些数据与AllLife其他客户的结果结合起来使用，为每个客户就如何管理他的状况提出个性化建议。

在收集必要的数据之后，AllLife使用专有算法来提供高成本效益的人寿保险产品。首席执行官兼创始人罗斯·比尔曼（Ross Beerman）在2018年告诉商业内幕网："用术语说叫机器人承保，其实它使用的技术是提取大量的医疗信息，用决策树进行处理，让我们能够自动完成寿险公司手动完成的大部分工作。"

延长的人生寿命，加上用对社会负责任的态度来使用信息，帮助AllLife降低了保险成本，为进一步的健康干预行动提供了资金。

“我们有一个后续流程，”比尔曼说，“我们会干预人们的健康。我们告诉人们，别忘记这样做，你真的应该那样做，诸如此类——我们通过短信、电邮，有时还会打电话提醒他们。我们进行了干预。”

结果表明，数据驱动的企业有潜力在企业、行业、客户和社会这四个层面上分别释放禁锢价值。AllLife 改善了客户的健康状况，在客户投保之后的六个月内，死亡率平均降低了 15%，这是通过关键血细胞计数的提高衡量出来的。

战略四：资产配置

一家公司必须自己拥有对其战略来说最重要的资产——这个假设现在已不再有效。成功释放价值的公司已经学会了租用 IT 和其他资产，随着市场条件的变化来迅速增加或剥离它们，从而实现所有权与快速扩展及缩减运营之间的平衡。

这些公司重点关注的不是资产所有权，而是与外部专家密切合作，以确保能提供卓越的客户服务，把风险降至最低。既然没有了购买和维护每项资产的负担，当这些公司有机会购买真正有价值的资产——包括新技术，甚至是其他公司的时候，它们通常就会有更大的购买力。

我们来看看苹果的例子。苹果是世界上最有价值的公司之一，资产配置战略帮助它实现了蓬勃发展。苹果用来制造和分销其产品的自有实体基础设施非常少。这样做的一个结果是：苹果几乎不需要外部资本就可以开展日常运营，因为不需要支付贷款的利息，也不需要遭到放贷条件的限制。

资产配置并不局限于重工业。它对于以信息为核心资产的公司来说也非常重要，无论这些信息是以专业知识、客户和市场情报的形式，还是以产品设计和营销的形式体现的。这些企业使用数字工具聚合和分析来自多个系统的数据，或者从书面文档中提取信息，并将其转换为可重复使用的数字数据，从而减少了烦琐的手续，改善了客户服务。

例如，如果司机允许车辆保险公司使用“电子记录设备”技术来收集车辆的实际数据，保险公司就可以为司机提供折扣优惠和基于使用情况而定的报价。在了解车辆使用频繁度和其他状况的前提下，保险公司可以根据个人开车情况和驾驶习惯设定个性化的保费。

重视资产配置的企业还采用技术来提高现有资产的利用率。它们使用智能工作流实时跟踪各种业务流程的状态，包括管理不同团队之间的工作交接，并提供统计数据来消除瓶颈。

这些企业不是针对每个可能发生的异常进行编程，而是构建学习算法，让它可以根据观察到的状况生成新的规则。例如，质量控制工程师检查后认定不合格的产品，可以让机器人进行分析，从而提高机器人发现缺陷的能力。

注重资产配置还可以减少库存过剩或过时这种令人头疼的问题。在有些公司，仅库存处理成本就可以占售出商品成本的25%~45%。与我们合作的一家跨国食品和饮料公司将人工智能应用于大型历史数据集，希望发现以前未注意到的消费者购买模式中的关联。这让公司可以更好地预测需求，降低库存水平，还极大地增强了供应链计划团队的成效。

也许就当前而言，最明显的资产配置行为就是使用强大的云计算服务。有了云平台，大大小小的企业都可以把自己的 IT 基础设施、存储、连接、数据处理，甚至应用程序开发的各个方面，交给世界级的供应商。由于规模经济效应，这些供应商的报价往往很有竞争力。

由于云提供商使用的计算架构在联网的通用服务器网络中是划分存储和处理功能的，所以它可以轻松、廉价地按需添加或删除容量。这就削减了传统 IT 部门的成本和风险，释放了大量禁锢价值。

埃森哲把自己重塑为一家“数字优先”的企业，这个过程突显了资产配置的好处。向公共云服务迁移花了三年时间，迁移后，我们的内部 IT 组织能够提供更强大、更具可扩展性的信息基础设施。我们的 IT 系统现在有 90% 以上是基于云的。我们开发的优化工具让我们从这些服务的提供商那里获得了最高可达 40% 的折扣，从而持续帮我们节省了数千万美元的开支。

埃森哲向云平台迁移不仅直接节省了开支，而且带来了方方面面的效率提升：从存储成本到法律合规费用都减少了，快速、经济、高效地利用新技术的能力增强了。

再来看看初创公司 Digital Asset[①] 的例子。该公司使用的资产和

① Digital Asset 是全球增长最快的金融科技公司之一。——编者注

工作流管理软件被称为“智能合同”，它可以帮助金融客户提升效率，释放人力和资本资源，让这些资源可以更好地用于创新和其他增值活动。（埃森哲是 Digital Asset 的投资者之一。）

这是怎么做到的？每一天，金融机构都会处理价值数万亿美元的交易。然而，几十年来，保存交易记录这种重复性的工作，仍然是每家参与机构都要负担的责任。Digital Asset 用区块链的形式提供了一种替代方案。区块链是一种分布式分类账技术，它可以融合这种基础设施。它将定制系统替换为不可修改的加密共享数据库，而这个数据库可跨服务器网络保留交易记录。

Digital Asset 的解决方案减少了在结算和清算过程中协调不同记录所需的成本和时间，而且在几乎任何多方业务工作流程中都有可能达到这样的效果——让数据可以安全、准确和实时地被共享。分布式分类账还可以保护它免受单一来源攻击的风险，并且把密码技术和物理隔离结合起来，确保了分类账在未经授权的情况下永远不会被更改或被访问。

Digital Asset 于 2014 年成立，目前已在纽约、伦敦、苏黎世、布达佩斯、悉尼和中国香港的办事处为全球客户提供服务。澳大利亚证券交易所将在 2021 年之前采用该公司的软件，作为其记录股东以及清算和结算股票交易的正式流程——因此它也将成为第一家接受区块链技术的大型交易所。

战略五：包容

包容的公司不仅会开发更好的满足客户愿望的新服务，还会与网络中的合作伙伴密切合作开发更高效的供应链，并且会创建一些平台来帮助消费者和供应商释放禁锢价值。

我们都很清楚，做生意的规则正在改变。传统的股东价值观正变得更加宽泛。投资者现在满心期望着企业为更广泛的受众服务，满足那些尚未享受到服务的国际客户的需要，提高运营透明度，让公司的品牌与不断扩大的内部和外部利益相关群体互动。

例如，在 2018 年致首席执行官的年度信中，资产管理公司贝莱德集团（BlackRock）的首席执行官拉里·芬克（Larry Fink）写道，只有体现环境、社会和治理目标的公司，从长期来看才是可持续的。首席执行官们可能会愿意听取这样的建议——因为贝莱德集团是世界上最大的资产管理公司，它管理超过 7 万亿美元的资产。

用包容战略释放价值的公司，对内部和外部企业文化进行了重新构想。这些公司对每季度的销售和利润关注较少，而是着眼于更广泛的生态系统有哪些更高的需求。它们知道“做对事情”可以产生更快的增长和更高的利润。它们也明白，价值创造对整个网络都有好处，公司为客户提供的不仅仅是产品和服务。它们努力创造公平的竞争环境，让个人和小公司参与技术进步。

例如在中国，源自杭州桐庐县的很多大型快递公司都加入了电商巨头阿里巴巴创建的联盟，以改善中国的物流基础设施，这不仅有利于快递公司，对阿里巴巴的卖家和消费者也有好处。

其结果就是，阿里巴巴和快递公司的业务双双获得了增长。2017 年，中国商家发运了 310 亿个包裹，其中一半以上是阿里巴巴的订单产生的，而差不多三分之二都是由桐庐县的快递公司配送的。

我们的研究发现，在能够成功释放价值的公司中，有一半以上都在计划构建一些服务，以便让用户可以为自己创造相关的收入。这通常会用到交互式工具，实际上，在线市场使用这种工具已经有很多年。比如亿贝和 MercadoLibre①，都把买家和卖家汇聚到一起，并为他们提供了进行安全高效的交易所需的工具。用户可以用这种技术来销售各种东西，从手工商品（易集）到拼车服务（优步和滴滴），再到旅行体验（爱彼迎），不一而足。

现在，公司已经在用这些工具来提升社会价值，让人们互动，甚至是与更大的网络互动，以帮助人们从生活中获得更大的成就感。比如 Open Collective 平台，大大小小的非营利组织可以用它募集和支付资金，而资金如何进入和离开账户是完全透明的。

在我们研究的公司中，超过一半已经成功地释放了被禁锢的价值，并计划开发满足客户更高需求的新服务，无论这些需求涉及自主性、幸福感、社会关系、自我实现、灵感，还是使命感。

埃森哲的“企业公民”（Corporate Citizenship）议程拥抱了这个特殊的成功战略，我们在与客户的合作中，以及在更广泛的全球社

① MercadoLibre 是拉美地区的知名电商平台，被誉为“拉美版亿贝”。——编者注

区中都应用了它。2018 年，我们承诺在未来三年内投入 2 亿多美元，利用我们为员工和客户开发的相同学习技术，为世界各地的人们提供适应数字时代的工作技能。

上述“成功之技”（Skills to Succeed）计划利用数字创新缩小就业缺口的规模，已经为 200 多万人提供了培训。我们在美国的一个合作伙伴与退伍军人和军人家庭研究所（Institute for Veterans and Military Families）合作，把退伍军人培训成文职人员。我们还提供咨询服务，以提高该研究所在就业培训、住房、医疗保健和职业服务方面的能力。

我们还有一个与英国隆纳济世助残（Leonard Cheshire Disability）组织合作的项目，该项目已帮助亚洲各地 8 000 多人在多个行业获得了就业机会，包括在 IT 和业务流程外包领域。到 2018 年年底，该计划已经为孟加拉国、印度、巴基斯坦、菲律宾、南非和斯里兰卡的另外 1.3 万人提供了技能培训。

通过扩大包容性释放禁锢价值，是一些企业的唯一使命。例如，众筹网络 GoFundMe 和 CaringBridge 简化了慈善筹款流程，旨在为有重大医疗需求的个人或是经历过自然或人为灾难的群体提供帮助。

还有一种具有包容性的新业务形式是小额贷款，它从一个小团体那里聚集一个不大的资源池，提供“小额信贷”，以帮助人们创业，一笔贷款通常不到 5 万美元。目前有几十个小额贷款网站，每年发放数亿美元的贷款。[这一想法的发明者是孟加拉国社交创业家穆罕默德·尤努斯（Muhammad Yunus），他在 2006 年获得了诺贝尔和平奖。]

在金融领域之外，专门的社交网络工具也可以帮助人们组织从休闲聚会到设计师服装交换等各种活动。总部位于旧金山的Nextdoor成立于2010年，它拥有超过1 000万个会员，他们在超过10万个美国社区分享社区级别的信息，另外还有10万个会员来自法国、英国等其他六个国家。

再看看微软的例子。该公司已经部署了几种专门针对残疾用户的包容性技术。例如，微软翻译（Microsoft Translator）通过为对话提供实时字幕，来为失聪的人和听力受损的人提供帮助。微软还推出了一个叫作Helpicto的应用程序，它可以把语音命令翻译成图像，以提高自闭症儿童的沟通能力。微软还有一个名为See AI的产品，它可以为失明的人或视力受损的人“讲述你周围的世界”。

2018年，微软在这个方向上更进一步，启动了耗资2 500万美元的AI for Accessibility计划，它旨在开发支持语音转录文本、视觉识别和预测性文本建议的技术，目的是改善就业、家庭和社交互动。在这个计划启动时，微软首席执行官萨蒂亚·纳德拉发表声明称，在需要使用这种“辅助技术”的人中，只有十分之一能真正接触它们。

AI for Accessibility计划向外部研究人员和投资者提供种子赠款，加速微软内部最有前途的项目的孵化，以及在公司的各种产品中采用更多的辅助技术。第三方合作伙伴也会有更多的工具来为自己的产品添加类似的功能。

战略六：人才富集

人才富集的公司，侧重于培养可以主持创新转型的高级领导者，通过轮换工作以及短期或“零工”安排，培养一支适应能力很强的劳动力队伍，并利用规模较小的跨学科团队，开展旨在进行颠覆性创新的项目。

拥有人才优势是每一家卓越公司成功的核心。毕竟，最好、最成功的公司就是拥有最优秀人才的公司。事实上，与我们共事过的大多数高管都认为，他们最大的成就就是让公司变得比他们接手的时候更健康，而衡量公司健康状况最好的标准是看它雇用和留住了怎样的员工。

例如，在过去的十年中，随着沃尔沃开始转向更高端的汽车品牌，该公司很快意识到它需要一些拥有其他技能的员工。“之前你需要机械工程师，”首席人力资源官比约恩·萨勒斯特伦（Björn Sällström）在2018年的一次采访中说，“如今对软件工程师的需求变得更大了，因为汽车现在更加依靠的是计算机，而不是其他东西。”

萨勒斯特伦认为，具备IT技能的员工也更有可能带来沃尔沃企业文化亟须的创业心态。因此该公司从根本上重新调整了员工结构，特别是通过从汽车以外的行业招聘员工，包括来自谷歌的销售人员，来自诺基亚的工程师，以及来自时尚行业的设计师。

2011—2015年，该公司在工程和研究领域共新增了3 000名新员工。重要员工接受了创新方面的培训和指导，还有一个由30人组成、以年轻员工为主体的“催化剂”团队，这个团队负责教导现有员工如何发现并淘汰过时的流程以及其他烦琐手续。

其结果就是提高了收入和品牌的知名度。沃尔沃的汽车获得了极高的评价，该公司为汽车行业的下一个“新方向”——自动驾驶汽车的生产——做好了充分的准备。

正如沃尔沃的例子所表明的那样，为现在和未来优化人才资源的工具和技术已经在过去的十年里发生了根本性的变化。随着人工智能在未来十年中得到更充分的部署，更重大的变化即将发生。

有人认为，人工智能将在很大程度上取代知识型员工，但我们并不这么想。然而我们确实相信人工智能将以积极的方式极大地改变工作的性质。当前有太多的工作是重复而枯燥的，使员工缺乏积极性。人工智能技术提供了一个重新设计工作的机会，让员工远离烦琐的工作，转而从事那些需要人类推理、移情和创造力的工作。

如果公司不能或没有从人力资本中获得最大收益，那在企业层面，就会有大量的价值被禁锢。员工希望工作更符合他们的价值观，能和自己喜欢的生活方式保持一致。如果公司雇用的员工有机会从培训中学到新技能，并将新技能应用于新的任务，担任新的角色，他们可能会做出更大的贡献。

你所在的更广泛的生态系统中也是这样。客户希望帮助你打造更好的产品，供应商希望成为你更好的合作伙伴，哪怕是出于他们对自身利益的考虑。监管者、民间团体和其他外部利益相关者也都希望参与，引导你朝着他们心目中有利于整个社会的方向前进。这就是他们存在的理由。

从历史上看，很多行业的工人在工作生涯的早期就被限定了角色和职业道路，几乎没有机会加强工作技能或者到公司的不同部门工作。现在，尤其是那些年轻的员工更希望执行更多的灵活性任务，以及获得持续的培训，因为技术性颠覆在不间断地发生，员工需要获得这些培训来保持与雇主的关联性和价值感。

更具柔性的人力资源管理方法已经出现，它适用于从制造到专业服务的方方面面，为员工和外部利益相关者提供了培养技能，并将技能“卖回”公司以开发特定的项目或短期任务所需的工具。它还迫使大家认真地考虑如何发展和提供教育，特别是满足员工对“终身学习”日益增长的需求。

这种人才开发和管理的新方法，借鉴了过去几年发展起来的基于互联网的零工服务，特别是网约车等与特定技能的供求相匹配的实时平台服务。这些服务的成功和局限性向人力资源管理人员展示了如何在自己的组织内促进高效的劳动力流程，释放雇主和员工的禁锢价值。

几乎在任何技能领域，如今都有虚拟的劳动力交易所连接的买家和卖家，解决各种各样的问题。不管你是想学习园艺和家居维修的技能，还是想学一门新的语言或乐器，或者只是想了解如何组装家具，你都可以轻松地找到专业人士并和他们签订合同。即使是复杂的软件开发项目也可以通过 Gigster 这样的工具招标。Gigster 是一家有四年历史的公司，自称“全世界的工程部”，估值接近 10 亿美元。

基于从这些面向消费者的服务中吸取的经验教训，很多行业都在把零工经济的方法和技术应用到内部和外部劳动力管理上，员工和承包商之间的界限日趋模糊。

举个例子，如果你的公司针对特定设计或生产问题，希望获得开箱即用的解决方案，那么专有而开放的人才平台可以把你和一群能够解决问题的人连接起来，把你的潜在人才库大幅扩展成汇聚专业技能人才合作者的海洋。

InnoCentive 就是此类平台之一。自 2000 年以来，InnoCentive 通过帮助商业和技术问题搜索者和解决者降低相互寻找对方的成本，释放了难以估量的禁锢价值。

该平台在 200 多个国家和地区开展业务，形成了一个由近 50 万名专家组成的网络，这些专家来自各种你能想象的领域，他们已经解决了 2 000 多个发布在该平台上的问题。其中近 80% 的问题都设置了悬赏，迄今支付总额高达 2 000 万美元。

即使是在公司内部，人才富集的公司也在解放员工，让他们在职业生涯中提高技能，找到最能让他们不断提升才能的位置。在埃森哲，企业文化允许个人成长中偶尔出现失败，让员工可以在角色、项目、任务和团队之间移动，不断合作、试验和创新。

员工每天都在学习新的技能，把数字技术作为可信赖的助手和指南。埃森哲计划于 2017—2020 年在美国各城市开设 10 个新的创新中心，并在此过程中创造 1.5 万个新的高技能就业机会。此外，埃森哲还计划投资 14 亿美元，培训现有员工掌握新的技术。

事实上，人才富集的公司并不畏惧工作的数字化——而是拥抱它。当员工的日常任务被更高效的数字替代方案取代时，公司不是让员工退休，而是教给他们新的技能，留住最优秀的人才，释放更多的禁锢价值。

正如我们在后文关于劳动力的章节中描述的那样，通信和媒体巨头 AT&T 为数以千计的工人培训新技能，这些工人在模拟技术方面的专业技能正在迅速变得过时，而培训让他们获得了可以保持相关性的数字技能，同时减少了 AT&T 招聘新人的需求——这样的新人不仅难以物色，而且招聘他们以及让他们融入公司的成本也很高昂。

为了充分利用自动化领域的新机会，我们研究过的人才富集公司在整个企业层面培养了一种人和机器之间相互联系的氛围，让重新分配任务、重新设计和在职培训成为可能，从而加快了实验和创新的速度。例如，在汽车行业，梅赛德斯 – 奔驰持续扩大机器人技术在可重复制造任务中的使用，同时也扩大和丰富了员工在为消费者定制个性化功能方面的作用。

战略七：生态体系

善用网络关系进行助力的公司使用数字技术将一次性购买变为持续服务，积极参与外部网络，并培育具有广泛包容性的生态系统，以便更快地为客户带来新的创新。

我们正在退出一个很呆板的时代，转而进入智能产品和服务的世界。世界上已经存在的数十亿个实物将在未来十年成为数字设备，它们不仅能相互连接和通信，还能与物联网这个构建、销售和支持它们的完整供应链连接和通信。

当前的物联网应用还比较简单，它包括智能恒温器和可编程照明设备等，但它将扩展到包括零部件，甚至是用于制造产品的原材料上，从而在整个产品生命周期中跟踪它们的位置、工作状态和使用情况。

随着智能产品持续进行感知、学习和改变，以响应海量的聚合数据，产品和服务的界限正在变得模糊。它们提供的洞见开启了四个层面的禁锢价值的宝库，让公司有望大幅提高采购、制造、分销、零售和客户支持的效率。

特别是制造商，他们发现自己正处于一场由数字世界和物理世界的持续融合推动的新的工业革命的风口浪尖。卡特彼勒公司[①]就是个例子，这家公司通过其 Cat Connect 平台，明智地利用了从联网机器生成的数据。Cat Connect 将有关设备性能的关键数据传递给矿山操作员，然后由他们分析数据，并就如何提高效率、提升生产率和增强工地安全方面做出决策。使用 Cat Connect 后，建筑公司 Strack 的机器可以连续运行 48 个小时，燃料成本可以减少 40%。

拥有生态体系的公司构建了更智能的制造和供应链，它使用物

① 卡特彼勒（Caterpillar）公司是世界上最大的工程机械和矿山设备生产厂家、燃气发动机和工业用燃气轮机生产厂家之一。——编者注

联网和人工智能技术将整个生产过程和供应商连接起来，以培育一个强大的、富有创造力的生态系统，通过协作、开放创新及群众参与来积极主动地开发新产品和服务。

在我们的研究中，善于释放价值的公司越来越多地通过构建这些生态系统来应对颠覆，它们与拥有互补技能和技术的伙伴建立深度合作关系——这些技能和技术可以在机会出现时快速部署和扩展。它们也重视并扩大在企业风险资本方面的活动，与传统的风险资本家一起投资初创公司。它们作为导师和投资者积极参与内部创业孵化器、外部加速器和其他创新及早期实验项目。

这些都是在不久的过去发生的重大变化，之前，当行业中不确定性和波动性不断上升时，很多公司更愿意静观其变，让其他公司去承担实验的成本，然后才开始作为“快速追随者”超越它们。

但在数字时代，早期参与学习可以获得相当大的优势。它们用新技术进行实验，发布原型，并研究结果，通常会大大减少开发新产品的时间。当早期学习者可能已经在开发后续版本的时候，那些追随者，即使是速度较快的追随者，仍在尝试复制初代版本。观察、等待和利用他人的创新已经不再行得通。

请别忘记，如果基础设施的改善（例如开放的市场）可以让供应链中的每个参与者受益，但却没有哪一家公司有动力去释放它的时候，价值就会被禁锢在行业层面。构建灵活的生态系统解决了这个问题，它们在参与者和生态系统本身的管理者之间分享价值，这些管理者可能来自其他行业，可能是技术平台公司，比如 AWS、微软、谷歌或阿里巴巴。

禁锢价值在整个行业的扩散，是阻止物联网获得更多投资的障碍之一。然而，对于那些有远见的人来说，提早进入市场的回报可能是巨大的。德国久负盛名的工业巨头博世集团（Bosch Group）自 2008 年以来开始投资物联网，它收购了一家公司，将其更名为博世软件创新（Bosch Software Innovations，简称 BSI）。BSI 设计、开发和实施了 250 多个物联网项目，在博世集团自己的工厂里试验了 100 多项创新。

这一战略正在结出果实。2017 年，该公司销售了近 4 000 万件网络支持型产品，包括传感器、设备和其他连接的机器。该公司的报告称，到 2020 年，它的所有电气产品类别都将能够连接互联网。

我们再看看行业领先的床上用品制造商 Sleep Number。自 2017 年以来，该公司已经从一家卖产品的公司转型成了一家网络驱动的物联网巨头。其革命性的新产品是 360 智能床，它配备了可跟踪心率、运动和呼吸的嵌入式传感器。该公司的专利技术 SleepIQ 有传感器接口，每秒可读取数百个测量数据。每天晚上，SleepIQ 都会跟踪数十万个“睡眠会话”，并分析超过 85 亿个生物特征数据点。

360 智能床可根据用户的移动自动调整坚固性和支撑度，并就如何改善用户睡眠行为提出各种建议。对大多数人来说，这显然是一个巨大的禁锢价值来源。

睡眠数据还可以与 Fitbit[①] 和智能手表等日间活动跟踪设备相结

① Fitbit 是美国一家致力于研发和推广健康乐活产品的公司推出的同名智能手环产品。——编者注

合，所有这些数据都可以被汇集在一个智能手机应用上。未来的应用将识别心脏病发作迹象以及困扰数千万人的睡眠呼吸暂停问题，并发送提醒。

这些都有助于该公司更加深入一个新兴的健康生态系统。例如，Sleep Number 和美国职业橄榄球大联盟（National Football League）正在进行的一项合作，就是建立一个高性能运动员睡眠习惯的数据库。早期用户相信，这个系统可以帮助他们在醒来时更加精力充沛，能改善他们的反应速度和注意力。

Sleep Number 希望使用它从 1 800 名球员那里收集的数据，来帮助橄榄球运动员确定具体睡眠需求，以及不同类型的球员（例如踢球员、前锋和四分卫）可能会有的睡眠需求。该公司正在与专业橄榄球评论网站 Pro Football Focus 合作，通过分析和统计对每个球员进行评分和排名，寻找睡眠与球场表现之间的相关性。

然而，尽管这样的早期项目取得了成功，却很少有面向消费者的公司在物联网上进行任何投资。虽然第一个吃螃蟹并不能保证一定就会长期释放禁锢的价值，但在应用睡眠科学方兴未艾之际，这么做显然有助于 Sleep Number 了解其潜力和需求，以便在该领域发挥核心作用。

像这样的伙伴关系不是“一锤子买卖”，而是持续不断的合作，其中每个参与者都会利用自己的网络资产和专业知识，一起同步和调整投资进度。每一项创新的回报都远远超出了参与者的资产负债表。

以德国企业集团西门子为例，该公司围绕其基于云的开放式物联网操作系统MindSphere构建了一个生态系统，与埃森哲、亚马逊、SAP和微软等应用开发商、系统集成商、技术合作伙伴和基础设施提供商合作。

MindSphere平台从制造车间的设备和其他资产中收集数据，提供了一个开放的接口，以整合来自大量连接设备的操作和维护数据。参与者使用西门子和其他应用程序开发者的分析工具，将工厂转变为数字优先的资产，让它可以实现更全面的自动化和优化。

海尔创新布局

我们在本章开始时概述了海尔在企业、行业、消费者和社会这四个层面为释放禁锢价值所做的努力。现在让我们进一步看看，如何使用制胜策略的组合来让创新成倍增长，并释放更多的禁锢价值。在海尔，我们可以看到这七个方面的应用。下面，我们来详细地解读一下该公司如何组合使用技术推动、高度相关、数据驱动、生态体系、资产配置和人才富集。

海尔的转型始于技术推动，它自称不是一家家电公司，而是软件企业的平台。这不仅仅是在使用一个流行语。随着中国城市住房市场发展的放缓，对白色家电的需求也在下降，所以该公司从战略上押注在为中国农村新兴的电子商务部门提供零售和物流服务上。

一个名为顺逛的供应商托管平台，在短短几年内签约了10万家小企业。这些零售商现在可以通过该平台的应用软件销售海尔产品和其他品牌，并按需补充库存。客户可以直接通过海尔网站定制颜色和其他选项，生产需求会被发送到智能工厂。

海尔还通过侦测并满足不断变化的客户需求，直接与消费者合作设计和定制电器，从而实现高度相关。

我们来看一个例子：该公司在它管理的一个家长微信群中了解到，孩子长时间看屏幕会影响眼睛发育，这令家长很担忧。于是海尔与家长密切合作，开发了 iSee mini 这种便携式投影仪。这款投影仪有无线连接功能，可以在任何平面上显示内容，减少使用者对数字设备的依赖。根据早期用户的反馈，该公司提高了投影仪的亮度，并增加了内置教育软件。

海尔是数据驱动的企业。它跟踪每家小微公司的详细指标，包括有多少用户参与新产品开发，以及从与生态系统合作伙伴的互动中获得的利润百分比。每个员工都专注于跟消费者接触和回应，员工薪酬与考核结果相关联。当一个产品未能达到销售额和互动目标时，激励薪酬就会减少。

海尔通过优化其制造和供应链获得生态体系，它依靠其各种联系来响应快速变化的技术和用户需求。与 InnoCentive 一样，海尔有个开放式创新平台 HOPE（Haier Open Partnership Ecosystem），内部产品团队和外部订户将他们最具挑战性的工程和设计问题发在平台上，让独立的问题解决者投标解决。这个平台上的人才网络正在日益扩大。

HOPE 现在拥有 200 多万个会员。它每月登记 500 个项目，每年成功孵化的创新项目有 200 多个。专门的空气、食物、身体护理、水和健康生态系统已经出现。

海尔也是注重资产配置的公司。它收购了通用电气在美国的家电部门、日本的三洋公司和新西兰的家电龙头企业斐雪派克（Fisher & Paykel），升级了海尔的全球供应链和客户覆盖范围。在首席执行官张瑞敏眼中，海尔的核心是一个与国内外利益相关者平等合作的平台。

例如，海尔的小微公司在开放的环境中签订制造、财务、技术和人力资源合同。每种产品都能找到最有效的内部和外部供应商、装配商和分销渠道组合，推动海尔进一步摆脱传统工业巨头的模式，向平台业务靠拢。

最后，海尔也使用了人才富集战略，将大约 6.4 万名员工重新部署到 180 家小微公司中，缩短了员工和客户之间的距离。每家小微公司都选出自己的领导者，保障自己的资源，自负盈亏。

这些小微公司拥有快速决策的自由、权威和激励机制，已经在现有市场和与海尔传统品牌相邻的市场中推出了数十种创新产品。员工也可以轻松地从一家小微公司跳槽到另一家小微公司。如果一个团队认为在公司的网络架构之外可以做得更好，它就可以剥离出来，让海尔成为其投资者而不是雇主。

家电制造业的竞争很激烈，一定程度的弹性和偏执在所难免。《经济学人》在采访张瑞敏时曾问他“如何平衡创业精神和对公司的控制”，他回答说：“我们不需要平衡！一个不稳定和动态的环境是保持每个人灵活的最佳方式。”

正如海尔和本章中的其他例子所表明的那样，释放禁锢价值是刻意的举措，而不是偶然发生的。像专业滑雪者一样，最成功和最持久的价值释放者会不断地调整转向——流畅、有规律，而且速度极快。

虽然专家们的表现让人觉得转向看起来很容易，但他们实际上全都熟练掌握了如何选择转向的时机，如何撑住滑雪杆，如何利用动量旋转到下一个支点的艺术。随着时间的推移，他们的动作变得自然、流畅。所以专家们可以直接操作，而不用去考虑其原理。

这七个制胜战略，就是“明智转向”的滑雪杆，你用它们撑着地面转移重心。用它们来确定禁锢价值的类型，找到禁锢价值在哪里，并使用它们来将其释放。

但是就像学习滑雪一样，释放禁锢价值也需要很大的勇气，你需要大胆无畏。采用最新兴的技术构建的颠覆性创新，正在每个行业的禁锢价值清单上增加新的项目，这既带来了机会，也带来了风险。很少有公司能够将这种潜力转化为现实。可以不止一次地做到这件事的公司就更少了。

事实上，在过去的五年里，创新支出的总体回报率已经下降，并且是急剧下降。大多数大公司似乎都不能足够快地应用创新来推动增长，同时又避免快速过时——成为错误转型的牺牲品。

然而，我们有理由感到乐观。一些公司——我们研究中成功释放价值的公司——可以逆势而上，将创新投资转化为加速的增长。在过去的五年里，这些公司在每一项关键指标上都超过了同行，并有望在可预见的未来继续沿着这一轨道前进。

它们致力于创新，不懈不怠，这是避免错误转向的基本要素。它们已经把寻找禁锢价值然后释放它作为企业文化的核心原则，从最高层行动起来。不仅如此，它们还找到了一些成功应用制胜战略的方法，从而带来创新。

毕竟，竞争优势的定义就是可持续的高于平均水平的业绩。任何人都可能会撞上一次大运。但要让创新成为你的核心产品，就不能只靠运气。

本书的第二部分将综合阐述以下内容：寻找禁锢价值，避免错误转向，掌握制胜战略。下一步将是把这些技能嵌入整个组织，采用一种战略实施方式，不仅可以在昨天、今天或明天运用，而且可以同时针对昨天、今天或明天运用。

所以你需要做的第一件事，就是发明一台时光机。我们会教你怎么做。

第二部分

重组战略思维

第四章　埃森哲式“明智转向”

前几章探寻了各种企业是如何成功瞄准和释放禁锢价值的。这些企业或年轻或成熟，或庞大或微小，或上市或私有，但它们都避开了七条错误的弯路，把注意力转向了七项制胜战略，进而取得成功。

但技术革命却远未结束。无论是大爆炸式颠覆，还是挤压式颠覆，都在继续以不可预知的方式重塑各行各业。面对这样的现状，释放更多禁锢价值显然非一日之功。我们甄选了一些公司，将其归入“禁锢价值释放者”行列。它们的共同点在于，无论是现在还是未来，它们都能在价值创造的过程中领先于同行。它们在提升当前盈利状况的同时，还会改善未来的盈利潜力，但并非一蹴而就，而是年复一年、日复一日地不断推进。

这显然需要采用截然不同的战略和执行方法。然而，虽然各行各业的首席执行官们都已经明确意识到转型需求，但多数人却难以把愿景转化为行动。能用合适的工具雷厉风行、坚定不移地引领所在组织的领导者，更是凤毛麟角。

为什么会这样？其中一个原因是，大多数公司依然过分关注核心业务，无法认清滚滚而来的未来趋势。这就好比从后视镜里看其他车时，它与驾驶者的实际距离肯定比看上去更近，汽车说明书里其实都已对此提出了明确警告。

还有一些公司则忽视了自己的核心业务，在一片混乱中盲目地追赶潮流。这些公司因此无法积累必要的投资能力，或者无法建设必要的基础设施，这导致它们失去了未来转型的根基。

真正明智的转向是可以复制的。要想达成这种效果，就不能把核心资产看成离散的资源，放任它们不断贬值，而应该将其当作动态的投资组合，在我们上文提到的业务生命周期的三个不同阶段（旧有业务、现有业务和新兴业务），不断地均衡调整。

“旧有业务”指的是已经达到增长巅峰，而且已经或即将陷入停滞的产品和服务。“现有业务”指的是处于发展中期的产品和服务，它们增长迅速，但发展重点已经从创新转向效率，并将最终失去特色。最后，“新兴业务”是指刚刚兴起的那部分业务，由于它刚刚开始发展，所以速度和轨迹几乎无从知晓。

要想做到“明智转向”，应该制定一项不断发展进化的战略。领导者在管理的资产组合发生变化的过程中，需要融合全部三个阶段，利用新技术把旧有的核心业务发展和重塑成新的核心业务。

下文将会介绍埃森哲如何做到了这一切，并在这个过程中发现了明智转向所需的工具和技术。

埃森哲生存危机

21 世纪的头十年，埃森哲面临了一系列生存危机。我们的核心咨询和技术业务腹背受敌。

在下游，印度涌现出一批品质不俗的提供商，它们为全球各地的客户提供应用开发和维护、数据中心，以及其他技术服务的低成本外包。

在上游，硬件和软件巨头都在充分挖掘其专有产品的潜力，并借助与客户之间的深厚关系，转型为规模庞大的服务型企业。利用新的软件开发和云技术所特有的速度、定制和成本效益优势，它们加快了转型速度，针对埃森哲的专业服务提供低价替代品。埃森哲与“《财富》世界 500 强”企业高管之间的战略关系，因为这种颠覆效应而受到威胁。

雪上加霜的是，华尔街也开始施压。有投资人担心，随着越来越多的企业快速转向云端，套装软件的安装和定制业务将会严重受损，而这恰恰是埃森哲数十年来赖以成功的重要服务。埃森哲曾经在咨询和先进技术行业具备显著的差异化，但它现在在投资人和行业分析师眼中却已不复以往。

到 2013 年，埃森哲成功地抵御了来自印度外包企业的初步威胁。我们建立了卓越技术中心（Advanced Technology Center），把低成本的离岸运营与基于信任和经验建立的深厚客户关系结合起来。这也成为我们的一大竞争优势。有了这些中心，我们就能既为客户提供有价格竞争力的解决方案，又能让行业和技术专家亲自提供在岸服务，这种额外的优势是竞争对手所不具备的。

我们目前拥有 50 多个这样的软件和运营基地，其中一部分位于印度和中国这样的成长型市场。在那里，我们可以利用行业和软件开发专业知识与外包企业竞争。

我们还大举调整了传统咨询的领域，逐步放弃原先的后端系统，转向那些直接与客户的客户进行互动的应用。通过这一流程扩大我们针对移动应用开发和云运营提供的服务业务。

为了加快开发工作，我们在测试新软件时通过自动化技术完成了许多易错且耗时的流程，改进了软件工程工具，还与 SAP、甲骨文（Oracle）、Salesforce 和微软等顶尖套装软件提供商扩大合作。使用我们的免触测试平台（Touchless Testing）能减少对测试人员的需求，从而加快产品安装的调试速度，有的时候甚至能加快 50%。

幸运的是，正当我们的传统咨询市场竞争日益激烈之际，互联网革命却在数字服务市场为我们创造了大量新机会。这样的例子有很多，包括广告、社交媒体、客户交互，以及把机器人、人工智能和其他新技术融合到供应链中。

这些技术创造了新的行业，也创造了新的商业生态系统，从而帮助现有企业转向数字优先的发展模式。在这些生态系统中，企业对社交媒体、移动计算、数据分析和云计算的需求快速增长。

所以，在向数字优先型咨询公司转型的过程中，我们针对商业分析、网络安全、应用型人工智能、区块链、虚拟现实和其他新兴的颠覆性技术，开拓了新的业务领域。为了支持新兴的物联网生态系统，我们组建了一个名为工业 X.0 的业务部门，利用产品创新和联网设备技术领域的专家为客户提供新的数字化工具，使之可以借此开发自己的智能产品。

问题在于，这些新的服务领域并未完全契合我们的品牌或商业模式，因而增长非常缓慢，也限制了它们对埃森哲整体绩效的积极影响。正当我们奋力融合之时，却突然发现更大的风险其实来自前文所说的“挤压式颠覆”。所有信号都已显现——增长和利润受到新竞争对手的挤压，而日后被替代的风险越来越大，虽然这种情况尚未发生，但却几乎是确定无疑的。

2014 年，我们接连几个季度的财报都表现暗淡，这给公司高管敲响了警钟，迫使我们审视现状。

我们需要制订新的计划。早在 2013 年，时任埃森哲首席执行官的南佩德就制定了他的“愿景 2020”（Ambition 2020）框架，要求埃森哲在商业与技术的融合领域，成为全世界领先的专业服务公司。这是一项重要举措，因为在埃森哲的发展历史上，我们的规模始终远小于 IBM（国际商业机器公司）这种主导整个行业的科技巨头。

“愿景 2020”对整个组织提出了严峻的挑战。奥马尔·阿布什还记得，这个框架是在一次全球管理委员会会议上提出来的。当他在会上第一次听到框架细节时，感到十分惊讶。令人震惊的是，这个框架不仅野心勃勃，而且包罗万象——不光事关我们的服务或地理触角，还涉及品牌、财务架构、工作方式、软件和技术投资、生态系统及慈善活动。

对奥马尔来说，这原本是整个组织面临的挑战，但却在 2014 年年底成了他的个人挑战。彼时，他出任埃森哲首席战略官，负责落实“愿景 2020”。

“2015 年年初，当我第一次跟我的团队坐在一起时，”他说，“我提出了三个问题：如何让埃森哲成为科技行业不可或缺的一分子？我们如何在全球商业界扩大影响力？如果想让公司的市值翻番，从 500 亿美元增加到 1 000 亿美元，需要满足哪些条件？”

他的新战略来自对不同技术市场生命周期展开的研究，从大型计算机到万维网，再到物联网和人工智能。奥马尔很快意识到，现有企业面临的真正的颠覆来源，与其说是市场新秀，倒不如说是这些新秀所具备的创新能力和新技术——我们已经在第一章阐述过这些内容。

以往，像埃森哲这种成功企业重点开发的产品和服务，其底层技术都处在生命周期的成熟阶段，市场已经很大，也很稳定。

但在当今时代，各种颠覆效应在技术的驱动下不断涌现，其中很多都已经对我们的全部核心市场构成冲击，这导致上述方法逐渐失效。毕竟，正如我们前文所说，包括传感器、摄像头、内存和微处理器在内的数字化核心技术组件在不断地降价，由此催生了许多效果更好、成本更低的新颖组合。

消费者也因此对新技术趋之若鹜。新技术从早期采用到全面流行原本要经历漫长的时间，但现在这个过程却因为这些新的趋势而日益缩短。就在用户希望充分享受新技术催生的各种功能时，机会窗口也会突然打开，那就是禁锢价值缺口。

在新市场形成初期，当底层生态系统形成之时，这个窗口吸引了最有价值的创新和最具颠覆性的创新者。禁锢价值缺口增长迅速，被填补的速度往往也同样迅速。如果不是从一开始就身处其中，想在后期成为这些生态系统的重要成员，可能性非常小，更不用说从中获利了。

因此，我们必须强迫自己改变长久以来最坚定的信念，即埃森哲的成功关键在于，等待新技术广泛普及且风险较低时，再开发相应的服务来协助其部署。换句话说，就是等到我们的传统咨询和技术客户都已经做好准备采用新技术。一直以来，我们的模式都是直到那时才采取行动，然后提高自己的能力，以便为客户提供建议和支持。管理专家把这种战略称作“快速跟随”。

由于变化速度在不断加快，快速跟随的速度已经不够快了。我们需要在商业机会出现时尽快切入新市场，尽管那时的潜在市场规模可能还不明确，供应链的参与者（买家、供应商、竞争者和其他利益相关者）也无法确定。

管理委员会就如此重大的调整展开了激烈辩论。在总结分析阶段，我们不得不承认，我们的核心业务被淘汰和取代的风险已经迫在眉睫，相较之下，为了克服这些风险所需开展的文化转型就显得不值一提了。

随着技术日新月异，颠覆性创新出现的速度越来越快，从实验阶段到被市场完全接受的速度甚至更加迅速。这也迫使我们针对每一项核心业务重新思考战略。我们需要以截然不同的方式看待自己的产品组合，不仅要与技术发展速度相称，还要与其引发的商业转型相匹配——换句话说，就是要适应颠覆效应层出不穷的世界。

旧有业务、现有业务和新兴业务

尽管过程充满艰辛，但在接受数字化颠覆持续涌现的本质后，我们也获得了支撑此次明智转向最为重要的洞见：在可预见的未来，我们需要对创新展开重大投资。要做到这一点，我们不仅需要现有产品的持续收入，还要实现新的增长——创造更多营收和利润，以及吸引新客户。

这就要求我们绝不能放弃旧有业务和现有业务，同时投入所有资源来筹备新兴业务。我们必须从当今的核心业务中挖掘更多利润，而且要使用对其构成颠覆的技术来实现这一点。

换言之，我们不能通过压缩旧有产品和服务的投资来快速挺进未来，而应该反其道而行之。即便明知旧有业务增长放缓，甚至在现有模式下已经时日不多，我们也应延续和重启相应的投资。

与此同时，我们还必须对相对较新且仍在增长的业务加快和扩大投资，产生以往经常在成熟市场看到的利润。

最后，我们需要抓住并利用这种重新恢复且有所扩大的增长，获取其创造的额外营收，借此尽快在新兴业务领域实现规模经济。

通过一番细致规划，我们发现可以同时在生命周期的全部三个阶段加速增长，为反复而持续的转型创造动力，从旧有业务和现有业务中释放至关重要的禁锢价值（即使这种价值在不断地萎缩），并以此为燃料，不断拓展快速涌现的新兴业务。

在为这场明智转向制定框架的过程中，我们回顾了早期的大批管理学思想，还专门查阅了教企业如何思考未来市场战略和竞争的许多书籍。

尽管传统智慧的确有所帮助，但它却并不完善。例如，在 1994 年出版的《竞争大未来》（*Competing for the Future*）一书中，加里·哈梅尔（Gary Hamel）和 C. K. 普拉哈拉德（C. K. Prahalad）建议通过关注“核心竞争力”挺进新的市场。他们将“核心竞争力”定义为“使企业在市场上脱颖而出的多种资源和技能的和谐组合”。

他们解释说，核心竞争力为企业提供了必要的动力，帮助其在未来市场取得成功，与未来的客户展开互动，还能突出与未来的竞争对手之间的差异。作者认为，这就是企业在未来的市场和行业中获得竞争优势的方法。

“立足当下，展望未来。”这在当今仍是一句至理名言。但许多领导者在采纳哈梅尔和普拉哈拉德等人的建议时，却忽视了自己当初赖以成功的因素：眼下的产品和服务。成功更重要的因素是与客户、供应商和其他利益相关者的深厚关系，行业和技术专长，还有企业价值和企业文化。

这些资产和资源形成了企业的核心。但企业在争相发展新兴业务的同时，却把这些抛于脑后，不仅对其抛弃和猜疑，甚至不去想将此作为未来差异化的基础。

仅靠识别出抽象的胜任力并将其投入新的市场，还不足以取得成功。如今，各种新的技术都在迅速创造市场，成就或新或老的竞争对手。在这样的环境中，保持和修炼企业的重点业务，着眼于当今的产品、市场和技术，同样非常重要。

对我们来说，这番洞见让我们认清了现实：越发强大的创新技术浪潮将会不断颠覆我们的业务，颠覆速度还会越来越快。

例如，从短期来看，我们的技术和文化都无法很好地匹配客户提出的关于新的数字化服务的要求。从长期来看，软件和新的社区网络可能取代埃森哲的专家，代替其开展目前的业务。

进一步展望未来，我们发现自己缺乏相应的研发能力，因而难以识别和拥抱下一代颠覆性技术及其附带的机会。但我们现在却需要在这方面一直快于新老对手。

传统的增长模式是在开发和收购新业务的同时，退出快速成熟的旧有业务。但如果延续这种模式，就无法促成充分的转型来应对这三个不同阶段。所以，我们应该转而在产品生命周期的不同阶段同时展开转型，这些阶段包括：旧有业务、现有业务和新兴业务。

为了解释明智转向这个概念，我们沿着数学家所谓的“S 曲线”

绘制了三个生命周期阶段。商业学者早就认为，S 曲线显示出曾经富有创意的产品和服务在收入和利润方面先增后降的典型趋势。这表明，随着新的产品和服务通过持续的技术创新和规模经济改进价格和性能，用户起初会缓慢接受（所谓的早期采用者），然后则会加速接受（所谓的大众用户）。图 4.1 绘制了旧有业务、现有业务和新兴业务的预期 S 曲线，还标明了产品和服务通常处在生命周期的哪个阶段。

图 4.1 显示，企业经常同时经历这三个阶段。随着市场饱和，下一波颠覆已然开启。新的赋能技术推出、测试，然后走向成熟。围绕这些技术开发的产品和服务产生了新的 S 曲线。如此往复，周而复始。

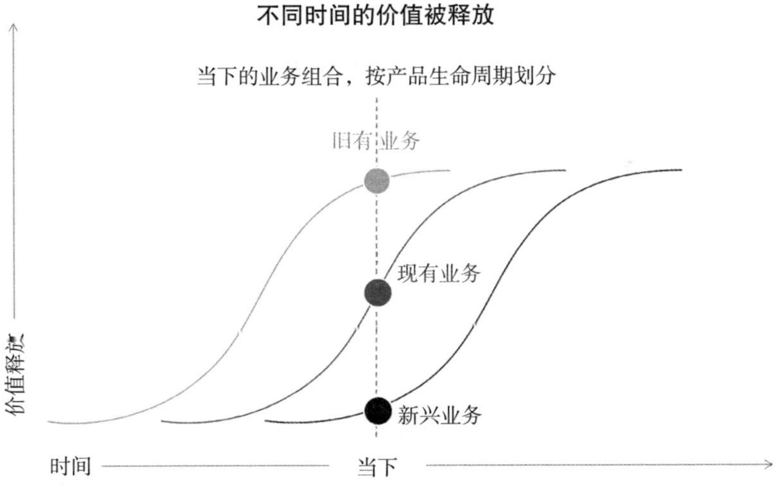

图 4.1　S 曲线的三个阶段

然而，不断扩大的禁锢价值缺口为我们提供了机会，让我们可以在S曲线之外提升每个阶段的表现。事实上，我们发现，更具战略眼光的投资可以大幅改变旧有业务、现有业务和新兴业务对应的曲线形状，同时释放这三个阶段的禁锢价值。

通过用新的技术释放创新，三条S曲线的营收和利润都得到了改善。投资时机越早，加速增长的机会自然越大。但相应的曲线上每个点对应的产品和服务都有增长潜力——只盯着未来的竞争对手是看不到这些潜力的。

图4.2是我们在每个阶段实现的新S曲线形状。系统集成和外包等之前一直增速放缓的旧有咨询服务，又重拾升势。新服务的营收增长也在加快，其中包括数字营销和其他数字优先型服务。

不同时间的价值释放

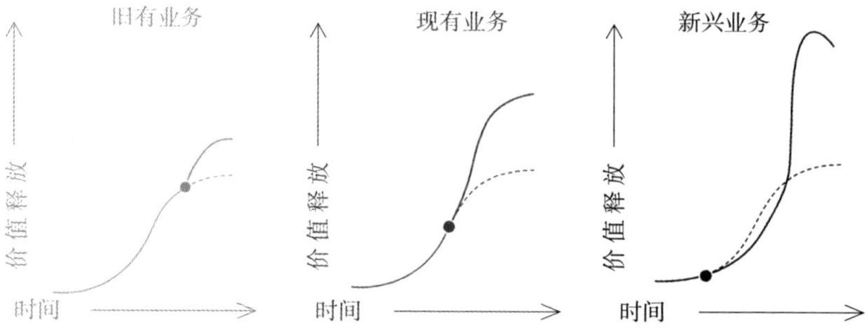

图4.2　在旧有业务、现有业务和新兴业务中释放禁锢价值

其中最为显著的是，对新兴业务的大力投资让我们在新兴技术领域快速培养了专业知识，并使用人工智能、网络安全、云服务、虚拟现实和其他技术，以及物联网等颠覆整个行业的技术，抢先推出了独特的服务。我们以更快的速度触达新的客户，并且实现了规模经济。

想要让三条S曲线都得到提升并非易事。这需要大力调整组织的结构和运营。我们必须通过科技引领的创新对旧有业务展开彻底的重构，还要对当今盈利能力最强的业务加大投资，推动其加快增长。我们还加快了新业务的推出速度，有的通过内部自主开发完成，还有的则针对新兴颠覆者大力推进外延式并购。

要想顺利推行明智转向所需的持续性战略，我们还需要全面重构投资思维。在传统模式下，管理者通常要在产品和服务的整个生命周期内，按照从诞生到消亡的线性顺序来对待投资。投资的重点是前端，是构建新的能力，然后通过研发推出新的产品和服务。

一旦业务运转起来，重点就转向了尽力榨取利润和简化流程，并希望能在这些方面持续改进，以及显著增加市场份额。

随着曾经独一无二的产品和服务被其他企业以成本价或接近成本的价格出售，管理者会被告知退出（可能的话，最好是出售）工厂和分销网络等成熟资产，同时对受限于旧有产品和老旧技术的员工进行裁员。

在一个技术驱动、颠覆加速的世界里，这种方法并不适用。我们发现，只要采用合适的刺激方式，就算是接近盈利能力尾声的业务也能迎来新生。类似地，加大新技术投资能让当下的成功产品超越竞争对手，这不仅能提升市场份额，还能带来新客户。

在快速逼近的新业务领域，投资于传统的专有研发可能无法确保公司在未来市场和未来产品中的地位。相反，领导者需要在新兴行业生态系统中确保一席之地——不仅要推出成功的新产品，还要具备相应的能力，以便在主流客户做好飞跃准备时快速调整生产和交付——值得注意的是，当今的飞跃速度快于以往任何时候。

创新、财务和人才

要想像我们一样完成明智转向，你就需要大幅调整旧有业务、现有业务和新兴业务这三个阶段的资源配置，在三个不同的生命周期不断地明智转向。从本质上来说，这与简单地转换客户或产品和流行的管理思维中所谓的“商业转型”，是完全不同的。

说起来容易，做起来难。对我们而言，落实这项战略意味着要克服巨大的障碍。第一个障碍在于，我们的品牌和市场定位是提供复杂的商业转型，这通常要具备庞大的信息系统，还要有能力针对具体行业和客户定制这些系统。重点在于可靠的结果和可预测的交付。

现在，我们需要改变这种定位，需要更加注重以前卫和创新为导向，也需要我们的业务走出后台，走进新领域，例如设计和实施新的客户服务和用户体验。

第二个障碍在于，提供这些新服务所需的技能很稀缺，它通常存在于小型创业公司和初创企业。无论是这些公司所秉承的硅谷思维，还是为其效力的员工，当时显然都与埃森哲的文化格格不入。坦率地说，我们跟很多大公司一样，在收购和整合小企业方面也表现不佳。

第三个障碍在于，我们的投资、预算和资源分配流程，完全是围绕当时核心业务的高效运营来优化的。但挤压式颠覆的现实，要求我们必须从维持现有核心业务转向新的投资。这项洞见对我们而言至关重要，我们的很多商业模式和流程也要因此而调整。

与以往一样，我们未来的转型范围也要视客户需求而定。奥马尔和他的团队选定了一个起点，那就是制定战略来驱动企业在数字时代的成功发展，例如提升品牌相关性的能力。这些方法后来被汇总成了七大制胜战略。

奥马尔还需要提高投资预算本身的自主权，处理前些年被锁定的投资项目，这被我们戏称为“永冻层”。

当客户开始采用这些制胜战略推动自己的转型时，我们就会问自己一个简单的问题：我们需要具备哪些行业和技术专长才能帮助客户取得成功？

在某些情况下，埃森哲的领导者会反复提出这个问题。作为一家专业服务公司，有能力引导管理者对新的创新展开大规模投资，始终是我们的差异化元素。我们的核心能力是应对各种新技术的相互交叉，使用这些新技术开展商业实践，提供卓越的竞争优势并创造显著的价值，让客户的投资物有所值。

我们现在需要加强这些能力，从我们最了解的成熟技术转向快速兴起的新一代颠覆性技术——实际上就是构建我们自己的新核心业务。

可是，究竟应该着眼于哪些新技术呢？埃森哲的领导团队把目光瞄向了对客户构成挑战的禁锢价值缺口。在对潜力最大的机会进行评估后，我们瞄准了一些可以快速产生新业务的领域，从而支持它们展开必要的快速扩张，进而实现盈利。其中包括互动数字营销（包括人工智能）、移动服务、数据分析、云迁移和网络安全。

接下来就是快速高效地构建新业务，这就需要把多种因素结合起来，包括展开内部创新，对员工展开大规模再培训，收购已经能够提供解决方案的领先企业，对我们能够利用的创业公司展开投资，与我们瞄准的新技术领域的顶尖提供商展开合作。

想要对埃森哲进行真正的再创造确实很有挑战，这不仅需要深刻的洞见和明智的战略，还要采取大胆的措施，部署真正的转型——只有自上而下地推动有效的资源再分配，才有可能实现这种转型。

想要实现“愿景 2020”，需要着重开展哪些转型，采取哪些措施？需要重新考虑、重新分配和重新启动哪些资源和资产？需要利用哪些工具？

企业可以通过无数种方法来分配资源。根据自身经验，我们当时围绕三个关键领域展开了部署：创新、财务和人才。要完成再创造，就要求我们针对其中的每一项认真研究投资方式。在这场仍在推进的明智转向中，我们展开了许多或大或小的调整。

以下就是我们已经采取的真正转型。

1. 创新转向。为了打破身为快速跟随者的固有模式，我们绝不能单纯地只是创建新的服务。我们需要创造新的商业架构，以及截然不同的投资方法。

埃森哲的业务范围很广，从商业咨询到流程外包都有所涉猎，所以我们的新业务架构要能反映这样一个事实：我们的员工需要在不同的市场中，应对不同的客户和不同的竞争对手。

举例来说，这就需要我们为埃森哲战略（Accenture Strategy）和埃森哲互动数字营销制定不同的成本结构，还要设计不同的职业路径和绩效指标，接受不同的工作风格。在设计部门开发新型客户体验技术的员工，在招聘、培训和评估的过程中，就不能与从事网络安全任务的员工使用相同的工具和标准。

可以想象，埃森哲互动数字营销和埃森哲安全（Accenture Security）这样的全新业务在设立之初，都是由现有业务部门抽调的资源拼凑起来的，所以肯定不会一帆风顺。与任何一家公司一样，高层都很在意自己的权限和责任，这就难免引发摩擦。

然而，真正促成我们转型的是管理委员会的高度一致。明确的战略目标让委员会成员更容易接受，甚至加速组织转型和权责调整，为成功创造条件。

最后，解决商业架构问题需要明确业务范围。例如，我们在拥有专有软件产品方面持有什么立场。针对一些现有软件产品投资所蕴含的持续价值，必须要排除分歧，尤其是在它们是否与我们的服务业务存在协同效应这个问题上。

这场辩论引发的具体结果之一，就是我们与私募股权投资集团 Apax Partners 组建了一家合资公司，并与我们之前收购的保险行业软件开发商 Duck Creek Technologies 进行了整合。通过这家合资公司，我们可以继续探索工业自动化的前沿领域，但却免除了独资企业所需面临的挑战。

不过，这还不是我们对创新方法做出的最大调整。

我们深知，如果不为创新活动积累和投入资源，就永远无法重塑自己的核心，更不用说要对它的新成果进行规模化了。为了充分实现这家全球化组织的潜力，并捕捉生命周期三个阶段的全部禁锢价值，我们部署和提炼了我们的“创新架构”。它包含世界各地的一系列设施，相应人员都要负责为处于不同市场成熟阶段（即特定技术的 S 曲线上的不同点）的客户关注创新。

这种架构的详细内容可参见图 4.3，它主要用于和客户共同制定解决方案，但它也充当了我们自己的创新引擎。我们认为，它拥有独一无二的广度。

比如，我们的都柏林创新中心 The Dock 共有 400 名行业专家、设计师，以及物联网、人工智能和分析领域的专家，他们会在动态的环境中与客户、高校研究人员和初创企业共同孵化、设计和尝试各种新技术。其重点是针对不同的行业测试这些技术的应用方式，与供应商和早期用户培育关系，并分享最佳实践。

ID2020 就是 The Dock 的一项成果，这个全球化联盟通过部署生物识别和区块链技术为全球约六分之一的人口提供帮助，涉及人数超过 10 亿。这些人缺乏最基本的身份证明，所以他们无法完全参与文化、政治、经济和社会生活。

ID2020 系统会记录指纹、虹膜扫描、声纹和个人其他数据源，将其存储在安全的分布式数据库里。此后的每项生活大事都会被记录下来，并被添加到个人记录中，其中包括看病、就业、教育、婚姻和子女出生。这样就有可能验证人们的国籍和就业，确定其是否有资格投票、旅行，以及享受政府提供的其他福利。

我们的创新架构带来的好处之一，是推动了知识产权的大幅增加。例如，我们的专利组合大幅扩展到人工智能、网络安全、无人机、虚拟智能体和物联网等领域。2012 年以来，我们提交了几百项跟新兴技术有关的专利申请，包括量子计算、智能机器人、区块链、扩展现实和人工智能。截至 2019 年，我们在全球范围内拥有 7 000 多项专利和专利申请，其中有 4 000 多项是新兴业务领域的发明。

虽然各家公司的架构可能不必像我们的这么细致，但我们认为，在组织内部正式确立创新的协调和传播方法以及部门责任，是至关重要的事情。

无论在什么情况下，都不能再简单地把一小批员工派到另外一个地方，要求他们想方设法从即将来临的颠覆性技术中找到让公司获益的方法：这种做法会引发所谓的创新者困境。在颠覆发生的次数相对较少、间隔时间相对较长的情况下，这或许可以起作用。现在则必须随时随地保持颠覆性思维，这不仅成为当今商业和规划的组成部分，今后同样如此。

埃森哲商业研究院	埃森哲风投	埃森哲技术实验室	埃森哲数字工作室	埃森哲创新中心	埃森哲交付中心
280多位来自23个国家/地区的研究专家	10个国家/地区进行开放式创新	7个实验室所在地，包括：班加罗尔、深圳、都柏林、以色列、华盛顿特区、硅谷和索菲亚·安提波利斯	30多个数字工作室地点	1个旗舰创新中心，The Dock	50多个位于世界各地的交付中心
思想领导力	175项战略合作	5个研发地点。关注领域包括人工智能、网络安全和扩展现实	23个数字工作室开张	100多个位于世界各地的创新中心	120多个国家/地区的客户享受服务
技术展望，针对5大科技趋势制作的年度报告	24笔股权投资	7 000多件正在申请和已经获批的专利		涵盖各种技术和各个行业	
人工智能是未来的增长动力	5 000多家初创企业获得我们的关注			40多个行业	
为数据科学创造人工数据	与孵化器合作，包括 ParTech、1871 和 RocketSpace				
开启创新流程的明智方法					
每一位首席执行官都应该了解区块链					

图 4.3　埃森哲的创新架构

2. 财务转向。到 2015 年，我们在三条 S 曲线的变化中获得的洞见明确显示，我们需要把创新专长融入公司的基因。针对接下来的每一组服务进行的投资，都应该保持过程的连续性。向新兴业务的转型绝非一锤子买卖。

作为战略咨询师，我们认为，不仅应该改变资源分配方式，还应该改变资源开发方式。这就需要针对企业最重要的创新重点达成一致，然后承诺为其提供资源。我们由于尚未开发出重要的新收入来源，所以只能从最大业务部门的现有预算中划拨，着重压缩与新重点不相符的开支。

这种做法给奥马尔的声望带来了一些挑战。但由于管理委员会的所有成员及其团队都参与制定了新战略，所以人们至少能理解他为何必须采取这种措施。因此，我们出售了不再具有战略意义的资产（包括房地产），还找到各种方式来提高咨询师的时间利用率。

然后，我们把来之不易的资金，在旧有业务、现有业务和新兴业务之间重新分配投资。这包括在短期内开发自动化软件开发工具，以供我们的咨询师在为客户服务时使用。从长期来看，它包括为我们的产品组合构建新的部分，协助创建创业加速器，并与之展开密切合作。金融科技创新实验室就是这样一个例子，它筹集逾 10 亿美元，为使用数字化技术重构金融服务的创业者提供支持。

我们还成立了自己的少数股权投资组织埃森哲风投（Accenture Ventures），我们的领导者会借此对已经处于增长阶段的新兴技术企业进行战略性入股。与其他公司的风险投资基金不同，埃森哲风投会评估其所有投资与具体增长项目的吻合度。之后它会在埃森哲内部指定一位发起人，与我们投资的企业密切合作，使它的服务或产品符合埃森哲客户的需求。

有一项重要调整对我们的这些投资形成了障碍。我们拆分了两项决策职能，一项负责制定每年的整体投资预算，另外一项则要决定每年应该通过哪些投资方向来促进转型实施。前者仍由首席财务官负责，后者则由首席战略官奥马尔决定。

这种责任分配的逻辑很简单，但多数企业都难以在实践中采用。我们之所以能成功，是因为时任首席执行官的南佩德坚信应该让投资与战略协调一致，而由于时任首席财务官的大卫·罗兰（David Rowland，现为埃森哲执行董事长）和奥马尔形成了牢固的合作关系，也简化了这种分权的难度。

我们还需要改进收购业务，既要加快交易的评估和完成速度，也要加快被收购企业员工的吸收速度，在整个过程中还应该尽可能地减小压力。因此，奥马尔必须与其他高管密切配合，包括财务、运营、法务和人力资源部门的负责人，打造交易发起和完成流程，然后快速整合被收购的企业。

埃森哲在收购方面历来都过于保守，必须有充分证据证明可以立刻获得显著的财务利益时，公司才会批准收购交易。这导致我们在收购和整合其他公司方面的经验非常有限，从而导致我们在实际收购中遭遇了一些不愉快的经历。

例如，我们发现，一旦交易完成，立刻就会有十几个职能部门一拥而上。它们的用意虽好，但冗长烦琐的介绍、培训和合规流程却令被收购企业的创始人和员工应接不暇，使其难以集中精力关注市场。这种状况必须改变。

好在奥马尔曾经担任多年战略顾问，擅长帮助客户处理并购事宜。正是因为这样的背景，加之埃森哲其他高管也都拥有类似的经验，再加上营销、法务、人力资源和企业发展等职能部门的大力支持，奥马尔才获得了必要的团队来挑战埃森哲过去的刻板方式。

这最终带来了三大关键改进：大幅加快了寻找、评估和完成收购交易的速度；简化了被收购公司的员工融入的过程；对发起每笔收购的高管建立了长效责任机制，确保他们当初向资本委员会做出的承诺能够真正兑现。

2017 年，最初的转型势头越来越强，从而鼓励我们加快了收购步伐。我们在 37 笔交易中投入了约 17 亿美元，几乎是 2016 财年的两倍，其中多数都与新核心业务相符。

其中包括德国数字代理公司 SinnerSchrader、巴黎顶尖数字咨询公司 OCTO Tcchnology。我们还为快速增长的云业务收购了 DayNine，它是 Workday 企业软件最大的定制安装服务提供商之一。Workday 为财务、人力资源和规划职能提供了一套一体化系统。在安全领域，我们收购了专门从事数字身份和访问管理的法国公司 Arismore，以及网络威胁情报公司 iDefense。

我们还通过对美国咨询公司 SolutionsIQ 和巴西软件开发公司 Concrete Solutions 的收购，强化了自身在最新 IT 架构方面的能力，包括敏捷开发方法。我们继续在深化行业专长上投资，在零售领域收购了咨询公司 Kurt Salmon，在资本市场收购了私募股权和风险投资公司 Invest Tech，在航空行业收购了咨询公司 Seabury Group。

3. 人才转向。面对奔涌而来的大爆炸式颠覆和挤压式颠覆，整个领导团队都意识到要奋力赶超、先发制人的必要性。但对于如今有将近 50 万名员工的整个组织来说，这种需要如何落实呢？为了实现明智转向，我们显然需要制定新的人才战略。

对于负责为客户提供日常服务的埃森哲董事总经理们，我们需要帮助他们理解新战略对其个人提出了哪些要求。

我们先对最高领导层进行调查，了解他们认为未来成功的关键特征。当善于接纳各种意见的管理委员会看到调查结果后，大家达成了一项共识：要想成为数字优先型组织，就需要不断为员工提供再培训。

向新兴业务转型就意味着要针对未来前景重新培训和安排每一名员工，但这种前景有时并不明确。与此同时，我们甚至还会要求他们进一步提高现有业务的营收、质量和市场份额。

我们认为，管理层的职责是确保员工具备为现有和未来客户服务的技能，可以与新老竞争对手展开对抗，还要在全球范围内，以相互协调的方式实现这些目标。所以，从 2015 年以来，我们每年大约投资 10 亿美元用于员工教育。除了在 5 个全球学习中心进行课堂学习外，我们还为再培训项目设立了一项核心资源，即埃森哲互联学习（Accenture Connected Learning，以下简称 ACL）。这是一套数字化学习环境，使用者可以直接从中获取知识，还可以直接向专家讨教。

ACL 覆盖了全球超过 37 万名埃森哲员工。我们提供数万门课程，使得将超过 22 万名专业技术人员转型成新技术领域的专家成为可能，新技术领域包括人工智能、云服务、移动应用和安全。这一切只用了不到 3 年。

幸运的是，埃森哲超过 75% 的员工都是“千禧一代”，这代人都很渴望学习，愿意提高自己的就业能力。

事实上，越来越多的新学习内容都是使用被我们称为“学习板”的众包协作空间，由我们的员工自行制作和分发。一个典型的学习板可能包含十多个指向不同来源的链接，包括 YouTube（优兔）视频、白皮书、TED 演讲、文章和自我评估测试。涉及的话题从 A［跟我们的医疗实践相关的急性呼吸窘迫综合征（acute respiratory distress syndrome）］到 Z（云软件公司 Zuora），可谓种类繁多。

对我们来说，成功实现明智转向还需要极其多样的人才组合。我们所有的领导者都知道，包容不仅是正确的事情，也符合我们的商业需要。

但有的时候却很难改变基层观念。为什么会这样？人力资源研究显示，领导者会按照自己的形象来招募和提拔员工，而员工往往也会效仿可以关联的榜样。另外，我们也都存在无意识偏见。在各种文化中，人们都会在人生的不同阶段对自己的职业有不同的期许。所有这些因素都会加大多样性的落实难度。

埃森哲最近几年在这方面进步巨大，这都得益于时任首席执行官的南佩德非凡而坚定的领导力。他对包容性和多样性非常重视。

2018 年，我们的女员工占比增加到 42%。新入职员工中目前的女性比例超过 45%，越来越接近在 2025 年实现两性均衡这一目标。在公司外部，我们还跟 Girls Who Code 展开合作，这家非营利组织致力于增加计算机科学领域的女性从业者人数。该合作的目标是打破数字经济中由男性主导的现状。我们在夏季主办了很多沉浸式项目，还在美国成立了全年制 Girls Who Code 俱乐部，它不仅提供相关技能培训，还在现实世界中为参与者提供科技领域的实习机会。

要想实现招聘、再培训和多样化领域的目标，就需要对我们的人力资源职能进行彻底的转型。排名和年度绩效评估基本都已取消，取而代之的是更为直接的日常反馈。之前有很多员工都拥有同样的头衔（例如“分析师”），但具体职责却千差万别。现在，公司的考核只会考虑他们的实际工作，不再关注头衔。

为了把收购价值与现有专长结合起来，我们还拓宽了职业路径的范围，把我们收购的部分企业的首席执行官晋升为埃森哲在其他地方的领导角色。

我们还要取消埃森哲企业文化中的一项核心原则：尽管规模庞大、地域广泛，埃森哲仍然有一套统一的流程、方法和文化，适用于所有地方的所有人——我们的“同一家公司”运营模式。

虽然“同一家公司”模式以往的效果很好，但我们的不断扩张令这种模式难以为继。当然，我们也保留了一组统一的核心价值观，例如为客户创造价值，尊重个体，还会让所有员工都遵守极高的商业道德准则。不过，我们也明白，为纽约的投行提供战略建议，不同于为班加罗尔的银行运行支付流程。我们需要拥有并适应真正多样化的文化，即“多种文化的统一文化”。（这将在后续章节中详细阐述。）

“多种文化的统一文化”的一大实践意义在于，来自不同背景的员工偏好不同的工作空间，而且能从中获得更好的体验。我们不再统一规划办公室布局。不同职能和不同地区都需要不同的设计。

当奥马尔密切参与埃森哲旗舰创新中心 The Dock 的规划时，这项措施切中了要害。The Dock 采用了可随意配置的工作空间，行业专家、研究员、客户和高校访问学者都在那里办公，有的从事项目，有的则尝试各种新型科技产品。他很快发现，工作环境的观感不仅会对文化产生深远影响，还会极大地影响创新能力。

转向决定未来

我们很早就明白了一点，我们所做的事情很宏大。这不光指我们自己的转型，还包括为实现这一转型而制定的新战略和新策略。

我们对旧有业务加强的投资很快促进了其营收的增长。我们除了通过客观地评估业务模式节约成本，还通过投资新兴业务推动企业快速增长。这些措施的成果不仅体现在财务数据上，还改变了我们的核心文化，以及长期形成的自我认同和发展愿景。

我们现在拥有丰富的技能和经验，在对更加灵活的小企业迅速展开战略性收购的同时，却不会破坏这些富有创业精神且以千禧一代人才为主的企业。

我们把三分之一的投资分配给现有业务，因为我们意识到，这些业务不仅能继续提供至关重要的营收，其本身也是技术进步的重要改进目标。

2014 年以来，我们每年的收购金额为 10 亿 ~17 亿美元，但我们将其中多数投资于未来的市场。我们收购的公司接近 100 家，从创造独特的数字化体验到移动编程接口，涉及的专业领域可谓多种多样。比较著名的一个例子是，我们在2018年收购了为《权力的游戏》（*Game of Thrones*）制作特效的 Mackevision[①]，让客户能够获取最先进的 3D 可视化、增强和虚拟现实及动画技术。

我们收购的另外 30 家公司合并组成了埃森哲互动数字营销，这项业务融合了数字营销与我们在营造引人入胜的客户体验方面的深厚功力。埃森哲互动数字营销在 2017 年的营收达到 65 亿美元，在过去的三年里，它一直都是全世界最大的数字营销服务提供商。

我们现在为客户开发的解决方案，不仅能使之服务于自己的顾客，还能真正与他们展开互动和协作，这包括为迪士尼（Disney）和嘉年华（Carnival）等最关注顾客的企业提供的服务项目。我们帮助迪士尼开发了魔法手环（MagicBands），让迪士尼乐园的游客可以借此预约乘车时间和预订餐厅，可以购买园区内的任何商品并配送到客房，甚至还能打开酒店房门。

在投资者关系方面，华尔街分析师也充分参与了我们的未来转

① Mackevision 是全球领先的 3D 沉浸式内容制作公司。——编者注

型计划。我们会定期向其保证，我们开展的最新投资不会拖累旧有业务的增长。也就是说，至少在新业务没有成为重要收入来源和加速创新引擎，甚至带来持续性更强的未来利润之前，这种情况不会发生。

这虽然是一场生存危机，但它却鼓舞我们制定了明智转向战略，因而成了埃森哲近60年历史上最大的机遇。投资者也认可了这一点。2014年年末到2018年，我们的市值翻了一番，这反映了我们在这个过程中新创造的500亿美元价值。

我们的再创造和重塑还远未完成，短期内也不会结束。在明智转向中，每一次转向都伴随着新的转向，周而复始，因而需要通过动态战略来带领我们顺利渡过一波又一波颠覆浪潮。市场靠着科技驱动的转型不断发展，那企业就必须辅以持续不断的响应能力。我们的研究表明，这种情况正逐渐蔓延到所有市场、所有行业、所有地域——你所在的企业也不例外。

我们希望，在企业寻找和释放禁锢价值的过程中，埃森哲此次明智转向可以对其有所启发，帮助企业发现其中蕴含的机会和风险。我们将在后面几章阐述其他价值释放者的案例研究，它们通过自己的转型在生命周期三个阶段都实现了增长。这三个阶段正是下一章探讨的主题。

第五章　旧有业务、现有业务和新兴业务

正在推进的技术革命明确显示，面对颠覆，没有哪个市场能够长期固若金汤。即便你曾经有幸从容不迫地开发和部署战略计划，想当然地以为竞争对手和市场新秀会坐以待毙，这种美好时光也早已一去不返。

如今，无论企业资历多老，也无论行业多么成熟，目之所及都充斥着各种或大或小的颠覆者。然而，任何一名徒步者都知道，如果错把清晰的视野当成真实的距离，就难免会陷入危机。

明智转向会为业务生命周期的全部三个阶段制定战略，以此降低不确定性带来的风险。这三个阶段分别是：旧有业务、现有业务和新兴业务。真正能克敌制胜的业务组合，需要均衡和整合全部三个阶段的投资。

看过了明智转向实例，接下来就该制定战术了。想要逐一管理业务组合的三个不同生命周期阶段，就要抛弃传统思维，用新的转

型思维取而代之。因而，你需要更新和重启成熟的旧有业务，加速最重要的现有业务增长，还要在新兴领域扩大新兴业务的增长，以实现盈利。我们接下来会展示我们合作和研究的企业，是如何制定相应的规则来开展反复而持续的转型，通过均衡和专注来成倍扩大自身的影响的。

康卡斯特：5 年成为娱乐巨头

先从康卡斯特（Comcast）开始，看看这家科技和娱乐巨头如何通过明智转向开发克敌制胜的业务组合。

康卡斯特的独特文化帮助它的领导者在旧有业务、现有业务和新兴业务之间实现了资源均衡，这对其成功转型至关重要。康卡斯特最初只是密西西比州图珀洛的一家地方性有线电视公司，但它却通过 50 年的发展，成为全世界最具影响力的企业之一。它不仅是电视、电影、体育、有线和无线宽带上网、主题乐园和住宅安防等领域的巨头，还将陆续推出更多业务。

但康卡斯特面临的最大挑战在于，它的管理者必须努力适应令人眩晕的科技转型速度。娱乐和通信领域的禁锢价值缺口越来越大，由此创造的机会和风险也在同步增加。

但通过 20 世纪七八十年代那场混乱的模拟信号战争，以及地方性有线电视特许经营权大战，康卡斯特及其子公司［包括 NBC 环球（NBCUniversal）和现在的欧洲付费电视巨头天空电视台（Sky）］都成了围绕固定支点实现成功转向的典型案例。这个支点是：下定决心优先发展数字化技术，并尽其所能加快转型速度。

这项成就不容小觑。与埃森哲自己的成熟核心业务一样，康卡斯特的业务也在明智转向过程中面临多项挑战，包括客户对传统付费电视套餐的热情降低，网飞和其他互联网视频流竞争对手的威胁增加，移动显示屏和自制视频内容的全面崛起，通信技术及其多层监管迎来历史性转型，以及 2007—2008 年的金融危机。类似的挑战不胜枚举。

不过，首席执行官布莱恩·罗伯茨［Brian Roberts，他于 2004 年从他的父亲——公司创始人拉尔夫（Ralph）手中继承了该公司］却设法反复重塑这家公司，每次转向都把公司变得更大、更强，使之更好地应对不确定的未来技术发展。

康卡斯特的成功并非必然。事实上，一些华尔街分析师对它的大胆举措心存疑虑。2011 年，该公司斥资近 400 亿美元从通用电气（GE）手中收购 NBC 环球的广播、有线电视、电影工作室和主题公园资产，市场一片哗然，甚至有分析师称之为“过时的战略计划”。

这样一家受监管的通信公司，对电视、电影或主题乐园能有多么深入的了解？它如何拯救日薄西山的 NBC 环球？要知道，该公司的电影业务市场份额在当时美国六大电影工作室中排名第五，而 NBC 广播网络则排名行业末尾。

与此同时，经历了 21 世纪头十年末期的经济下滑后，于 1990 年开放的佛罗里达环球影城主题公园在多个大股东的管理下举步维艰。尽管此次收购交易完成时的参观人数开始改善，但佛罗里达和好莱坞的环球影城仍然需要大笔投资。NBC 环球首席执行官史蒂夫·伯克（Steve Burke）在 2011 年年末对投资者表示，这两个影城“恐怕是我们最后才会处理的事情”。

康卡斯特的领导团队认为，NBC 环球的知识产权虽然陈旧，但却依然充满价值，因而领导团队决心从中寻找和释放长期封存的禁锢价值。在此过程中，他们从七大制胜战略中选取了很多项，逐一加以落实。他们放弃了自给自足的传统文化，转而采取各种措施来鼓励合作。该公司采用了所谓的“交响乐”模式，让这项业务的每一个部分都参与新的电影、电视节目和主题公园景点的发布。

康卡斯特还大举投资新技术和新内容。它花费了近 40 亿美元收购梦工厂动画（DreamWorks Animation），借此获得了最先进的数字电影制作技术。该公司在 2017 年的资本开支达到 16 亿美元，较前一年增长 10%。其中多数都来自主题公园的加速扩建，包括新增的热门景点哈利·波特（Harry Potter）。

情况开始出现好转。2018 年，环球公司的市场份额在大型工作室中排名第二，仅次于迪士尼。借助《侏罗纪公园》（*Jurassic Park*）和《神偷奶爸》（*Despicable Me*）等系列影片，环球公司在美国的电影票房市场份额跃升至 15%。得益于《美国之声》（*The Voice*）、《我们这一天》（*This Is Us*）和《善地》（*The Good Place*）等一系列热播剧集，NBC 电视的观众总数自 2002 年以来首次小幅领先于 CBS（哥伦比亚广播公司）。

主题公园营收在 2011—2016 年增长了 150%，利润贡献超过电影部门和广播电视。从整体来看，NBC 环球的营收从 2012 年的 230 亿美元增加到了 2017 年的 330 亿美元。

康卡斯特用了大约 5 年时间，把旧媒体娱乐资产转变成具备规模化效应的基础模块，把自己打造成能与全球竞争对手一较高下的数字娱乐巨头。

然而，尽管 NBC 环球焕发生机，但作为康卡斯特老本行的付费电视业务却面临艰巨的挑战。老观众纷纷取消续费。更糟糕的是，年轻消费者迟迟不肯注册传统的有线电视服务。

千禧一代越来越多地使用像网飞、亚马逊视频（Amazon Video）、Hulu（美国一家视频网站，康卡斯特持有部分股权，但并不参与管理）、Sling TV（美国顶级互联网电视服务巨头）和 DirecTV Now（提供互联网流媒体电视服务）这样的互联网视频流服务提供的点播方案。它们提供自制内容和业余内容、频道数量有限的“精简套餐”，甚至还有 HBO Go 和 CBS All Access 这样的独立电视网络。甚至连迪士尼、苹果和沃尔玛这些强大的内容、科技和渠道竞争对手，也在开发更具颠覆性的视频流服务。

康卡斯特需要同时应对这些市场新秀的崛起。另外还有一个未知因素，那就是消费者自己制作的低成本业余视频，可以通过 YouTube、Snapchat 和 Twitch 等平台观看（Twitch 提供专业电子游戏玩家制作的视频，需要付费才能观看）。仅 YouTube 每个月的观看时长就超过 10 亿个小时，高于传统电视。Snapchat 号称每天播放 100 亿次视频，并表示其受众群体中有 70% 是千禧一代。用户在该平台上制作的“故事”会在24个小时之后自动消失。

虽然面临一连串大爆炸式颠覆和挤压式颠覆，但康卡斯特并没有退出内容分销业务，而是坚定不移地从付费电视业务中释放残余的禁锢价值。通过提升科技含量、加强数据驱动、提高市场相关度，康卡斯特得以在2009—2013年从模拟分销无缝转换成数字分销平台。例如，它在超高清、3D、定制广告、增强现实视频等未来创新领域主动抢占先机。

康卡斯特最近向其X1软件平台投资数十亿美元，其中包括人性化的声控编程接口，可以用于浏览自家内容以及网飞和YouTube等第三方内容。X1同样也支持追剧和点播，而且包含云端数字视频录像机（DVR），让用户可以通过任意设备访问这些录像。

X1已经从单独的硬件转变成软件。该服务不仅可以在康卡斯特的设备上运行，还支持罗库（Roku）和三星智能电视等视频流服务，无须单独购买有线电视机顶盒。

康卡斯特尽管仍在围绕其传统付费电视业务展开创新，但同时也开始加大对互联网接入服务的营收依赖，为消费者提供高速、可靠的多终端服务，让消费者随意在任何地方获取内容。其中包括名为xFi的数字主控板，它不仅配有家长控制功能，还能简化家用Wi-Fi（无线网络）和物联网设备的管理。

为了支持此次转型，该公司又投入数十亿美元升级核心基础设施，把光缆深度嵌入其网络，还采用CableLabs最新的压缩和频道绑定协议（CableLabs是一家由行业协会运营的研究机构）。到2018年年底，康卡斯特几乎能为美国的所有消费和企业客户提供 GB（吉字节）级网速。

康卡斯特开辟了 Internet Essentials（互联网基础）项目，以每月 9.95 美元的价格为低收入家庭提供接入服务。自 2011 年推出以来，该服务已经吸引了 600 多万个新家庭注册。意识到发展重点变化后，该公司于 2010 年将包含付费电视、上网服务和电话的捆绑服务更名为“Xfinity”。

但由于通信行业的禁锢价值缺口持续扩大，即便是相对较新的电话和上网业务，也在当前和未来面临着技术颠覆。2005 年，康卡斯特通过其有线电视基础设施，推出基于互联网的数字语音技术，颠覆了电话服务。而现在，随着高速移动设备以破纪录的速度普及，电话服务也在从固定的家庭服务转变成移动服务。

事实上，移动技术带来的威胁已经显现在康卡斯特的核心业务中。就连速度越来越快的家用宽带很快也可能遭到移动服务的挑战，因为下一代 5G 网络有望在速度和可靠性上挑战光纤。为了应对这一状况，康卡斯特采取了非常明智的做法。与 AT&T 和 Verizon 相比，缺乏蜂窝网络原本是一项劣势，但康卡斯特却明智地把它变成了优势：它用数以百万个家用 Wi-Fi 接入点组成全国性网络，供其所有的视频和上网用户使用。

最后，康卡斯特还未雨绸缪地对新兴业务大举投资。该公司的专利组合包含家居自动化和物联网领域的许多创新。尤其是它在

2017 年收购了 iControl Networks[①]，获得了跟家居安全和家居自动化有关的专利。

跟我们研究的许多价值释放者一样，康卡斯特也把公司风投部门作为一个平台，借此投资和获取各种处于发展初期的创新，因为这个阶段最有机会释放禁锢价值。

考虑到康卡斯特的运营规模，该公司也转而与其投资的企业展开强有力的合作。例如，为了优化每年近 15 亿美元的员工医疗开支，康卡斯特率先采用其投资的 Accolade 公司开发的服务。这家企业通过人工智能技术提供建议，帮助员工了解并充分利用自己的健康福利。

不过，康卡斯特风投（Comcast Ventures）的投资理念主要关注财务回报，因为它认为变现价值是战略价值的先行指标。该公司早期投资的一些企业都成功上市了，或者被其他公司收购了，包括电子签名初创公司 DocuSign 和梳洗产品供应商 Dollar Shave Club。它的投资范围很广，从网约车巨头 Lyft 到家居设计平台 Houzz，从团体通信和协作软件开发商 Slack 到邻里社交网络 Nextdoor，甚至包括 Vox（美国一家新闻网站）和 Cheddar（一个商业新闻网站）等新闻服务。

未来增长新思维

与我们研究的所有公司一样，没有人能保证康卡斯特最终成功。

① iControl Networks 是一家为家庭安全市场提供住宅和中小企业解决方案的软件和服务公司。——编者注

大爆炸式颠覆和挤压式颠覆都在肆虐该公司当前和未来的核心市场。但康卡斯特针对三个生命周期阶段，均衡了创新、资产和人力资本等方面的投资组合，因此无论市场是突然下滑还是缓慢萎缩，它都很有希望继续繁荣发展。

它是如何做到的呢？与埃森哲自己的明智转向一样，康卡斯特首先也必须避免前文提到的错误转向：比如改变华尔街预期，或把监管者当作关键客户对待，以及其他类似的管理措施。面对持续不断的颠覆，这种曾经的商业福音对康卡斯特来说却很危险，甚至有可能适得其反。

但七大错误转向并未涵盖所有应该摒弃的旧有思维。要想成功构建一个资产组合，还需要放弃更多传统的管理思维。

表 5.1 介绍了三种新型思维及其取代的旧有思维，每一种都对应业务组合的一个生命周期阶段。这反映了规划和执行方式的重大转变。这些新思维遵循制胜战略的逻辑，目标是缩小禁锢价值缺口，而不是在这方面进一步落后。

简而言之，企业必须提升核心能力，压榨成熟技术的最后一点利润（旧有业务）。必须加快在他人看来即将达到顶峰的业务的增速（现有业务）。最后，还必须同时拥抱新技术，开发创新的产品和服务，为快速的用户普及做好准备（新兴业务）。

遵循这些转型思维的做法，可引领企业创造新的核心，为复制这一流程做好准备。

表 5.1　未来增长的新思维

生命周期阶段	传统思维	转向思维	转向思维逻辑
旧有业务	退出成熟业务	通过创新提升其投资能力	采用技术之后，企业可以在旧有业务中新挖掘出更高的盈利能力
现有业务	榨取现金奶牛	追求卓越	企业的创新速度已经追不上科技转型的速度了，所以，积极投资成长型市场至关重要
新兴业务	进入新兴领域	扩张制胜	企业面临更多机会和不确定性，需要展开细致的创新和实验，还要具备扩张能力

我们的亲身经历表明，这些思维会彻底改变传统的战略和执行。但我们的研究也显示，多数企业领导者仍在通过线性方式管理自己的业务。尽管有些领导者已经明白颠覆效应迫在眉睫、接踵而至，却依然不能免俗。所以，请做好准备。对于早期商业范式训练出来的管理者来说，我们提出的这种思维似乎有违直觉。采取这种方式后，整个组织和关键的利益相关者都有可能面临巨大的文化冲击。

我们将利用本章剩余内容对这三种转型思维逐一展开细致解读。但现在，还是先回到康卡斯特的案例，看看它在不断推进的转型中是如何应用这些思维的。

1. 旧有业务。不要过早退出成熟业务。应该利用新技术展开再投资，从而释放被他人忽视的禁锢价值，然后利用由此获得的利润投资其他增长更快的领域。

曾几何时，失去特色的产品、服务和业务必然会被企业抛弃，要么关闭，要么出售。但有了快速增长的禁锢价值缺口，即便当某些业务接近生命周期的尾声，企业往往仍可以通过细致的创新应用为其赋予新生。

投资者和行业分析师认为，通用电气已经把 NBC 环球的陈旧技术和知识产权的全部潜力挖掘出来了。但康卡斯特却看到了不一样的东西：它看到了禁锢价值，并认为可以通过投资以及与其内容分销基础设施的整合释放这些价值。康卡斯特在该公司身上挖掘出未经加工的“钻石”，仅仅稍加打磨就能为其赋予新生。通过内容和产品授权、票房增长和焕发新生的主题公园，NBC 环球目前推动了母公司的营收增长。与此同时，康卡斯特还对机顶盒技术加倍下注，但其他付费电视提供商却纷纷转向新的技术架构。这些新架构不仅会淘汰有线电视机顶盒，还会消除数百万个机顶盒所产生的分销和维护成本。X1 平台大幅改进界面、声控和云端 DVR 服务，让用户不必从 TiVo 和其他公司购买价格高昂、功能匮乏的独立解决方案，从而为消费者释放禁锢价值。

通过把自己的硬件和软件置于前端，康卡斯特现在得以加入个性化广告业务，而且可以像亚马逊和网飞等市场新秀一样，利用分析技术来判断消费者想看哪些新节目，以及了解他们渴望的观看方式和观看设备。

2. 现有业务。不要一味地压榨现金奶牛，误以为它们的效率既无法提升，也不会下降，反而应该意识到，新技术可以创造新机会，这不仅能延长它们的生命周期，还能增加它们创造的营收和利润。

价值释放者并没有在核心业务发展中期降低投入，而是寻找各种机会来伸展S曲线，加速营收和利润的增长。

这显然就是康卡斯特对现有业务的投资模式。当发现付费电视业务的核心技术四面楚歌，面临严重而无可避免的技术威胁时，康卡斯特仍然继续投入资本和创新资源，向现有核心注入新技术来提升其核心竞争力。

例如，虽然年轻受众可能不愿订购传统频道套餐，但婴儿潮一代仍然很重视视频质量的提升、渠道选择的增多和用户界面的改进。为了吸引千禧一代，康卡斯特在其网络中融合了受到消费者追捧的视频流服务，针对仍然昂贵且相对不便的点播方案提供了替代选项。

康卡斯特预料到下一代无线技术有朝一日可能在速度、可靠性和移动性方面，对家用上网服务构成严重挑战，因而加快了基础设施投资，重建了GB级别的有线网络，遥遥领先于市场需求。通过Internet Essentials，该公司还在它覆盖的地域范围内大幅缩小了数字化差异，把未被充分代表的观点引入在线对话，并把该公司的产品和服务介绍给新的客户。

即使5G技术能实现宏伟的目标，无线网络也会更加依赖高速互联网骨干线路进行批量传输。所以，如果消费者未来果真从有线上网转向移动上网，包括移动运营商在内的商业客户，仍需使用康卡斯特新增的容量。无论如何，该公司对成熟核心的加速投资都可能取得成功。

3. 新兴业务。不应该针对新兴市场以及推动其发展的技术制定盲从战略，而应该积极尝试种类多样的未来选择，创造一个均衡的业务组合。只有这样，在危险来临时，企业才能尽快扩大规模。

传统思维认为，等到消费者开始拥抱颠覆性技术时，才需要挺进新兴业务。如果没有其他情况，现有企业到时就会认为，必须模仿颠覆者的商业计划推出一些产品。

但等到新兴市场迎来真正的客户时，现有企业再想进入可能为时已晚。如果尚未针对新兴业务开发一套产品组合供用户选择，单纯地效仿他人既无法吸引新用户，也无法创造新营收。更有可能的情况是，这只会加快旧有业务和现有业务的营收下滑和资产贬值。

如前文所述，康卡斯特投入了大笔资金展开风险投资，它主要对初创企业进行早期投资。这些企业采用的很多技术都能对该公司种类多样的业务和产品形成补充，包括入股下一代视频、互动体育应用、企业客户协作工具和社群建设数字服务。

该公司的内部创新包含家居安全和智能家居方面的专利。这都是基于康卡斯特与其客户家居之间丰富的数据渠道自然延伸开来的，使之更能追求超相关的高度定制化战略。

针对移动优先型用户，尤其是下一代用户，康卡斯特借助现有客户家中和办公室里的数百万个 Wi-Fi 接入点，创造了全世界最大的非蜂窝式无线网络。另外，通过与 Verizon 签订营销协议来捆绑集成式蜂窝服务，Xfinity Mobile① 还提供全国范围的移动服务，它只用

① Xfinity Mobile 是为人们现在使用手机的方式而建立的无线网络服务。——编者注

竞争对手很小的一部分成本，就有效地搭建了一个新的无线网络。

本章剩余内容将会在我们合作和研究的组织中，探寻更多采用新思维的案例。这部分内容将着重描写这些思维如何跨越各行各业，应用到或大或小、或老或新的企业身上，探寻禁锢价值缺口的上限，集中精力搜寻和释放更多利润。

不要过早抛弃旧有业务

为什么这么快退出旧有服务？

在分析了全球各地几百个企业案例后，我们发现了一种普遍的模式：当企业进入更具前景的新业务时，总会毫不留情地迅速脱离旧有业务和长期客户。这无可厚非。战略专家长期以来都在强调尽早退出旧业务的重要性。事实上，放弃成熟市场已经成为许多一流战略教科书的核心内容。

这还涉及个人层面，甚至心理层面的因素。企业领导者都希望自己创立的企业能保持更好的状态，这是人之常情，但这种心理却可能导致其提前放弃接近尾声但尚未真正到达尾声的产品和市场。换句话说，那些考虑自己遗产的首席执行官，更愿意把重点放在新兴业务上。当曾经成功的产品因为禁锢价值缺口的扩大，突然被更好、更便宜的方案替代时，这种情况尤为明显。

问题在于，这些更好、更便宜的方案，往往无法达到预期的扩张速度。长期客户或许并未放弃他们依赖的产品，因为这已经融入他们的日常生活。很多企业可能仍然要依靠成熟业务和老客户的信赖获取健康的营收，这个过程持续的时间或许远长于预期。

举个例子：网飞的领导者在 2011 年准确预测到，随着高速家庭上网服务逐渐普及，其曾经颇具颠覆性的 DVD 寄送业务将会消亡。所以，首席执行官里德·哈斯廷斯决定把公司一分为二，让旧有业务自力更生，同时分配最优秀的员工和最大笔的资金来开发前所未有的视频流服务。公司将旧有业务更名为 Qwikster，它需要被单独订阅，相当于将二者的合并费用涨价 60%。

哈斯廷斯的理念没错，但他判旧有业务死刑的速度太快。很多忠实用户仍然认为既方便又便宜的寄送服务很有价值，他们感觉遭到了背叛和疏远。投资者们也纷纷反对。在 Qwikster 推出之前，该公司的股价就缩水了 60%，订户也流失了 80 万人，这样的下滑多年未见。

网飞很快亡羊补牢——它明确表示不会停止改进旧有业务。“行动快和行动过快不是一回事，网飞多年以来在‘行动快’这件事上表现良好，但此事却属于行动过快。”哈斯廷斯在声明中坦陈。

Qwikster 的取消堪称及时。复苏这项业务为该公司争取了充裕的时间，使之可以从容应对导致视频流服务部署缓慢的技术和授权漏洞。结果显示，DVD 寄送业务仍然表现强劲。2017 年，这项寄送服务拥有 340 万个用户——其中很多都来自农村地区，他们使用的宽带服务不太可靠——年营收约为 4.5 亿美元。套用马克·吐温

（Mark Twain）的名言：关于“DVD 已死”的报道显然夸大其词。

这项收入不仅推动了视频流业务的投资，也为网飞的下一场重大转型提供了帮助，这一次是自制内容。与此同时，网飞的视频流服务目前拥有 1.25 亿订户，这表明这项新技术的确具备规模化效应，而网飞的早期投资也已收到成效。

与网飞一样，我们研究的价值释放者也学会了不要过早抛弃旧有业务，尽管有的时候这么做非常艰难。即便产品或服务失去特色，或者开始崩溃，明智的领导者也会抵制传统思维，继续投入财务和技术资源来延长这些业务的寿命，采用之前既不够成熟又不够划算的技术。

举例来说，因为新一代消费者力捧科技化微酿啤酒（即精酿啤酒），成人饮料巨头百威英博（Anheuser-Busch InBev）最近几年的量产啤酒销量开始下滑。

这种故事似乎已经耳熟能详：当市场新秀发现了之前无人知晓或遥不可及的重大禁锢价值后，一个长期稳定的行业就会遭遇挤压式颠覆。

尽管批量远小于量产啤酒，但手工精酿啤酒制造商却充分利用不断下降的技术成本来展开创新，借助最新的工厂自动化工具和学习算法等各种方式来改善配方，还利用物联网来追踪生产和销售。传感器负责测量和汇报关键变量，包括流速、压力、温度、重量和时间。有的精酿啤酒制造商甚至使用预测性分析来决定发酵过程的取样时机，以此提升产品的一致性，并减少不合格批次的数量。

1988 年，百威英博处于发展巅峰，当时美国每卖出 4 瓶啤酒就有 1 瓶印有红白相间的百威标志性商标。但在过去的四分之一个世纪，这个“啤酒之王”却发现自己的王位受到威胁——它不仅面临失去王冠明珠的风险，甚至连整个王国都有可能坍塌。

从全世界来看，随着量产啤酒相对于精酿啤酒的成本优势下降，其受欢迎程度也在逐渐降低。仅在美国，2012 年开张的小啤酒厂就超过 400 家，较前一年增加 17%。目前的总数超过 6 000 家。尽管啤酒消费总量下降了，但在全球许多市场，精酿啤酒的消费都在持续增加。

按照传统思维，百威英博可能会匆忙退出现有业务。但它并不愿接受失败，而是对核心产品、市场和品牌加倍下注。它摒弃了传统思维，没有缩小规模、关闭工厂，也没有剥离表现最糟糕的旧产品。

管理层转而集中精力在服务不周的市场释放禁锢价值，重启成本压缩。百威英博正向 GDP 不断增长且中产阶级持续壮大的国家和地区扩张，通过这一关键人群来提高大众啤酒的生产和消费效率。例如，百威在非洲使用当地农作物制作当地品牌的啤酒，并以吸引人的价格和健康的利润率进行销售。

在成本压缩方面，该公司的关键创新是采用零基预算法（ZBB），埃森哲之前也将此作为多年的转型基础。这个概念是由《哈佛商业评论》在 1970 年刊登的一篇文章提出的，作者是德州仪器公司（Texas Instruments）的会计彼得 · A. 派尔（Peter A. Pyhrr）。内容其实很简单，也很直观：不应该以上一年的预算为基础来调整新的预算，因为这必然会引发政治内斗，还会由此催生各种钻制度空子的行为，最终适得其反。相反，新财年的预算应该完全从零开始。

具体的开支必须根据它与整体战略的契合程度，针对每一个新的预算周期进行调整，还要展示它对预期盈利能力、营收增长或公司其他计划（例如可持续性）所做的贡献。

利用零基预算法，就能快速取消没有必要的成本，过程也完全透明。利用这种方法分配预算时，考虑的是现在的需求，而非去年的目标，这样就能释放资本，将其用于最有利于创新和增长的领域。在埃森哲，零基预算法并非一次性措施，而是形成了一套年度闭环成本管理流程。它帮助我们形成了有成本意识的文化，这样就能始终根据商业战略合理制定支出。

过去几年，我们与百威英博展开合作，利用我们从零基预算法中获得的经验，推动该公司向新兴业务转型。英博最早在 2004 年采用这种方法，随后几年将其用于北美、欧洲和亚洲的分公司。英博于 2008 年与美国的百威母公司安海斯 – 布希（Anheuser-Busch）合并组建百威英博后，压缩了高达 14 亿美元的成本，而零基预算法则在其中扮演了核心角色。

使用更为实际的预算方式压缩成本之后，该公司还利用旧有业务的营销和分销优势击败了新进入其市场的对手，从而大举投资扩张新兴产品业务。百威英博已经成为一家连环收购者，它在业务组合中增加了鹅岛（Goose Island）、Elysian、10 Barrel Brewing、

Golden Road 和 Blue Point 等受人欢迎的精酿啤酒品牌。该公司总共花费数亿美元收购了 21 家公司。虽然这些收购多数都瞄准了精酿啤酒，但该公司也在向周边饮料领域扩张，收购了专注于软饮料、苹果酒和不含酒精的饮料的初创企业。

每完成一项收购，它都会利用零基预算法消除重复成本，让更适合从事相关业务的中央企业职能来负责。任何与被收购的产品或服务没有直接关系的项目，例如旅行和费用、行政成本或设施，都被视作“非运作资金”，因而会在每个预算周期的开始阶段归零。

节约的资金以“运作资金”的形式重新投入该业务，它可用于任何能够为产品或客户带来直接价值的开支，例如购买媒介、推广或获取销售网点。运营业绩得到了切实改善。例如，百威英博在法国的高端品牌莱福（Leffe）就成为该国第二大热门品牌。

“我们把（零基预算法）当作一项投资。”百威英博首席采购官托尼·米利金（Tony Milikin）在为埃森哲战略录制的一段视频中说，“如果公司一天摄入 1 万卡路里，而它只需要 2 000 卡路里，那公司就会肥胖、懒惰、走形。”

由于采用新的创新思维刺激未来增长，百威英博预计通过 2016 年与 SABMiller[①] 总额 1 000 亿美元的合并额外节约 32 亿美元，这高于之前 23 亿美元的目标。这是一项严肃的健身计划。

① SABMiller 是世界上最大的啤酒公司之一，总部在英国伦敦。——编者注

不要一味压榨现金奶牛

我们刚才谈的第一项新转型思维着眼于如何释放旧有产品的隐含价值，而这些产品可能已经被竞争对手视作负债，希望尽快摆脱。第二项则着眼于我们业务组合中的现有业务：这是指目前销售状况良好的产品和服务，其底层技术虽然仍处于增长之中，但却有可能很快达到S曲线的平台部分。

但这是因为大家都假设曲线的形状不能改变，可是当新进入者使用新技术动摇成熟市场时，这种假设常常被颠覆。然而，现有企业如果尝试回击，往往会遭到客户的冷遇。即便现有企业经常采用与初创公司相同的数字化组件，而且与之瞄准同样的禁锢价值来源，也总会在每一次转型中落于下风。

例如，电子商务网站使用的技术并不具备太强的专有属性，但正如第一章所述，传统零售商试图在自己的领域挑战亚马逊时，往往都以失败告终。类似地，云支持的视频流和音乐流、应用及移动网络现在虽然已经全面普及，但现有的音乐视频内容制作企业提供的在线服务，却并未阻碍消费者快速采用声田和亚马逊 Prime Video（会员视频服务）等新进入者。

虽然康卡斯特和其他内容及分销领导企业也都挺进了流媒体领域，但它们无疑都在追赶网飞和其他企业，甚至在自制内容领域也是如此。但这却是现有企业的核心能力，这种核心能力经历过好莱坞革命和技术进步长达数十年的磨砺。

现有企业在新兴业务中的成功案例为何如此稀少？

我们的研究表明，答案在于企业如何对待现有业务。有太多的企业并没有利用现有的核心资产加快和扩大新兴市场的拓展力度，而是把这些资产当作现金奶牛，只知道一味压榨营收。

价值释放者则采用了不同的模式。它们并未把利润最高的产品、服务和技术当作过时的资产，也不认为其价值和寿命都是固定的，反而将当今的核心视作有生命的业务：如果采用理想的方式来刺激持续的创新和投资，便可推动其加快增长速度。它们没有接受传统 S 曲线的形状，而是重新绘制了这条曲线，把奶牛变成了更耀眼的明星，加快扩张速度，最终走出更为陡峭的曲线。

顾名思义，现金奶牛是指几乎能独立运营的产品和服务，不需要追加太多投资，也不需要展开多少创新，它便可贡献可靠的利润。从著名牙膏、麦片和苏打水品牌到人寿保险和纳税服务，类似的例子有很多。现金奶牛能够贡献稳定的营收，可以为新的系统、工厂和收购提供资助，还能在经济下滑期间助力表现疲软或仍在增长的业务。

这也就难怪当今的企业高管都会全力压榨现金奶牛，尽可能从它们身上赚取更多收入，却很少考虑这些业务的长期健康。

这种表述来自波士顿咨询公司（Boston Consulting Group）的产品组合矩阵，它最早发表于 1970 年。它建议对不同种类的产品采取不同的战略：瘦狗型（低增长、低市场份额的产品）、问题型（高增长、低市场份额的产品）、明星型（高增长、高市场份额的产品）和现金奶牛（低增长、高市场份额的产品）。

矩阵的作者认为，对待最后一种业务的原则很简单：尽可能榨取营收，但不要杀死奶牛。换句话说，应该关注效率，而且除了增量投资，应该拒绝增加可能拖累盈利能力的创新投资。

但禁锢价值缺口的扩大颠覆了这个“增长－份额矩阵”的逻辑。由于数字化技术和其他技术拥有强大的能力，产品可以在提升性能的同时，降低成本、缩小体积，因而打破了传统思维对产品的潜力和竞争力设定的前提假设，就连成熟产品也不例外。

只要能恰当地注入新技术，就很少有产品会被归入“低增长”行列。此外，新进入者喜欢关注不断扩大的禁锢价值缺口，这也表明当今的市场份额很高。换句话说，不能把现金奶牛视作理所当然，也不应该妄自菲薄地认为它无法焕发生机，或者无法克隆出更健康的小牛。这不仅意味着企业或许有机会以更快的速度从中获取更大利益，还表明，在明智转向中，这么做已经成为战略和竞争的必然。

几乎随便坐进纽约的一辆出租车，你就能明白我们的意思。在全世界多数城市，私营交通运输公司长期以来都要遵守严格的监管规定，限制上路运营的出租车数量及其收费标准。这些限制有时还很严重。

长期以来，有限的供给和无差异的价格扼杀了所有动力，导致交运企业或个人司机都不愿通过创新来突显自身服务的与众不同。久而久之，车辆、司机和用户体验的整体品质，都或多或少向着同质化滑落。车辆勉强达到上路标准，在可用性、舒适度、整洁度、安全性和礼仪礼貌等方面的下滑更为明显。自 20 世纪 40 年代以来，整个行业只接受过两项新技术，一项是信用卡读卡器，另一项则是循环播放地方新闻短片和广告的平板显示屏。

这个悲惨的现实导致客户的失望情绪被压抑了几十年。不过，巨大的监管和投资障碍导致新进入者也很难利用这种失望情绪，突然释放这种快速扩大的禁锢价值。

直到有一天，移动技术革命为数十亿消费者提供了 GPS 追踪、数字地图、消息服务和在线支付工具。随着移动设备的快速部署和进步，加之移动应用的全面爆发，现有交运企业的资本和监管优势才在一夜之间突然消失。优步、Lyft 和其他网约车服务将无处不在的支持 GPS 的手机与可扩展的云计算服务结合起来，提供比受监管的方案更好、更便宜的替代方案。

随着交运网络平台把乘客与非职业司机和私家车对接起来，传统出租车服务提供商纷纷陷入困境。仅在纽约，该市 13 587 辆出租车的整体价值均值，就从 2013 年创纪录的 130 万美元，骤降至 2017 年的 15 万美元。由此释放和转移的禁锢价值，被这些新服务及其司机和越来越多心怀感恩的乘客共享。

现金奶牛的奶凝固了。现有企业似乎至今没有找到方法来扭转这一趋势。

从出租车的例子可以看出，当进入门槛很高而消费者却没有什么办法表达（更别说要实现）自己的改进需求，从而释放大量禁锢价值时，人们的确很难抗拒对现金奶牛的榨取。

但大家必须抗拒这种诱惑，尤其是当现金奶牛生活在开放的领域时。在多数竞争性市场里——包括快速消费品、时装和电子市场——当今的竞争优势，甚至是已经主导市场的竞争优势，很少能延续太长时间，至少不会像人们想象得那么久。当今最热门的饮食趋势、服装品牌和智能手机机型，都只要经历一次颠覆就会过时。

换言之，即便是在已经饱和的市场，想要保持强大的竞争优势依然希望渺茫，尤其是当禁锢价值以及用于释放禁锢价值的技术，在悄然之间膨胀之际。

这正是早期的大批互联网公司带给我们的启示。它们不仅争相开发领先的网络浏览器，还都拥有看似不可阻挡的势头。

在硅谷的风险投资催生的疯狂的生态系统中，各种新的算法、界面、设备和商业模式层出不穷，网景被 IE[①] 超越，IE 又被火狐压制，而当用户从笔记本转移到手机和平板电脑时，火狐又落后于 Chrome[②] 和 Safari[③]。2017 年，Chrome 控制了几乎 50% 的浏览器市场，曾经占据 90% 以上份额的 IE 则仅剩 15% 的份额。

同样的一幕也在互联网搜索市场发生，“城头变幻大王旗”的戏码因为各种一边倒的战争而屡屡上演。多年以来，行业霸主不断更替，可谓你方唱罢我登场：AltaVista、Excite、Lycos、美国在线

---

① IE 是微软公司推出的一款网页浏览器。——编者注

② Chrome 是谷歌公司开发的一款网页浏览器。——编者注

③ Safari 是苹果计算机的操作系统 MAC OS 中的浏览器。——编者注

（AOL）、MSN 搜索、Ask Jeeves[1] 轮流坐庄，当然也少不了著名的雅虎。

这种局面一直持续到 1998 年年末，彼时，在美国加利福尼亚州帕洛阿尔托的车库里又诞生了一个搜索引擎。采用独特算法的谷歌搜索很快又推出了配套的 Google AdWords，这是一个出售相关广告的新颖拍卖平台。

二者的结合威力巨大。到 2002 年年底，谷歌迅速崛起为互联网搜索和广告服务的主导提供商，彼时恰逢网民数量大幅增加，高速上网服务广泛普及，而 2007 年推出的 iPhone 更是进一步加速了移动设备的普及速度。

如今，谷歌已经拥有空前的主导地位。它控制了多达 90% 的全球搜索市场，还是全世界最大的互联网广告平台。截至 2018 年，在规模达到 830 亿美元的美国数字广告市场中，它与脸书合计占据 63% 的份额。

尽管发达经济体的网民趋于饱和，但这一市场仍在快速增长。仅在 2017 年，该公司的广告营收就增长了近 25%，较 2016 年加快了 7%。2018 年年底，谷歌报告年营收超过 1 100 亿美元，市值超过 7 500 亿美元。

这绝对是现金奶牛！然而，谷歌从竞争对手的覆灭中吸取了教训，因此它从未把自己的市场地位或优势视作理所当然。甚至当母

① 这里提到的都是知名搜索引擎。——编者注

公司字母表（Alphabet）快速转向新的规模化产品及其所谓的“大赌注”时（从无人驾驶汽车到家居自动化，可谓包罗万象，甚至仍在不断扩容），搜索产品团队依然在对核心产品持续创新。团队的不懈努力，让人感觉每一天都可能是取悦用户的最后机会，否则就会失去每天在谷歌的帮助下进行 35 亿次搜索的这些用户。

虽然谷歌并没有单独公布每一款产品的成本，但它显然从未停止追求卓越。尽管也要面临各种真实或假想的新进入者，但谷歌更看重的还是超越自我。仅研发开支就从 2004 年的 2.26 亿美元，增长到如今的 160 亿美元以上。

即使不深入研究，也可以想象它的多数资金都被用来加快现有业务的增长速度。谷歌在不断地更新和改进核心算法，还会花钱聘请 10 000 名评估员进行测试。2017 年，谷歌进行了 31 584 次对比实验，据此对其核心搜索产品展开了 2 453 项独立调整。

除了纯文本搜索和广告，该公司还探索了各种创新和新技术，自始至终践行其明确的使命：“组织全球信息，使人人皆可访问并从中受益。”

仅在过去的 10 年里，谷歌就在其核心业务中增加了几项重大创新，包括自动补全、自动语言翻译、导航和交通、针对各种移动设备优化的版本，以及语音搜索和图片搜索。

对现有业务展开的持续创新，显然对谷歌的利润做出了贡献，也吓退了大批潜在竞争对手，它们不会再愚蠢地以为如今的这个市场领导者，会像之前的霸主一样轻易被人战胜。

或许与其他公司一样，谷歌的战略也体现了我们通过自身的经历和研究总结出的各种洞见。谷歌不光瞄准了禁锢价值缺口，还在努力扩大这种缺口，就好像它始终在挑战自己，挑战竞争对手，看看谁能填补这个缺口。

快速扩张新业务

用我们的新思维来管理旧有业务和现有业务，有助于组建一个能够创造营收和竞争自由的产品组合，从而专注于越来越不确定的未来：新兴业务。在改善核心业务的同时扩大它的规模，可以保护市场份额，还能增加营收，而且可以借助这些营收重新投资风险较高的技术和创新，助企业完成明智转向。

在创建业务组合时，面向未来展开投资似乎是理所当然的。如前所述，扩大禁锢价值缺口的技术不会区分行业。无论公司从事软件、商用飞机，还是通用化学品业务，遭遇大爆炸式颠覆或挤压式颠覆的概率都在增加。

事实上，在第一波数字颠覆浪潮中几乎独善其身的行业，现在反而最有可能遭到创造性颠覆，而这种颠覆无论是在程度还是在速度上都是最出乎意料的。随便问一个出租车司机、音乐制作人、相机制造商、报纸出版商、旅行社或零售店主，都能明白个中缘由。

但旧习难改，而明智转向有的时候面临的最大挑战在于，不能单纯推动未来导向的投资，还应该具体推动能够快速扩张成新业务的投资。毕竟，成熟行业的管理者面临的评估标准，在于他们能否保持现状，推动持续改进，让革命分子被隔绝在外。

接受颠覆性思维需要时间，有的时候，先要承认转型是痛苦的，甚至连积极的转型也不例外。埃森哲或许很愿意持续改进我们的核心咨询、技术和外包业务，以明显可控的步伐增长。但当新进入者使用新技术威胁我们时，即便我们要为此付出艰辛的努力，转型也在所难免。

启动转型后，我们找到了许多方法来复兴较旧的服务，做大了我们原以为寿命短暂的很多较新的业务，而最重要的是利用我们的核心资产发展转型之前从没想过的全新业务。

所以，通过自己的亲身经历以及我们服务和研究的客户案例，我们得出这样的经验：向新兴业务转型并非易事，要出奇制胜更是难上加难。但我们也深知此事势在必行。

好的开头是成功的一半。我们所研究的价值释放者都具备一项特质，那就是它们从一开始就能很好地把转型划定在新兴业务的范围内。

根据我们自身的经验，关键是从真实评价竞争优势、核心价值和品牌差异元素入手。将这种共识作为支点，接下来公司就要着眼于各种以公司业务、行业和客户为目标的新技术，关注其中最有可能在禁锢价值缺口中扩大风险和机会的技术。然后提出两个问题：在这些慢慢逼近的颠覆者中，有哪些让公司最有机会构建各种产品和服务，并快速扩大规模，使其最终成为有利可图的新业务？通过可能由市场实验、内生性增长、再培训、初创公司投资、收购组成的投资组合，你将如何测试和验证自己的转型?

制定完计划之后，快速执行的能力对成功转向新兴业务来说同样非常重要。如果企业能够尽早对颠覆自身行业的新技术展开广泛而明智的投资，即便是当未来以超出预期的速度变成现实时（这种情况经常发生），它也能推出新的产品和服务。

你还需要尽力获取各种优势。原因在于，由于消费者可以通过社交网络和其他数字工具获得近乎完美的市场信息，加之网络化和平台化业务的面市速度日渐加快，能够获得先发优势的企业越来越少。但是，只要能在正确的时间和正确的地方提供正确的产品，而且能比竞争对手的速度更快，或许就足够了，这样就能确保获得我们所谓的“主发优势”（major mover advantage）。

无论是最新的智能手机游戏、广受追捧的电视节目，还是抢手的平板显示器，易于获取主发优势的市场往往很短命，而且一次成功无法确保下一次继续成功。但这显然很有帮助。例如，美国航空业在 1978 年明确取消管制时曾经给市场带来剧烈震动，至今余波未平。面临新的竞争对手和竞争方式，Braniff（布兰尼夫国际航空公司）、Eastern（美国东方航空）和 TWA（环球航空公司）等大牌航空公司纷纷溃败，被初创公司中的市场领导者取代，例如 People Express（美国人民捷运航空公司）这样的低价航空探索者。

People Express 后来也被更具创新意识的航空公司超越，后者利用实惠的机票、更便利的行程安排和更强大的操作规程释放了更多禁锢价值。

其余的现有航空公司行动迟缓。面对新竞争形势、油价飙升及不可预知的全球经济和政治冲击，它们纷纷破产，也有一些在破产边缘苦苦挣扎。在此过程中，多数企业只知道一味模仿市场新秀的创新，但却未能解决令其丧失竞争力的底层结构和文化问题。

例如，21 世纪初，有的现有航空公司在传统高价航空服务，及其复杂的票价、服务等级和收益结构之外，推出了低价经济型航班供用户选择。

问题在于，新成立的子公司只是认可了创新，但却热情不足，而且它从一开始就存在致命的妥协。首先，它使用的工会员工、设备和其他基础设施都与传统业务相同，但从理论上讲，这些传统业务恰恰是它的挑战对象。子公司还继承了现有企业希望克服的所有运营和成本劣势，但却不具备任何一项可以胜过折扣航空公司的潜力。

这些现有企业向新兴业务的转型不仅时机过晚，而且从一开始就注定失败。它们的经济型品牌根本无法实现规模经济——事实上，越是成功，亏损反而越大。类似的项目大多数都在短期内被取消了。

丰田向混合动力汽车的成功转型，与之形成了鲜明的对比。尽管丰田的消费者在技术和文化转型方面存在不确定性，但这家日本车企还是放弃了历来保守的产品创新方法，在 20 世纪 90 年代初大举投资电池技术。而美国的竞争对手当时都对此嗤之以鼻，认为这项业务必然亏损。

丰田投入逾 10 亿美元开发了首款混动汽车普锐斯，并在 1997 年将其推向市场时，通过压缩利润率的方式来确保其尽快扩大规模。到 2001 年，丰田的混动汽车业务已经扭亏为盈。不到 10 年，丰田每卖出一辆混动汽车，都能盈利约 3 100 美元，这与传统内燃机车的利润率相仿。

截至 2017 年，丰田共出售 430 万辆混动汽车，成为全球唯一一家通过这项技术盈利的企业。把插电式混动汽车计算在内，丰田在所有电动汽车销量中占据近三分之二的比例，它还计划到 2025 年针对所有车型推出纯电动版本。

与此同时，丰田的竞争对手却纷纷开始追赶。一直到 2004 年，通用汽车（GM）副董事长鲍勃·卢茨（Bob Lutz）还把混动汽车称作“有趣的好奇心”。但当油价在第二年飙涨时，卢茨承认通用汽车错过了向新兴业务扩张的最佳时机。“普锐斯大获成功，”他在接受采访时说，“这促使我们彻底反思。”

扩张制胜也成为能源行业一些现有企业的强大发展战略，这同样是一个经历重大颠覆的监管行业。包括消费者自有的风能、太阳能和燃料电池技术在内，各种可再生能源的兴起对各大发达经济体的传统能源价格构成了压力。复杂的电网也被迫重构，这类基础设施以往一直都假设，电力只会从电厂向用户单向传输。

电力业务正在变化，以更可持续的方式为消费者和整个社会释放禁锢价值。长期以来，电力企业都被视作能够带来可靠回报的保守投资。但电力企业为了应对这种趋势，使出浑身解数，有的主动分拆，有的抱团拖延，还有的干脆退出。也有一些企业利用仍然可行的核心业务来促进新业务的发展，希望在能源管理和电动汽车基础设施等新兴领域快速扩大规模。

意大利最大的能源企业 Enel 就在寻找各种方式，希望把可再生能源从竞争来源变成新的利润来源。作为其明智转向的一部分，Enel 出售或放弃了一些自认为不再具有战略价值的资产，利用借此收入和节约的 50 多亿美元，针对全部三个生命周期阶段展开投资。

例如，通过在其整个网络中部署光缆，Enel 在旧有业务中充分利用不动产、破路权和分销基础设施，计划启动一项名为 Open Fiber 的批发式上网业务。

Enel 也在通过投资对其传统能源业务（现有业务）进行技术改造。该公司已经针对三分之二的客户关系实行了数字化，在整个意大利安装智能电表，并且开始将其推向其他欧洲市场，以此提高电费计量和其他业务的效率。更重要的是，与 Enel 的 6 500 万用户之间的双向数据联系，可以追踪客户的自有发电容量（包括太阳能板和电池）为电网做出的反向贡献。Enel 实际上是在开发一套智能电网。

数据管道也将在新兴业务中扮演主角，因为 Enel 投资了智能家居和智能建筑能源管理应用，把其中的每一台耗电设备都接入物联网。这样就能为用户提供更多控制权，还能给 Enel 提供最新的使用信息，这特别有助于管理插电式电动汽车的电力需求。Enel 也对此展开大举投资，在整个意大利安装充电设施。

为了筹备同步推进的转型，Enel 首先将所有的数据处理活动迁入 AWS。该公司弃用了大约 10 000 台服务器，还计划在 2018 年关闭最后一个数据中心。转向云端已经为现有业务节约了大量成本，包括电力和存储成本。它还极大地加快了数据处理能力的增减速度，原本在 Enel 的自有数据中心里需要三四个星期，如今在 AWS 则只需要两天。

随着客户的接入和 IT 虚拟化的推进，Enel 已经准备好向新兴业务加速转型。它采取的措施包括收购多家能源管理初创公司，把它们合并成一个名为 Enel X 的新业务部门。Enel X 负责运营 Enel 的所有新业务，包括智能家居解决方案、光纤照明、信号和安全、智慧城市服务、电动出行和独立的“离网”配电解决方案（例如带有蓄电池的太阳能系统）。

Enel 收购的公司中有一家名叫 EnerNOC，它是全美最大的“需求响应”解决方案提供商。通过这种服务，机构电力用户只要同意在高峰期减少用电量，便可享受较低的费率。EnerNOC 代表生产者与消费者展开谈判，为医院、工厂和小公楼提供软件，在不影响常规运营的情况下改进能源成本管理方式。

通过这些智能电网收集和分析信息后，大量的禁锢价值可被释放，供行业参与者及其客户共享，具体的释放方式包括动态定价、更好地结合非可再生能源与可再生能源、减少偷电行为，还能改进电厂和用电设备等各种设计。Enel 也计划在美国之外的市场部署 EnerNOC 的软件。

这些项目表明 Enel 拥抱了七大制胜战略中的好几项，转向以科技、数据和网络作为发展驱动力。Enel 首席执行官弗朗西斯科·斯塔雷斯（Francesco Starace）说："我们现在的效率更高、可持续性更强，因此有能力从进化中获得价值，也可以在涉及整个能源行业的巨变中抓住每一个机遇。"

均衡和专注

Enel 的转型突显出一个问题：我们的三大新思维不能各自为政，而应该协调部署，创造出能够均衡各个生命周期阶段的业务组合。如果缺乏明智的投资计划来扩大新兴业务规模，那就无益于释放资本和提升旧有业务营收。类似地，在不断追求卓越的过程中，如果缺乏必要的资本，也就意味着负债过多，这正是干扰转型的七大错误弯路中的一条。

在明智转向过程中，除了为每一次转向制定整体的战略愿景，还需要融入均衡和专注两大元素。要想更好地理解这些，那就来看看同时在这两方面表现优异的价值释放者。

1. 均衡。均衡的业务组合必须在生命周期的三个阶段之间，理性而明智地分配投资。大多数投资和创新决策仍然需要管理者直接负责，这是常见的公司治理结构，但或许需要让高管团队或者董事会的投资委员会来定期评估业务组合，从而确保不同阶段之间的相对资源分配保持合理。如有必要，也可重置。

再来回想一下科技巨头谷歌的母公司字母表。之前说过，谷歌是转型思维的杰出代表。尽管没有面临激烈的竞争，它依然对核心搜索和广告产品展开大举投资。与此同时，谷歌还在不断地关注禁锢价值缺口，利用现有核心业务产生的利润寻找新兴业务，推动未来项目发展。

在现有业务中，字母表还实施收入来源多元化的策略。它的其他业务——例如云计算、硬件（智能音箱、智能手机和 Nest 智能恒温器等物联网产品）、Google Play① 商店里的应用和 YouTube Red 订阅服务——在谷歌总营收中的占比越来越多，在 2017 年已经超过 10%。但谷歌相信，这些创新仍未释放全部潜力。

在新兴业务中，字母表的多数投机业务都被归入“其他赌注”，这几乎囊括了该公司旗下除了谷歌的所有部门。该公司投入了约 7% 的年营收来发展这些项目，包括 Waymo 自动驾驶部门和 X 科技实验室，后者负责高空气球宽带上网和 Project Wing 无人机送货等多个项目。

其他赌注还包括 Access，它的前身是谷歌光纤，它之前已经把超高速家庭上网服务部署到一小部分城市，但后来收缩了未来的扩张计划。该公司对外部初创公司的巨额投资也被归入“其他赌注”。它的企业风险投资部门 GV 管理着一个投资组合，围绕生命科学、农业、机器人和其他领域开发各种新兴技术。

在字母表这个均衡的业务组合中，其他赌注中的每一项业务都

---

① Google Play 是谷歌为安卓设备开发的在线应用程序商店。——编者注

希望达到财务独立的目标。每项业务都有自己的首席执行官，字母表的高管团队还会为其分别设定预算和创收目标，制定明确的盈利道路。更重要的是，在三个生命周期的所有阶段，每一项投资都与公司的核心产品和长远使命紧密相连，致力于收集和组织全球信息，使人人皆可访问。

当然，其中一些“其他赌注”并未成功，由此产生了高昂的代价。但字母表制定了一套流程，最大限度地降低了风险和损失。高管会定期评估每一项投资，根据技术及其相应的商业模式的实际表现加快或放慢发展速度。例如，谷歌云以及该公司收购的 Waze 驾驶导航应用都表现优异，并快速扩大了规模。但遭遇出师不利之后，谷歌光纤缩减规模，谷歌眼镜返回实验室重新开发，而失败的社交网络平台 Google+ 则被直接取消。

我们的亲身转型经历表明，要在三个维度上都保持均衡创新，是极具挑战的事情。我们自己在预算方面也有许多与字母表相同的属性和挑战。例如，我们曾经只会根据目前和未来的预期营收发放少量预算，但后来却彻底改变了这种做法。我们现在会制定明确的战略优先级，向最符合这些优先级的项目分配大量创新资金，但也不会无限供给。

埃森哲和字母表都采用自上而下和自下而上的创新方法。这意味着管理层虽然负责制定规则，但员工可以获得相当大的自由来推荐和开发新项目。谷歌仍处于初创期时，甚至鼓励员工每周抽出一天时间从事自己的项目，这项投资收获颇丰，由此孕育出一些具备规模化效益的新产品。Gmail[①] 和 AdSense[②] 都是谷歌后来10年的核心项目，它们最初都是员工自主开发的。

但字母表的每一个赌注都必须反哺核心业务，还要帮助其发展成为新兴业务中的规模化产品。字母表的业务都是围绕信息收集、分析和管理来组织的，它也高度专注于这些领域。它利用七大制胜战略中的每一个战略，从越发复杂的信息来源中有效地寻找和释放禁锢价值。正是因为秉承这种理念，因此无论在什么时候，谷歌更引人关注的并不是产品和服务，而是它不断调整的创新引擎。

与字母表相比，其他公司的转型项目可能没有那么剧烈，投资风险偏好也没有那么高，但字母表在组织、投资和评估业务组合的过程中采用的均衡方法却值得每一家公司学习。

2. 专注。创新、投资和人力资本之间的均衡组合，是成功实施明智转向的必要条件。然而，这还不足以确保公司能成功地从旧核心过渡到具备规模化潜力的新核心。没有计划的投资就像蒙着眼睛掷飞镖——或许可以击中目标，但只能听天由命。如果缺乏对未来目标的愿景，以及实现这番愿景的战略，任何业务组合都是不完整的。

简而言之，领导者需要专注。这种专注需要对现有业务和用于服务客户的核心技术进行客观评估。虽然我们的第一项转型思维反对不假思索地退出即将过时的旧有业务，但这并不是说任何时候都不能退出。如果公司落实了明智转向方法，等到时机成熟时，公司

① Gmail 是谷歌的免费网络邮件服务。——编者注

② AdSense 是谷歌公司推出的针对网站主的互联网广告服务。——编者注

已经转换为新核心的概率将被充分放大——等到那个时候，公司所在的行业几乎肯定已经被大爆炸式颠覆或挤压式颠覆改造。而这家公司届时不只是在开展实验，还会拥有实实在在的业务。

埃森哲的专注主要是通过实施一系列战略愿景来实现的。如第四章所述，我们的“愿景 2020”项目具备所有的典型战略元素，包括针对增长制定野心勃勃的延伸目标。更重要的是，它还以形象化的方式，体现出我们明智转向最终实现的数字化未来。遵循转型思维，读者就能恰到好处地安排 S 曲线之间的转换时机。

再来看另一个例子。我们在引言中提到过，皇家飞利浦的经历证明，即便已经一个多世纪没有进行转型——在这段时间内始终主导旧有市场——它依然可以知道转型的时间和方式。

2006 年，皇家飞利浦启动大胆的战略，撤销了白炽灯照明业务，这条盈利能力极高的产品线是它于 19 世纪发明的。这种战略转型力度并不算小。这是一种彻底的再创造，需要具备真正的洞见、勇气和智慧，才能知道毁灭性颠覆已经近在眼前，势不可挡。

这个案例中的新兴技术是 LED。自 20 世纪 60 年代以来，LED 技术的效果和价格都在沿着指数级路径改进，与数字革命平行推进。LED 甚至还有自己的“摩尔定律”，即“海兹定律”，这条定律预计 LED 提供的单位照明成本每十年就会下降为原来的十分之一。

与此同时，给定波长下的每个 LED 的亮度将提升 20 倍。另外，LED 是可编程产品，因而可以作为新兴物联网的一部分实时改变颜色和亮度。

海兹定律让皇家飞利浦相信，LED 有朝一日会比白炽灯更划算，后一种技术自从第一次世界大战以来就几乎没有变化。除此之外，LED 还有益环保。白炽灯的效率极低，它在发光的同时会释放更多的热量，多数能源都被浪费了。此外，制造白炽灯还要使用危险的污染物，因而增加了废物处理的成本和风险。

对消费者来说，早期 LED 的糟糕性能可能被新技术持续释放的潜力克服了，因而在社会层面释放了禁锢价值。仅在欧洲，消费者一年就要更换 20 亿个灯泡。LED 节约的能源成本超过 90 亿美元，还减少了 2 000 万吨温室气体排放。

这为近在咫尺的颠覆提供了充足的理由。虽然可能要比海兹定律的预测多花 10 年或 20 年，但皇家飞利浦意识到，在可预见的未来，LED 会尽快在消费者看重的所有维度上超越白炽灯。这头现金奶牛会停止产奶。

十几年后的今天，这似乎很容易理解，此时的多数政府（在一定程度上源自皇家飞利浦的呼吁）都强制淘汰白炽灯产品，而包括皇家飞利浦自家的 LED 产品线“秀”在内，智能照明的优势都已越发明显。但直到 2009 年，飞利浦照明还在该公司 260 多亿美元的营收中占据 30%。其中多数都来自白炽灯泡的销售，这为其贡献了 3.96 亿美元的利润。

结果，当皇家飞利浦于 2006 年宣布放弃白炽灯技术，还呼吁竞争对手采取同样的措施时，这在市场上引起了轩然大波。该公司在这场艰难的转型中始终保持专注。它还在对 LED 的生产和应用进行创新时，便将核心制造和分销资产悉数出售。皇家飞利浦还在新兴LED生态系统中收购了几家规模较小的企业，包括2007年斥资43亿美元收购一家顶尖的美国下一代照明器材制造商。

在把LED业务的规模扩大到近70亿美元之后，皇家飞利浦又加速退出旧核心，在2016年将它的新照明业务并入飞利浦照明。它在这家公司的持股比例自此之后降至30%以下。[飞利浦照明现在更名为昕诺飞（Signify）。]

医疗行业新核心的并行扩张，是皇家飞利浦转型的重要组成部分。到2017年，该公司有四分之三的营收来自诊断和治疗设备，以及规模较小的物联网护理和健康信息业务。皇家飞利浦目前的多数盈利都来自高端医疗设备，包括磁共振扫描仪。

皇家飞利浦的新重点要求其认真把握退出照明这项旧核心业务的时机。然而，该公司由于深谋远虑，很早就采用了均衡的组合战略，因而几乎依靠自己的力量落实了转型，这迫使其他白炽灯制造商必须按照皇家飞利浦的节奏发展。

该公司已经向较新的市场释放了强大的创新文化。例如，我们在2014年就与它合作开发了一种突破性技术，为患有肌萎缩侧索硬化症（ALS）的患者提供更大的自主性。ALS的患病人数超过40万，这种疾病会破坏大脑和脊髓神经，逐步令病人丧失自主的肌肉活动。

在原型中，一个可穿戴显示器和用于扫描脑电波的Emotiv Insight Brainware设备与平板电脑相连。用户可以发出脑电波指令来控制产品，包括飞利浦Lifeline医疗警报服务、飞利浦智能电视和

“秀”个人无线照明。

借助平板电脑，具备相应能力的患者也可以用眼球运动和语音指令来控制这些产品。在这两种情况下，病人都可以发出预先设置的消息、请求医疗援助、控制电视机和照明。

埃森哲位于美国加利福尼亚州圣何塞的技术实验室，与荷兰的飞利浦数字加速器实验室（Digital Accelerator Lab）合作开发了配套的软件，与 Emotiv Insight Brainware 和可穿戴显示器进行交互。我们的设计咨询业务 Fjord 则负责开发用户界面。

这个例子表明，探寻禁锢价值往往会将企业引向激进的方向，去面对既不能推迟，也无法预测的未来挑战。

转型在所难免。问题在于企业是会从容应对还是会迅速失控，前者要在三个生命周期阶段之间均衡分配资产和投资，后者虽然看似做了一些事情，但新兴业务却乏善可陈。

明智转向的本质在于成功地转向新兴业务，而且每次都能实现。亲身经历这个过程后，我们很确定的是，这需要耐心、意志力和决心。

在此过程中，企业需要依赖和改造三种核心资产：创新能力、财务纪律，以及员工和利益相关者的人力资本。它们共同构成了公司的历史、文化和潜力的精华。以下三章将会详细分析这三种资源，展示埃森哲以及我们服务的客户和研究的企业是如何学会围绕其中的每一项实施转型的。

第三部分
优化核心资产

第六章　创新转向：集中、控制和抱负

本章和后面两章将详细探索一个问题：当企业开始从旧核心转向新核心时，如何按照自己的需要组建和保持资产及资源组合。本章将探索企业内部专门从事创新的部分——研究和开发、孵化和实验、风投和收购。

要管理创新转向及后续的财务和人才转向，企业就需要评估和调整三组关键决策。可以把这些调整看成控制手段，它们决定了战略的形式、速度和轨迹——而战略是业务组合转型过程中所围绕的支点。（参见表 6.1）

例如，企业的创新方式或多或少都会采取一些集中化措施，高管会在一定程度上监督创新方式，而采用的投资模式则会明确企业能接受的风险水平。无论是哪种情况，领导层都要首先了解目前的工具设置，然后判断现在是否适合展开小规模甚至大规模调整。制定决策时需要考虑很多因素，包括行业面临的颠覆程度，以及新技术能在多大程度上释放禁锢价值。

表 6.1 明智转向的 9 个工具

创新	财务	人才
集中 集中化 vs 分散化	固定资产 自有 vs 即付即用	领导力 经营者 vs 企业家
控制 指导 vs 自主	营运资本 预先制定 vs 随时调整	工作 人工 vs 机器
抱负 渐进式 vs 颠覆式	人力资本 调整技能 vs 改变方向	文化 一种文化 vs 多种文化的统一文化

但无论决策是什么，在推进明智转向时，都必须通过正式的流程设置和调整这些工具。对某些组织来说，规则可能已被制定，而且有明确的时间表和管理流程来逐一评估这 9 个工具。

但我们的研究发现，很多公司目前的设置都不明确，而且已经几年甚至几十年没有进行过评估或调整了。在成熟行业，产品和价格基本都已趋同或者受到监管，每个竞争对手都拥有相同或高度相似的战略，因此战略工具的设置也几乎相同。

然而，就连最成熟的行业也会因为大爆炸式颠覆或挤压式颠覆而重构，所以明智转向至少要对部分工具进行调整，还要更加频繁地评估现有设置与业务组合的匹配程度。这不会一帆风顺，但这也恰恰是真正的挑战所在，而且对于我们研究的价值释放者来说，这也是真正能创造未来增长的所在。

企业会在什么时候，通过何种方式进行调整？在回答这个问题之前，先来看看一家顶尖食品和饮料公司的创新方法。它所处的市场在经历了长达数十年的相对稳定的状态后，突然开始发生变化。我们还会回顾这家公司的领导层如何拥抱新兴业务，在提升自己公司健康程度的同时，也为数百万的消费者送去健康。

百事：如何应对健康需求

百事公司（PepsiCo）是食品和饮料行业的国际巨头，在旗下众多品牌中，有 20 个品牌的年零售额超过 10 亿美元。消费者每天购买的百事产品达到 10 亿件。

但经历了超过百年的持续增长和频繁的收购扩张后，到2010年，时任首席执行官的卢英德（Indra Nooyi）发现很多迹象表明未来的颠覆在逐渐成形。

美国人当时开始崇尚更加健康的生活方式，美国第一夫人米歇尔·奥巴马（Michelle Obama）引领的减肥运动也推波助澜，令身为百事公司核心产品的苏打饮料和方便零食销量承压。卢英德本人也积极参与了这项运动，她因此意识到此次消费者偏好的转变并非一时兴起。于是，她决定与时俱进，大幅调整公司业务。

最简单的方法就是顺应新需求，推出新产品。百事公司在这方面满怀热情。接下来的几年，该公司针对很多现有产品推出了更健康的版本，还加速收购了注重健康的新兴企业，包括蔬菜零食生产商 Bare Foods Co.、益生菌饮料生产商 KeVita 和以色列家用碳化系统公司 SodaStream。

但从长远来看，这还远远不够。于是，该公司启动了明智转向。

百事研发中心位于纽约州瓦尔哈拉，那里一直以来的重点都是对配方、生产和包装展开渐进式改进。研发资源和投资在公司内部铺得很广。多数品牌都会自主创新，工程师和研究员几乎各自为政。

公司可以通过很多有价值的措施来强化和拓展历史悠久的核心产品，但却难以展开颠覆性转型。百事公司的创新战略没有给卢英德的新核心留下太多发展资源。她的新核心以更健康的产品为基础，还要快速响应食品行业日新月异的趋势、配方，以及包装和配送技术。

所以，卢英德不仅着手调整百事的创新方式，还对整个公司的文化开刀。她彻底打破了原先基于品牌的分类方式，转而按照具体影响把所有产品重新分成三大基础类别："趣味型"［方便零食，包括乐事薯片、Doritos（立体脆）、Fritos（芙乐多）、Cheetos（奇多），以及百事可乐和激浪］、"健康型"（节食版或低脂版零食和苏打水）、"有益型"［注重健康的品牌，例如 Quaker Oats（桂格燕麦）］。

开展广泛重组时，卢英德扩大了新设立的首席科学家和首席设计师的职责，让他们负责开发更多日常营养产品（包括水、无糖茶饮，以及谷物、水果、蔬菜或蛋白质等营养物质），还包括新的零负担饮品（每 12 盎司[①] 包含的热量少于 70 卡路里）以及低钠和低饱和脂肪酸食品。这虽然只是开始，但却意义重大。“我知道这个过程漫长而艰巨，其中也肯定布满陷阱。”卢英德后来在接受“魔鬼经济学”（Freakonomics）播客采访时坦陈，“因为不光要有改变产品组合的意愿，还必须协调整个公司的创新、营销、执行和预算部门，共同顺应市场需求，此后还必须改变公司的文化。”

随着百事的科学家和设计师各就各位，卢英德也开始着手争取另外两个重要群体的支持：员工和股东。虽然这两个群体也会跟卢英德看到相同的趋势，但要带领百事这种规模和发展势头的组织转向新的创新方法，就需要首席执行官定期采取明确的强化措施。

用卢英德自己的话说，“在（为员工）描绘未来时，应该动之以情”。如果他们自己的餐饮习惯都在改变，他们怎么会想不到其他人也在改变呢？一旦员工意识到自己是整个社会趋势的一部分，百事的创新文化就会开始转变。

此外还有华尔街。卢英德必须认真地引导公司的分析师，还要定期向其保证，对新品研发的投资增加不会拖慢旧有业务的增长——这些分析师都是衡量和分析旧有业务的专家。

也就是说，至少在新核心没有成为重要的收入来源和加速创新的引擎，甚至带来持续性更强的未来利润之前，这种情况不会发生。

百事的转型计划扩大了。研发开支达到原先的三倍，而为了支

① 1 盎司为 29.57 毫升。——编者注

撑这项计划，百事每年都会通过部署自动化技术和关闭工厂，在现有业务上压缩约 10 亿美元的成本。事实上，其中一些工厂本身也需要创新和投资。

该公司的创新资产和资源变得更加集中，它们在各条产品线之间也更加协调。2018 年，百事开设了内部技术孵化器 The Hive，它专注于培养和加速初创企业和新兴品牌的发展。The Hive 培育了 Maker Oats（生产燕麦的小品牌）和 Stubborn Soda（生产苏打水的小品牌）等品牌，它们原本是无法在这个庞大的组织内部引起关注的。它还根据消费者对海藻汁和椰子汁等新配方快速变化的兴趣，尝试推出了许多新品牌。

这些活动还与百事风投集团（PepsiCo Ventures Group）的创投交易更加紧密地结合起来（百事风投集团是百事公司旗下的风险投资基金）。该基金的战略是寻找已经被市场加速接受的企业，并且它们的新兴品牌还要符合百事的“目的性绩效”（performance with purpose）。

为了推动公司向新兴业务加速转型，百事首席科学家（他本身是一位受过专业训练的内分泌学家）开始从生命科学、生物科技、能源、制药、汽车和美妆行业招募创新人才，引入新的学科和思维方式。

为了进一步推动百事在组织边界之外探索前沿技术，该公司在 2018 年年末启动了一个名为“营养温室”（Nutrition Greenhouse）的外部加速器，为 10 家初创公司提供奖励。

百事为每家公司提供 2 万美元奖金，还会为其配备一名来自百事的导师。在为期 6 个月的新业务加速项目结束时，最有前景的公司还将额外获得 10 万美元的奖励，以扩大与百事公司的合作。

最后，卢英德针对未来的创新设定了新的风险和回报预期。卢英德鼓励所有员工通过深入理解消费者的期望和意愿开展创新，赶在消费者尚未意识到之前，找到他们未获满足或隐而未现的需求。百事公司现在需要预测、激发、主动发起转型。除了生产制造产品本身，它还需要更多的想象力。

这种抱负彻底打破了瓦尔哈拉的平衡。“百事开展的开发工作多于研究工作。”卢英德直言道，“我们可以拓展产品风味，偶尔还会收购和研发新品，但我们不太擅长重要的创新，或者重要的包装变换，也不太擅长研发可以用于多种产品的重要配方。”

创新三大工具

百事面临着严峻的颠覆性挑战。世界各地的消费者都在社会层面发现了大量禁锢价值：他们不仅希望延年益寿，还渴望提高生活健康程度。百事能否帮助他们释放这种禁锢价值？卢英德决定尝试一下。

她在大举改革百事公司的过程中，采用了七大制胜战略中的许多项。例如，她重新平衡了包含各种研发项目的创新组合，把该公司转型为以科技和网络为驱动力。在接受全球范围内兴起的健康意识后，百事公司的品牌不再单纯地与快餐关联，而是变得与市场趋势高度相关，而且极具包容性。百事还加大了创新力度，在新的领域展开招募，由此获得了更加丰富的人才储备。

百事的转型成功了吗？目前为止的迹象都很积极。2010—2017年，尽管碳酸饮料的营收在下滑，但百事的总销售额还是增加了逾50亿美元，市值翻了一番，市场份额也基本得以保持。

在卢英德担任首席执行官的最后一年，该公司持续跑赢传统竞争对手。尽管百事的市场销售份额不到10%，但它却推动了整个食品和饮料零售行业18%的销售增长。（竞争对手遭遇下滑。）尤为了不起的是，该公司的最新产品在新兴食品和饮料品类拿下了近20%的份额，超过排名其后的四家厂商的总和。

掌舵12年后，卢英德于2018年卸任百事公司首席执行官。尽管她的成就令人瞩目，但随着消费者对待营养的态度持续进化，该公司已经在新首席执行官龙嘉德（Ramon Laguarta）的带领下开始新的转型。

百事在转型过程中展现的很多特征，与埃森哲自己在明智转向中吸取的经验教训非常相似，也跟我们研究的公司高度吻合。均衡配置核心资产和资源是成功执行战略的核心，它必须贯穿三个生命周期阶段。

最重要的在于如何应对创新本身。无论是面临大爆炸式颠覆的突然威胁，还是挤压式颠覆的缓慢攻击，明智转向都需要在这三个阶段持续不断地创新，它们分别是：旧有业务、现有业务和新兴业务。

我们的研究发现，很少有领导者在面对被颠覆的风险时能快速反应。但他们的失败并不是因为缺乏可用资金。埃森哲商业研究院最近对 840 位高层管理人员调查发现，几乎每家公司在过去的五年里都加大了创新投资。很多企业现在都在加倍投资，接近四分之三的受访者表示，他们计划在 2017—2022 年将创新开支增加 25% 以上。

这些资金被投向了哪里？企业风投既能带来成功，也会引发困惑。20 世纪 90 年代末，很多公司都在硅谷发起了风投基金，专门投资跟自己的业务或目标无关的初创公司。随着 2000 年互联网泡沫破灭，许多基金都在短时间内悄然关闭。企业风投现在纷纷回归，2016 年，约有 1 000 家企业投资数十亿美元，与传统风险投资公司同场竞技。企业风投在美国的所有风投交易中占比近三分之一，在亚洲的比例甚至更高。

不同之处在于，当今的企业风投基金与这些企业的新兴业务战略目标联系更为紧密。新涌现出的最佳实践包括，确保每一笔投资都与具体的赞助企业相关。这家赞助企业充当被投企业的目标客户，负责对其产品进行测试，最终在产品成熟时将其整合。

根据研究公司 CB Insights 的报告，企业风投的标准化程度得以增强。例如，这些基金现在都有专门的预算，多数企业风投每年都会完成 5 笔以上的交易。

不过，似乎只有少数企业能够获得它们所需的投资回报。我们的研究发现，超过半数的企业表示，它们在过去的 5 年内大幅增加了创新投资，但在增加利润或推升市值方面却落后于同行。

单纯地增加资金投入还不足以有效释放禁锢需求，因为有越来越多的资金争相追求未来的重大创意，这导致正确处理创新的难度在不断加大。在创新投资方面过于大胆可能创造重大突破，但也可能遭遇惨败。

我们的分析显示，主要问题源自企业把主要开支用于渐进式创新。多数表现欠佳的企业都对我们表示，它们将多数投资都瞄准这一方向，而没有用于颠覆式创新。

当然，谨慎行事可以提升成功概率。可是，如果成功不能改善业绩，而竞争对手则在你的眼皮底下攫取更大的禁锢价值，那么这种成功还有何用处？

作为明智转向的一部分，企业如何才能通过重新设计自己的投资战略来改善创新结果？我们会分析集中、控制和抱负这三个工具，来回答这个问题。

- 集中。集中创新提升了一体化程度，但却有可能形成干扰，导致企业无法按照内部员工和外部利益相关者的最佳想法行事。如果一家公司的运营模式是让下属的业务部门自主行事，这种方法就会违背它的企业文化。
- 控制。有的企业会为研发人员和企业风投基金管理者赋予更大的自由，使之可以按照自己的专长追求最有前景的项目，但这可能导致没有出路的项目拖延过久，令宝贵的资源无法被充分投入更有前景的项目。

- 抱负。虽然按照禁锢价值缺口最大值探索新兴技术，可以最大限度地释放潜力，从而形成大爆炸式颠覆，但没有一家公司能够对“登月计划”孤注一掷，就连技术领导者也不例外。有的创新赌注，尤其是以做大核心业务为目标的赌注，需要对实施范围多加限制，还要把成功的信念控制在合理的限度内。

先来明确一件事情。无论是哪一种工具，都没有适用于所有企业的完美方案。根据所在行业禁锢价值的属性差异，企业需要对创新组合施加一定程度的监督，并为其提供合理的自主性，当然也要背负适当的风险。具体答案取决于企业所瞄准的价值种类、应用的新技术及采取的制胜战略。

你需要通过企业内部的孵化器或外部的创业加速器，为新兴业务增加产品或服务吗？你需要为企业风投制定正式的程序吗？首席执行官应该投入多少时间来管理创新转型？你需要如何对创新战略展开彻底的调整，才能在下一波颠覆中生存？我们会以自身的转型以及我们研究的企业为蓝本，逐一探讨这些问题。

集中创新？各自为政？

我们研究的价值释放者都吸取了颇为惨痛的教训：创新在独裁制度下的表现，跟在无序的状态下一样糟糕。

过度控制导致产品改进缓慢，研究人员也失去了勇于尝试的动力。但如果让所有部门、产品团队或个人开发者各自为政，而没有利用整个组织凝聚之后的专长，那么它们若想跟整体的创新战略契合，就只能靠运气了。

单独的业务部门更加难以在关键领域招募稀缺人才，这包括数据科学、机器学习和其他新技术领域。坦率地讲，最优秀的设计师和开发者可能更愿意到字母表或其他著名科技公司工作，而不愿为你效力。

至于明智转向，问题在于如何把握集中程度，才能实现当前和未来的增长。百事公司那次明智转向既包含集中化元素（瓦尔哈拉研发中心），也包括分散化元素（“营养温室”孵化器）。有些措施显然是自上而下推行的，还有一些则完全交给外部创新者自行探索，百事只提供辅导，不会直接监督。

根据我们研究的公司的亲身体验，过度分散在短期内或许有助于提升利润率，但却有可能在未来丧失更大的增长机会。

来看一个极端案例。工业零件和工具制造商伊利诺伊工具公司（Illinois Tool Works）是一家“《财富》500强”企业，它曾经被称作“全世界管理最分散的公司”。该公司采用需求拉动式创新模式。产品研发人员从关键客户那里获取洞见，然后集中精力设计新产品和组件，并申请专利。它通过这种方式来解决具体的问题，或把握具体的机会。

这么做可以把研发成本控制得很低，而创新产出相对于同类制造业企业又很高，所以它给人留下了深刻的印象。伊利诺伊工具公司每年获得的专利数量经常跻身全美百强行列，2017 年排名第 14 位。

“我们并不是传统意义上的创新者，因为我们并不想投资或创造科研成果。”该公司首席执行官 E. 斯科特 · 桑蒂（E. Scott Santi）对投资者说，“按照我自己的定义，我们并不属于以研发为中心的企业。相反，我们其实是利用和结合已知的技术，创造明智而强大的解决方案，为我们的大客户和我们最具挑战的业务部门提供帮助。这是我们真正擅长的事情。”

然而，完全根据当今的市场确定创新方向，导致伊利诺伊工具公司在押注未来时，只能参考现有客户的已知需求。它的转型能力自然也会受到限制。但如果当今的买家过于厌恶风险、缺乏想象，或者它们自己也不清楚被颠覆的概率有多大，会发生怎样的情况？

伊利诺伊工具公司面临的挤压式颠覆风险不容小觑。它对现有客户的盈利能力可能会逐步降低。更糟糕的是，随着工业制造领域涌现新的竞争对手，并随着更具前瞻性思维的供应商逐渐赶超，这些客户甚至可能慢慢消失。

如果创新过度集中，尤其是在空间上和文化上与公司其他部分隔离开来，也会带来风险。试想，智库和研究园区虽然可以为最有创新能力的员工提供最能激发其创造力的工作环境，但由于缺少与公司领导者定期互动，更不用说跟实际客户和日常管理人员互动了，研究人员可能会脱离实际，找错目标。

更糟糕的是，研发人员开发产品时所依据的未来设想，可能无法获得公司其他部门的认同。最著名的例子就是施乐（Xerox）的帕洛阿尔托研究中心（PARC）。这个硅谷孵化器拥有很多才华横溢的计算机科学家和工程师，他们在20世纪70年代的鼎盛时期，为现代台式电脑发明了许多革命性的功能，包括图形用户界面、网络化计算机和激光打印机。

PARC的研究员艾伦·凯（Alan Kay）有一句名言："预测未来的最佳方式就是创造未来。"事实证明，PARC对未来办公自动化的设想出奇地准确。然而，虽然PARC的开发者很享受这种不受公司指导或约束的自由工作氛围，但却缺乏最基本的沟通渠道，因而无法将成果反馈给施乐，也无法对其战略方向形成支持。因此，PARC的突破性创新从来没有被施乐真正利用。

相反，PARC发现和瞄准的相当一部分禁锢价值都被其他人释放了。有一个如今已经耳熟能详的故事：1979年，当年轻的史蒂夫·乔布斯和史蒂夫·沃兹尼亚克（Steve Wozniak）参观PARC时，他们被眼前的发明深深震撼，但施乐似乎并没有认真考虑其中任何一种发明的商业化问题。意识到转型随时可能爆发后，乔布斯和沃兹尼亚克采用了PARC的创意，借此为初出茅庐的苹果公司重新设计了个人电脑产品线。历史就此改变。

施乐PARC制定了方案来填补巨大的禁锢价值缺口，但由于缺乏整个公司的广泛参与，这些成果被白白浪费了。曾经担任PARC主任的约翰·西利·布朗（John Seely Brown）承认："我们开发的东西未必都符合后来的业务。我们的很多创意都需要通过范式转变才能实现价值。”乔布斯则给出了更为生动的解释：“它们在计算机行业最伟大的胜利中抓住了失败。”

从这方面来看，PARC 的确成了失败的典型。当今的所有创新管理者都不希望重蹈它的覆辙。例如，基本处于私有状态的纽约时报公司（New York Times Company）最近部署了一次创新转型，让自己的研发项目更加贴近现有业务，而非新兴业务。该公司意识到，如果不加强短期创新，可能就无法在未来扮演领先角色。

与所有的新闻机构一样，该公司的核心业务也面临着生存危机。消费者不仅抛弃了纸质报纸，转向数字阅读，还迫切地拥抱新的信息来源，其中很多内容都并非出自专业记者的手笔，而是来自社交媒体等不太可靠的信息源。主流新闻采编业务长期以来都靠广告营收补贴，但随着这些广告也追随读者转向线上，它对营收构成了二次打击。

为了应对这一趋势，纽约时报公司在过去的 20 年里奋力拼搏，希望重新平衡研发措施，努力追赶行业颠覆进程。这些颠覆到来的速度不仅快于预期，在面对变化无常且经常自相矛盾的消费者偏好时，也在继续阻碍现有企业寻找自己的方向、速度和轨迹。

几年前，该公司的研发部门获得广泛的授权，可以思考未来 3~5 年的计划，不必考虑如何把研发成果与当今的报纸业务关联起来。利用微软的 Kinect 语音和体感技术，该部门直接根据电影《少数派报告》（*Minority Report*）开发了一款名叫“魔镜”的原型产品。“魔镜”可以被固定在墙上，它能够按照用户的语音指令上网冲浪、发送电子邮件，当然也可以浏览《纽约时报》的完整文章和视频。

虽然这项演示令人印象深刻，但在转向数字优先战略的过程中，该公司还是更多地停留在口头层面，没有真正付诸实践，反而是退守更为安全的措施，成为美国为数不多的也是最有威望的一家全国性印刷媒体。该公司在 2014 年的一份名为《创新》的内部报告中写道："今后几年，《纽约时报》需要加快转型，从一家可以提供丰富而一流的数字内容的报纸，变成一家可以提供丰富而一流的报纸的数字媒体。"

2017 年，纽约时报公司再次转型。这一次，它彻底改造了研发部门，使之与采编业务更为紧密地结合起来。如今更名为 Story（X）后，这个 5 人团队接到了新的指令：少做梦，多做事。Story（X）服务于编辑、产品和广告三项职能，尤以编辑为重。

研发不再是创新中心，而是一支分布广泛的团队，它负责加速整个组织内部已有的创新。大多数这种创新都会转化成《纽约时报》及其广告主在不久的未来可以使用的技术，包括增强现实、即时通信软件，以及集成到智能音箱和互联汽车里的技术。目前的真正焦点是加强视频业务，包括尝试用虚拟现实让读者更直接地获取新闻。

"这种研发很有价值，但它在实践的过程中，却并没有定期回馈公司的其他业务。"马克·拉瓦列（Marc Lavallee）说，他从 2011 年开始为纽约时报公司效力，目前负责领导 Story（X）。"我希望扭转这种模式，不能盲目开发之后，再去寻找是否存在应用方式。应该首先了解采编部门和广告主的需求，然后采取行动，而不是强行开发没人需要的东西。”

这些案例表明，企业需要在集中化和分散化创新之间权衡取舍；而在明智转向过程中，企业还必须定期重新评估这种权衡取舍。这是我们在自己的转型过程中吸取的教训。我们发现，要想生存，就必须在颠覆自身核心业务时比速度最快的硅谷公司更有创意，而且要先发制人。要想繁荣发展，更是需要采取这样的措施。加快转型速度的关键是大幅调整创新组合的管理方式。当时，我们的创新资产各自为政，各种活动名目繁多，它们虽然富有活力，但却并不协调。为了驾驭这些原始的力量，我们需要自上而下发挥领导力，也就是我们所说的“管理式创新”（managed innovation）。

结果就催生了我们在第四章里描述的创新架构。它将全部三个生命周期阶段的创新活动结合起来，从纯理论研究到在日常工作中实时改进。利用埃森哲商业研究院、埃森哲风投、埃森哲技术研究院、埃森哲数字工作室的能力，我们现在可以为我们的业务和客户快速开发、扩展新的想法。我们的目标始终是对相关的阶段展开适当投资，对某个想法投入的费用越高，它距离商业化也就越近。

这种新架构是自上而下驱动和培育的，它由奥马尔担任首席架构师。埃森哲前首席执行官南佩德担任旧有业务、现有业务和新兴业务创新战略的内外部沟通员。

与此同时，自下而上的创新仍然很有必要。如前所述，我们于 2017 年在都柏林成立了 The Dock 多学科研究和孵化中心。南佩德在提到那里时说：“The Dock 整个创新架构鲜活了起来。”在 The

Dock，员工、客户和访问学者通力合作，为埃森哲及其客户创造创新解决方案，并快速设计原型。

我们最近在那里举行了为期两天的设计和编程“黑客马拉松”，共有 14 支来自全球各地的团队参加（由创业者、企业技术团队、高等院校等组成），他们在现场开发了基于区块链的解决方案，希望能在社会层面释放禁锢价值。

经过短短 36 个小时的编程后，我们被现场呈现的创意质量深深震撼。这些原型设计解决了各种各样的问题，从爱尔兰住房危机到气候变化，从清真肉食溯源到为用户赋予更多数据控制权，可谓包罗万象。

The Dock 证明，一流的创意并不是最高领导层的专利。对我们迄今为止的经验展开一番反思后，奥马尔指出，他永远无法想象这些团队竟然能使用计算机视觉技术，在汽车组件生产线末端管理质量缺陷；竟然能用人工智能技术管理高度复杂的药品标识流程；使用自然语言搜索，协助人们收集和规整处理保险索赔所需的证据。

除了 The Dock，我们目前在世界各地还下设 100 多个创新中心，让我们的各项措施得以更加贴近当地市场，贴近它们独特的禁锢价值来源。仅在 2017 年，我们就成立了 16 个“数字工作室”来加快先进软件开发速度，此外还有 8 个交付中心。我们还在印度班加罗尔和得克萨斯州休斯敦开设新的创新中心，把创新架构的多项元素结合起来。

顾名思义，这些数字工作室会使用快速的应用开发原则和工具，将其与物联网和可穿戴等快速发展的技术结合起来。重点是把想法转化成实验，我们有时也称之为“产品可用性原型模拟测试”（pretotyping）。

在此过程中，我们的创新投资每年都在增加，2015—2017 年从 1 亿美元增加到 7 亿美元以上。

我们在跟施耐德电气有限公司（Schneider Electric，下文简称施耐德电气）合作时也秉承类似的理念，希望能比颠覆性力量领先几步。在工业、电力、建筑、数据中心和基础设施等关键市场，该公司都在引领能源管理和自动化技术的数字化转型。

与施耐德电气合作的过程中，我们在 2016 年共同开发了“数字服务工厂”（Digital Services Factory），希望在预测性维护、资产监控、能源优化等领域快速构建和扩大新的服务，目标是把客户置于创新流程的中心。施耐德电气的计划是，利用开放的开发平台和广泛的合作伙伴生态系统，提供支持新兴行业标准的物联网平台。

物联网可以适用于不同的业务，把传感器、通信技术和计算能力嵌入制造和分销供应链的设备中，在产品生命周期的每个阶段都能实时收集和分析数据。随着越来越多的机器接入网络，施耐德电气这样的制造商知道，客户期待它能将最新的数字化能力嵌入产品之中，这样既能实现网络化，又能变得高度相关。

我们的研究表明，工业化制造商意识到数字化技术对其未来至关重要。但是，它们的数字化普及和创新速度却很缓慢，这导致市场份额和利润可能遭到初创公司和其他数字化颠覆者的蚕食。事实上，在埃森哲调查的工业化企业中，有三分之二自称感受到数字化颠覆的影响，但有一半尚未在商业战略中投资物联网解决方案。

施耐德电气渴望与众不同。为了与新进入者和其他颠覆者争夺数字经济，该公司正在转变客户体验，抓住新的市场机遇。它在公司内部为数字化转型机构积极赋权，借此促进各种创新，在新老业务之间创造协同效应，同时开发新的数字化服务。

这正是数字服务工厂的作用所在。作为一种成功的衔接模式，它可以推动施耐德电气把传统公司 DNA（脱氧核糖核酸）与新的数字 DNA 相互融合。施耐德电气和埃森哲的员工针对数字化服务构思并孵出新的想法，例如预测性维护服务或资产监测套件。经过安全的产品生命周期开发流程后，数字服务工厂用不了 8 个月就会把这些产品推向市场，而在数字时代到来之前，这需要花费 3 年。这种敏捷度和响应度能在联网产品和服务中实现急速的数字化创新，还能在网络、分析、应用和服务的前沿施加控制。

整体而言，施耐德电气的目标是把从产品构思到市场交付花费的时间缩短 80%。这样就能在联网产品和服务中实现急速创新，控制网络、分析和应用前沿的所有新设备。

这些故事都表明，更有意识地管理创新地点是非常重要的。但我们并不是建议平均分配集中化和分散化比例，或者使用其他的神奇比例。具体哪种比例合适，取决于市场环境、所在行业和公司文化。

但思考自己所在企业的均衡状态时，应该考虑我们在 2018 年针对明智转向，对 1 440 名高管进行的调查，他们所在的企业营收都超过 5 亿美元，分布在 11 个行业、12 个国家 / 地区。这项研究调查了大企业如何对颠覆式转型做出响应，既要重新想象旧有业务，也要向具有规模化潜力的新业务扩张。

这项调查涵盖四个关键主题：业务组合调整方法、创新方法、投资方法和新型领导思维。调查结果揭示出一些颇有价值的洞见。例如，与同行相比，本研究中的价值释放者——这些企业的现有营收至少有 75% 来自 5 年以内的商业活动、投资和项目——会更有意识地构建组织结构，以此推动创新，借助创新措施实现利益最大化。

通过把创新能力集中到一个有着强大的领导力的团队手下，再辅以专门的投资和明确的创新角色和责任，它们便像施耐德电气一样，把创新融入了企业的 DNA。四分之三的价值释放者都已经采取了集中化创新战略，把创新资源整合到一个专门的职能中，还配备了自己的领导和预算。相比而言，在我们调查的其他公司中，只有三分之一采取了相同措施。

这是一项重要转变。至少，某些形式的集中化战略让企业能够找到有前景的创新，并尽早制作原型。在各行各业都遭遇加速颠覆的时代，有些集中化措施可能至关重要，它们不仅可以快速识别最具潜力的想法，还能赶在竞争对手之前把它变成商业现实。

控制：创新者有多少自主权

要想成功实现创新转型，在集中化和分散化之间达成有益的平衡是至关重要的第一步。接下来的挑战就是平衡控制与自主之间的关系了。管理层应该提供多少指导，才能在保持创新集中度的同时，又不至于抑制创造力，也不会破坏深层灵感和意外发现。

在极端情况下，过多或过少的控制都会导致最优结果无法达成。领导者可能施加很多指令，下令员工（尤其是手下的科学家、工程师和研究员）针对哪些目标开展哪些创新。这种方法可以最大限度地提高创新业务组合在战略上的一致性，但除非首席执行官能够洞察未来，否则企业几乎肯定会低估开发人员的创造力和专业能力。

或许可以代之以百花齐放的方法，鼓励和激励整个组织展开创新。在这种模式下，所有员工都会成为发明人，甚至也包括外部利益相关者。高管的工作只是选择最有前景的项目，然后将其培育成新的产品和服务。

这种方法也不太可能奏效。如果创新时没有指导或协调，想在三个生命周期阶段中的任何一个推出有用的新产品或新服务，其概率无异于随机选取一个想法来落实。员工的直觉或许很好，但如果既没有指导也没有方向，即便是优秀的创意或许也无法释放潜力，还有可能在服务日常客户时分散精力和资源。

再次引述艾伦·凯的说法："多数想法都很糟糕。"我们经常听到首席执行官说，他们的困扰并不在于产生想法，而在于如何从整个组织中选出几十个概念验证方案。

既然如此，应该如何调整工具，才能实现合适的创新指导水平，又不至于限制创新呢？在明智转向持续推进的过程中，怎样才能知道应该在何时改变这种均衡状态呢？

来看看 3M（明尼苏达矿务及制造业公司）的经验吧，这家跨国科学公司的名字长期以来都是创新的代名词。3M 曾经获得全美最高创新奖，即美国国家科技创新奖（National Medal of Technology and Innovation），而且始终能入围《财富》杂志“美国最受尊敬企业”年度调查。3M 的产品基于近 50 个不同的科技平台，号称年销售额超过 300 亿美元，拥有接近 10 万名员工。说得更确切些，在该公司超过 100 年的历史上，其工程师和设计师经常通过严格的方法实现规模化创新。他们衡量、监视和控制自己的发展重点，希望在业绩和创新之间达成适当的平衡。

不过，即便是伟大的创新者可能也要不断地调整模式，尤其是当核心技术加速转型时。所以，在信息革命于 20 年前启动时，3M 通过转型进一步靠近了禁锢价值缺口顶部。其管理层推出了名为“新鲜度指数”的新核心指标，该指数能够计算推出不到 4 年的产品贡献的营收比例，目标是在 5 年内从新产品中获得 25% 的营收。

为了应对大爆炸式颠覆和挤压式颠覆，我们研究的很多价值释放者——包括谷歌、亚马逊和腾讯这样的科技巨头，以及全球工业领导者博世集团和星巴克——都通过调整这项工具来加大（而非减少）新技术的投资，寻找自己的“登月计划”。但这可能并不适合所有公司，上述这些公司在落实明智转向时，至少都会在一定程度上以长远的眼光来思考它们对“新兴”的定义，展望那些有可能彻底改写行业规则的新兴技术。

采取这些措施时配备的员工及外部合作伙伴都具备最强的创造力，他们对官僚制度的容忍度也最低，他们始终渴望自由的行动空间。但企业也不能在各就各位后置之不理，奢望他们有朝一日能创造未来，还能充分发展、融洽相处。即便是“登月计划”，也需要与创新组合的其他部分协调一致，在人力资本、预算编制、项目管理等诸多方面受益于公司管理者的引导和约束。

但这种控制方式必须小心落实，甚至要满怀爱心地落实。沃尔玛于 2017 年在硅谷推出新的孵化器“8 号店”（Store No.8）时，就采用了这种模式。[这个名字是在致敬沃尔玛创始人萨姆·沃尔顿（Sam Walton），他使用阿肯色州的 8 号实体店来尝试零售创新。]

8 号店的目标是在零售创新和颠覆中走在前列，避免在他人的压力下陷入被动。[这里的“他人”指的是亚马逊，它利用虚拟零售领域的主导地位向实体领域扩张，不仅收购了有机商品零售商全食超市（Whole Foods Market），还开放了实验性实体店，使用传感器和摄像头自动结账，同时采取了其他激进的转型措施。]

沃尔玛正在使用 8 号店孵化该公司风险最高的项目。最近的措施包括，使用我们经常提及的许多新技术测试潜在应用，例如机器人、虚拟现实和增强现实、机器学习和人工智能。

这些实验包括订阅式个人配送服务 Jetblack，它可以为消费者提供建议，还支持短信购物。另外一项已知的措施是“开普勒项目”（Project Kepler），它使用计算机视觉等技术重新构思了店内购物体验。

8 号店是沃尔玛整个创新组合的重要组成部分，该公司仍在不断扩大这个组合，还会定期重新平衡。例如，沃尔玛实验室（Walmart Labs）瞄准了该公司转型的“现有业务”阶段，改进可以在 6~12 个月部署的客户体验技术。沃尔玛实验室在硅谷有 2 000 多名员工，最近它还尝试了一项新服务——实时匹配独立司机与客户的配送请求。

8 号店的目标是至少提前三年寻求创新。虽然沃尔玛把孵化器设立为“公司内部的公司”，但由此孵化的初创公司仍归沃尔玛全资所有。沃尔玛并未使用典型的风险投资模式来评估投资组合的潜力和进展，而是使用“运营和战略回报”来评估 8 号店的各种措施，也就是说，它会评估创新如何为具体的未来零售体验创造价值。

推出 8 号店表明沃尔玛承认了一件事情：虽然需要加强有远见的思维，但在当今以客户为重点的零售生态系统中，却很难将其融入这家高度关注运营效率的公司。在成立这个孵化器之前，该公司于 2016 年斥资 30 亿美元收购 Jet.com。外界普遍认为那是一项追赶策略，目的是把沃尔玛转型为一家电子商务巨头，同时还要把数字文化注入该公司在模拟时代形成的企业结构。在这笔交易完成前后，沃尔玛还在电子商务和其他数字领域展开了别的收购，规模同样在公司内外引人关注。

作为沃尔玛全美电子商务业务的负责人，Jet.com 的创始人马克·洛尔（Marc Lore）也理所当然地负责 8 号店的运营。所以，除了可以立刻通过 Jet.com 获得在线营收，沃尔玛还能利用洛尔的技能和专长，通过旧有业务、现有业务和新兴业务为公司创造利益。

例如，洛尔带头扩大了公司网站的商品库存，还对金额达到35美元的订单免费提供两日送达服务。结果，沃尔玛的电子商务销售额突飞猛进。仅在2018年，其数字业务营收就有望增加40%。

洛尔在2017年的零售技术大会上表示，8号店“将与组织其他部分隔离，并获得全球最大零售商的支持”。它将拥有巨头企业的财务资源，但却可以具备初创公司的自由度——对于沃尔玛这样的规模和行业动态来说，这恰恰是它向新兴业务转型过程中所需要的。

8号店还计划加强与外部初创公司、风险投资公司和学术机构的合作，与之共同开发更多颠覆性创新。到目前为止，它拥有完全开放的权限来从事这些项目。

但与我们所有的价值释放者一样，只有得到最高层的授意，企业才有勇气投入战略资源来追求禁锢价值。“未来20年的零售发展方向是什么？我们需要在哪些领域引领行业，才能颠覆他人，而不会被他人颠覆？这些都要由高级领导团队来决定。”沃尔玛企业战略高级副总裁洛里·弗勒斯（Lori Flees）在接受采访时这样说道。

沃尔顿家族的支持是沃尔玛转型计划的关键。它仍然持有公司50%的股份，并在2016年左右决定，沃尔玛需要采取重大转型才能在未来的100年繁荣发展。为了降价，并加大对数字创新的投资，公司支持减少短期盈利。虽然这些投资尚未给目前的盈利带来回报，但投资者却认为这是公司股价未来重要的价值元素。

并非所有上市公司都能在立足长远时获得股东的力挺。由于沃尔玛当时是全球营收最多的企业，而且至今仍然保持这一地位，所以这种远见尤为难能可贵。沃尔玛诞生之初就以颠覆者的身份亮相，它于 20 年前给零售行业带来的冲击可与当今的亚马逊媲美。现在，为了避免被市场淘汰，它又开始颠覆自我。

在家用电器行业，一家受人尊敬的现有企业在转向新兴业务时采取了更为激进的措施。它大规模地借鉴了“创客社区”的理念，把人们聚在一起研究最新的科技硬件和软件工具，看看他们究竟能做出什么东西。

自从 2016 年被海尔收购后，通用家电就在努力融入其中国母公司独特的创新模式。我们已经在第三章介绍了这种模式。

从白色家电领域的创新来看，通用家电历来都是公认的失败者。但它现在却开始重点在客户层面寻找禁锢价值，根据不断变化的客户构成和消费者对定制性更强的产品日益增长的需求推出新产品。在被海尔收购前的 10 年间，通用家电的营收下滑幅度超过 10%，但在 2017 年却增加了 6%。更令人惊讶的是，那一年的利润增加了 20% 以上，首次实现两位数增长。

为了反映海尔“与用户零距离”的理念，通用家电再次承诺发展 FirstBuild 项目，这是该公司于 2014 年启动的一个开放式创新实验项目。

在开放式创新模式中，企业会放弃以往的秘密研发流程，以透明的方式与各个领域的问题解决者协作，在竞争对手的注视下公开创新。

通用家电的总部位于肯塔基州路易斯维尔，距离那里不远的

FirstBuild 是一家微型家电创新工厂，任何人只要登记即可进入。FirstBuild 的注册用户超过 2.3 万（约为通用家电员工人数的两倍），让通用家电能够接触异乎寻常但却可能极具价值的想法，然后以硅谷初创公司的速度进行测试，甚至投入生产。

这处设施真正落实了开放理念——不与员工签订竞业禁止协议，也没有专有技术。“我们在 FirstBuild 的做法真的太不一样了。”通用家电总裁凯文·诺兰（Kevin Nolan）最近说，“它完全开放。任何人都可以随时过来。无论你是竞争对手，还是单纯想看看我们在干什么，都可以来参观。”这里到处都是 3D 打印机、激光切割机、电路板制造设备，还有其他各种高科技和低科技工具来最大限度地改善实验效果。这里的材料和设备都供家电相关项目免费使用。即使开发者不能亲自来到路易斯维尔，也可以在线提交想法，然后与 FirstBuild 团队共同开发。由于一些产品已经发布，所以 FirstBuild 到 2018 年可能完全实现自给自足。

无论是亲自提出，还是在线提交，所有的想法都要交由 FirstBuild 成员投票。该社区之后会完成从产品概念到设计、工程、制造和初期销售在内的所有工作，数量最多可达上千个。如果概念被选中，发明者便可获得一小笔奖金，还能从销售额中抽取最多 0.5% 的分成。

为了让 FirstBuild 尽可能保持精简，发明者并未通过通用家电筹集生产资金，而是使用包括 Indiegogo 和 Kickstarter 在内的众筹平台来筹资。Opal Nugget Ice Maker 专门生产易于咀嚼的冰块，它的创业基础就是于 2015 年提交给 FirstBuild 网站的一项创意。在验证这个概念后，开发团队通过众筹获得了近 300 万美元，吸引了 7 000 笔预售订单，并在 2016 年交付完成。（用智能手机控制的版本当前售价为 499 美元。）

如果试生产无法满足市场需求，通用家电可能就会大规模生产，但社区也可以把创新想法提供给通用家电的竞争对手。由于抢先上市的能力越来越强，通用家电自认为可以应对控制能力上的妥协。

诺兰认为，FirstBuild 之所以能成功，是因为它与通用家电实现了物理切割，采用社区认可的创意，不仅行动敏捷，转变速度也很快，而且使用黑客马拉松（而非产品规划会议）作为新项目来源。"我们的核心就是不断尝试。"诺兰在提到 FirstBuild 时说道，"我们没有既定计划，这对通用电气来说非常奇怪。"

的确很奇怪。然而，在向新兴业务转型的过程中，当面临能够随意尝试并能轻易扩大规模的颠覆者时，这却往往是必要的防御手段。

沃尔玛借助 8 号店大幅调整了创新资源的均衡配置，不仅增强了在旧有业务和现有业务中应对颠覆的能力，同时还对新兴业务大举押注。借助 FirstBuild，通用家电采取了极其开放的方式，一部分是为了弥补失去的时间，一部分是为了强迫自己发展相应的能力，以便在创新的规模效应得到证实时率先上市。

这些例子表明，明智转向必然会改变高管的角色。这就要求高管学会珍贵的创业技能，懂得引导创新，而不要将其扼杀。具有讽刺意味的是，企业高管可能需要通过强化纪律来释放“有序的混乱”。

根据我们自身的转型经验，要想在控制过度和控制不足之间达成微妙的平衡，方法之一就是要有非常明确的指标。我们设计了非常简单的指标，而且它与自己的战略完美契合，会随着优先级的变化快速调整。有效的指标能够获得各级领导的理解和支持，为我们提供实现战略所需的指导，同时也会赋予我们一定的灵活性，让创新负责人能够达成自己的目标。

抱负：以实现多大创新为目标

沃尔玛向新兴业务的转型，强调了企业在设计和管理创新组合的过程中必须考虑的第三个工具。前两个工具决定了在哪里开展创新，以及应该为开发人员赋予多大的自主性，而最后一个工具则会决定各种努力应该以填补多大的禁锢价值缺口为目标。这个工具就是：抱负。

事实上，抱负工具决定了企业如何为三个生命周期阶段分配资源。创新应该实现多大的渐进式改进？应该具备多大的颠覆性？如何根据自己的抱负水平，为每个阶段分配资源？

要想回答这些问题，就需要对以下四个层面的禁锢价值展开冷静的分析：企业、行业、客户和整个社会。答案可能因为生命周期阶段而有所差异。

在每一家企业内部，如果企业所在的行业仍然相对稳定，领导层可能会发现有更多业务注重对现有的产品、服务和运营模式进行渐进式改进，重点是引入新技术，而不是直接投资未来的颠覆者。如果颠覆近在眼前，而企业却没有采用大胆的想法，生存概率就会大大降低。这些大胆想法包括建立新的合作关系，开展风险投资，紧随新进入者和竞争对手的步伐，利用客户热衷的技术展开实地尝试。

无论如何，单纯地孤注一掷和满怀希望是不够的。如果技术发展不及预期，或者当客户的接受度和采用率难以预测时（后者更为常见），这样做就会导致自己没有退路。另外，如果走了七条错误的弯路中的任何一条，企业就会走进死胡同。就像很多初创公司一样，虽然它们在成立时声势浩大，但后来却突然销声匿迹。与明智转向的所有元素一样，抱负工具也没有统一的最优配置。在瞄准禁锢价值时，应该如何分配创新资源？这取决于很多因素，而且与均衡的转型中包含的其他元素一样，具体的分配方式也会随着市场环境的变化而改变。

例如，就像我们刚刚看到的那样，沃尔玛在零售行业拥有悠久的创新历史，因而在与或大或小的现有对手竞争时，为其提供了强大的优势。但沃尔玛的战略长期以来都专注于旧有业务和现有业务。它通过各种方法提升了实体供应链的效率，包括与供应商建立强大的数字化联系，使用条形码扫描仪和 RFID（射频识别）标签等 POS（销售终端）技术优化库存、价格和促销活动。

这种方法被许多传统竞争对手纷纷效仿。曾几何时，这可能已经足够应对各种市场变化了。毕竟，20 世纪 90 年代末诞生的电子商务，最初没有对沃尔玛的商业模式或创新组合构成太大威胁。一直到 2018 年，电子商务销售额在零售总额中的占比还不到 10%，算不上大爆炸式颠覆。发达经济体也有数百万消费者从未体验过网上购物。

虽然可能有点儿晚，但沃尔玛意识到，它正在经历挤压式颠覆。由于在线零售商会截取最有吸引力的品类用于虚拟销售，加之专注于成本的新型零售商压低了整体价格，因此尽管营收有所增长，但利润增速却在下滑。表现疲软的零售商纷纷出局，短暂支撑了幸存者的市场份额和营收，导致真正的挑战被进一步掩盖。它只是看上去越发强大而已。

对 Jet.com 和 FlipKart 的大胆收购，加上 8 号店孵化器的推出，都表明沃尔玛大幅改变了自己的抱负，希望填补禁锢价值缺口。沃尔玛目前投入数十亿美元，不只是为了加强传统市场的优势，还希望发展新型数字零售技术。

但与所有的转型一样，无论朝哪一个方向努力，力度过大或时机过早都可能导致本就艰难的竞争环境更加艰难。想想特斯拉，该公司吸引了一批高端汽车购买者，他们渴望更环保的电动车，但却不想放弃设计或性能。

该公司的首款主流车型 Model 3 取得了骄人的预售业绩。但在生产过程中，特斯拉却发现，它在积极填补禁锢价值缺口的过程中太过大胆，不只是在电池和发动机技术上，还包括机器人、高压线缆、显示屏和保险丝等其他组件。

至少从目前看来，这项战略尚未显示出规模化特征。特斯拉首席执行官埃隆·马斯克（Elon Musk）承认，该公司经历了“生产地狱”，导致实际产量远低于交付承诺和市场预期。在 Model 3 全面投产后的头几个月，该公司仅生产了 260 辆车，未能达到 1 500 辆的既定目标。

大型石化公司则属于另一个极端。为了节约成本，它们在 20 世纪 90 年代和 21 世纪初，把很多研发业务外包给油田服务提供商。由于难以看清新的勘探和生产技术发展方向，多数石化企业都错过了北美的页岩气革命。为了追赶，它们只能以最高价购买资产。

另外，减少碳排放的紧迫性日益加强——社会层面的禁锢价值——令石油公司的账面上可能留存着数十亿桶永远不会开采的原油储备。为了应对这种状况，很多石油公司把创新资源转向核心业务，希望借此提高效率。然而，尽管人类放弃现有燃料越来越指日可待，但这些公司却很少有几家能够找到可供投资的新型规模化能源。在埃森哲，我们通过多元化来权衡这种抱负。如果创新的规模够大，也能保持足够的规律性，那就永远不必依赖一项重大的创新投资来保障公司的未来。

也就是说，在下一次出门打猎之前，我们不能让自己太饿。类似地，我们的研究表明，不太依赖大赌注的企业可以实现更成功、更一致的转型。另外，当领导者需要快速开发大型的轰动产品时，往往会走更多错误的弯路，包括鲁莽决策，这通常体现为匆忙选择大型收购目标。在这种情况下，企业需要控制自己的胃口。

借用上文的比喻，如果还没感觉到饿就出门捕猎，可能就要蚕食仍在销售的现有业务，才能在新兴业务上领先于竞争对手。例如，在竞争残酷的视频游戏机市场，任天堂是一家富有探索精神的厂商，它总会在上一代产品的销量尚未降低到一定程度之前，就推出新一代产品。

任天堂认为，由于计算技术进步迅速，所以关注不断扩大的禁锢价值缺口的用户，都会很快更换设备。如果任天堂不推出这样的设备，就会被竞争对手抢先一步。事实上，任天堂的这种想法通常都是正确的。图 6.1 显示了这种战略带来的结果：在从一款核心产品向下一款核心产品过渡的过程中，任天堂展开了一系列严格且重大的转型，其中多数都取得了巨大的成功。

请注意，无论是 2006 年的 Wii，还是 2017 年的 Switch 游戏机，每一个平台都是在上一代产品明显式微，但远在上一代产品寿终正寝之前推出的。事实上，新一代系统的推出可能加速了上一代系统的没落。但在这样一个易于遭遇大爆炸式颠覆的市场中，这却往往是必要的权衡妥协。

任天堂的做法是通过拉伸，赶在市场需求出现之前填补禁锢价值缺口。这也恰恰是许多一流科技公司如此值得关注的核心所在，这同样也是投资这些公司的风险所在。比较著名的案例就是网飞，该公司在其 DVD 寄送业务仍然能够盈利，而且在竞争对手屈指可数的情况下，就推出了互联网视频流服务。类似地，腾讯甚至在其 QQ 即时通信服务仍然广受欢迎之际，就开发了微信社交媒体平台。

在这两个案例中，它们承担的风险都获得了可观的回报。网飞在 2017 年的视频流营收超过 80 亿美元，大约是其 DVD 寄送业务巅峰时期的 4 倍。与之类似，微信的月活跃用户已经超过 10 亿。

埃森哲也采用了类似的理念。我们在数字营销领域获取和构建了各种技能，还为我们的互动营销和数字业务创造了新的用户体验，而我们的 IT 系统部署和整合业务仍然表现不俗。

通过对 Fjord 和 Karmarama（英国一家独立代理商）等多家公司的收购，我们成了全球最大的数字营销服务提供商，2017 年的营收为 65 亿美元，同比增长 35%。

与任天堂和网飞一样，我们也认识到，虽然企业有的时候可能因为转型而蚕食成熟业务，并加快它的下滑速度，但依然应该采取这种措施。

我们的“云为先”战略就是个好例子。2014 年，我们决定将所有 IT 系统迁入云端，还决定快速培养各种技能并扩大规模，从而为我们的客户提供同样的帮助。我们通过研究发现，计算架构革命正在悄然发生。云计算在运营和经济方面的卓越优势令人无法抗拒。

在对自己的迁移活动投入大笔资金后，我们接下来与顶尖云平台公司和“软件即服务”应用提供商结成联盟。我们还收购了几家云咨询和技术服务领域的领军企业，例如 Cloud Sherpas。

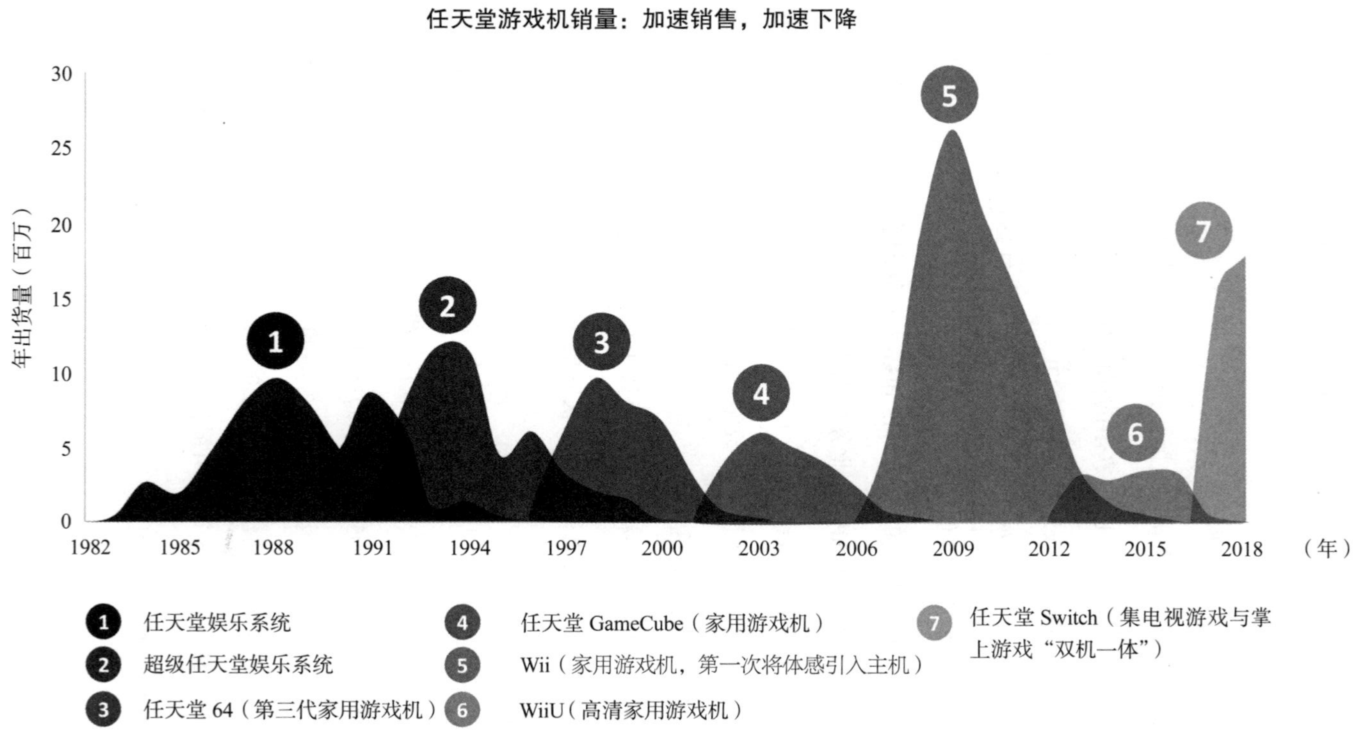

图 6.1　任天堂的大爆炸式颠覆发展过程

版权 © 2018 归埃森哲所有。保留所有权利。

2015 年，我们已经准备好启动“云为先”战略，致力于在云技术领域培训 1 000 名自己的人才，其中包括为埃森哲 AWS 事业群培养 500 名开发者，即亚马逊云平台认证专家。

我们知道，云计算一旦取得成功，就会威胁仍能为我们贡献大笔营收的传统系统开发工作。但我们还是义无反顾地部署转型。这场“赌博”回报颇丰——我们现在成了全球领先的云迁移和咨询服务提供商。

早期的转型也帮助我们在整个生态系统中建立了深厚的关系。例如，我们是 SAP、甲骨文、微软、Salesforce、Workday、AWS、谷歌和其他很多公司的重要合作伙伴。正是在业内这些顶尖企业的推动下，云计算才以惊人的步伐奔向成功。

不过，这种在禁锢价值缺口顶部进行登月式投资的做法，却蕴含着巨大的风险。然而，由于我们所处的市场竞争异常激烈，而且依靠科技推动，所以这种风险在所难免。其他类似的市场还包括电子、食品和饮料、时装等。由此获得的回报可能非常丰厚，也可能完全没有，但很少会处于中间状态。

把创新组合过分地偏向目标高远的项目，通常会导致其他不太激进的投资项目遭遇资金短缺，管理层的关注也会相应减少。为了在一定程度上对冲这种风险，很多行业历来都使用合资公司和企业联盟的方式分摊重大创新的成本和利益，这相当于群体捕猎。

在新兴业务 S 曲线的每一个点上，都有越来越多的创新来自企业之间的合作——企业通过这种方式共担风险、共享回报。很多彼此之间截然不同的行业早已采取这种模式，例如好莱坞大片、油田采掘，以及为大型基建项目提供保险。

在这个因为科技驱动而充满颠覆的时代，这种模式更加普及。来看看自动驾驶电动汽车的发展。在短短几年间，汽车行业的这场革命就从“能否”实现变成了“何时”实现。对主流消费者来说，安全实惠的无人驾驶汽车技术的性价比将会越来越高。

但下一次飞跃是要为车间通信建立标准，让无人驾驶汽车和卡车与道路、信号灯和其他交通基础设施相互融合。出于成本和协调的原因，没有一家公司能够独立开发或部署这种创新，所以合作就变得至关重要。

作为一家长期在汽车行业拥有技术优势的大型企业，戴姆勒（Daimler AG）公司对这种必要性心知肚明。该公司决心在塑造未来交通的许多关键技术上扮演领先角色，包括联网技术、自动驾驶、消费者之间的资产共享及电驱系统。

除了自身的投资，戴姆勒公司还在引领综合生态系统的发展，借此加速无人驾驶技术的创新。例如，为了给长续航电动汽车加速培育大众市场，它投资了 IONITY[①]。这家与其他车企合资组建的企业，重点为电动汽车部署实惠的充电基础设施。

戴姆勒公司还跟长期供应商博世合作试点无人驾驶出租车服务。戴姆勒公司提供车辆，博世负责提供配套的传感器、执行器和控制

① IONITY 是宝马集团、戴姆勒公司、福特汽车公司和大众集团与奥迪和保时捷的合资企业。——编者注

单元。2017 年，该公司还通过了一份协议，为网约车行业领导者优步开发无人驾驶汽车。

这个例子表明，明智的调整抱负工具需要培养相应的组织能力，这对于在原有基础上大幅扩大合作范围至关重要。在我们的研究中，价值释放者经常在利益相关者组成的生态系统中采取各种措施。这些利益相关者都采用相同的新技术，虽然目标各有不同，但却可以互补。

在渐进式创新和颠覆式创新之间权衡取舍的第三种方法，是从旧有业务和现有业务中挑选最成功的产品，然后借此发展新兴业务，最好是进入其他行业，这样或许有可能令现有企业猝不及防。再回到打猎这个比喻上：历史表明，从弹弓到步枪，只要拥有合适的技术，即便是个头最小的猎人也会在规模最大的比赛中变得极度危险。例如，亚马逊早期发展电子商务时的重点是现有图书零售商，这类企业因为采用了大幅分散的模式，所以不太能够自主应对技术创新。

如前所述，海尔在扩大规模时也大举收购比自己弱小的竞争对手，这些对手作为弱者长期以来却感到很轻松，因为它们获得了地方性优势的保护。但实际上，借助合适的技术手段就很容易打破这种优势。

要想大获成功，就必须具备技术优势，还要有勇气进入自己不熟悉的领域，在那里俘获新的客户。

想想芯片制造商英伟达（NVIDIA），它围绕最早于 1999 年推出的 GeForce[①] 系列图形处理单元（GPU），先后展开过多次转型。

GeForce 最早是为视频游戏处理图像的高端芯片，并且成为该行业的领导者。但英伟达并没有被眼前的成功蒙蔽双眼，而是意识到这款芯片的处理速度对其他应用很有价值。例如，它在 2006 年使用自己的 GPU 专长开发了一套并行计算架构，让科学家可以同时在成千上万个 GPU 上运行复杂的模型。

英伟达此后还利用能够快速处理海量数据的芯片，针对一些具体行业开发了解决方案，包括自动驾驶汽车和数据中心。凭借这项早期优势，英伟达的并行处理 GPU 被新兴的人工智能应用选中，击败了英特尔等财大气粗但却依然专注于串行处理产品的竞争对手。

英伟达的成功源自它对 GPU 技术进行的调整，使之适应未来的应用。仅人工智能研发开支就在 2012—2016 年每年增长近 10%，达到 13 亿美元，几乎占公司总营收的 30%。这种投资比例远高于同行，突显出截然不同的战略对抱负工具产生的影响。其他半导体制造商反而大幅降低了研发开支，希望借此保护现有业务的营收。

英伟达还培育了生机勃勃的 GPU 生态系统，为开发者提供培训，为初创公司提供资金，还通过各种合作为整合 GPU 产品提供更多解决方案。这种包容战略把客户变成了拥护者，使之成为最理想的免费推销员。

英伟达首席执行官黄仁勋向《财富》杂志坦陈，他无法预测无

① NVIDIA GeForce 提供先进的显卡、游戏解决方案和游戏技术。——编者注

人驾驶汽车会如何发展，也无法预测人工智能何时成为主流，但他始终坚信，图形计算技术在处理这些应用时具备优势。黄仁勋在靠近禁锢价值缺口的前沿位置展开了投资，而且他时刻致力于利用现有客户和未来客户的重大需求转变所释放的各种机会。“15 年来，我一直在讲同一个故事。”黄仁勋打趣道，“几乎没换过幻灯片。”

英伟达的转型明确表明，要想在不断遭遇颠覆的环境中维持业绩水准，不仅事关创新，还事关金钱。无论企业决定该如何调整创新转型工具，都需要辅以同样严格的资本管理，才能成功落实。在三个生命周期的每一个阶段中，资金都是保持创新引擎加速运转的主要燃料。

在下一章，我们会看到最成功的转型是如何在保持冲劲的同时，利用财务资源展开优化，从一个核心转向另一个核心的。

第七章　财务转向：固定资产、营运资本和人力资本

创新转向将对企业的财务状况产生深远的影响，尤其是最重要的硬资本资源和软资本资源：固定资产、营运资本和人力资本。我们现在来谈一谈财务转向。

企业要制定的策略是否需要对资产管理进行或大或小的调整，取决于它所面临的禁锢价值缺口的规模和形状。即便是在一体化的生态系统中，任意一个市场参与者的特定专业知识、文化和使命都可能造成这些杠杆在不同时期所处的背景不同。

然而，有一点是显而易见的：针对新的方向进行大量财务投资是企业成功实施“明智转向”的前提。与创新转向一样，该投资也是该行业所面临的颠覆性挑战的一种功能。但一般来说，禁锢价值的缺口越大，增长越快，调整财务转向杠杆的需求就越大——这或许与竞争对手背道而驰。

这就是日本休闲服饰巨头优衣库的理念，以及该公司是如何利用数字技术从销售自身生产的产品的模式转向仅生产自身能够销售的产品的模式的。

优衣库的数字化战略

优衣库的故事始于1972年的日本。当时23岁的柳井正（Tadashi Yanai）开始在父亲的路边裁缝店工作。12年后，他接管了公司，并迅速开设了一家新店，名为“独一无二服装仓库”。优衣库就此诞生。全球“快时尚”零售市场本身即是一个巨大的成功，而柳井正将父亲的公司，也就是如今的迅销公司，打造成了其中的强者，使其与Zara（飒拉）和H&M（一个服饰品牌）等主导品牌比肩，与此同时，他也成了日本首富。（在快时尚领域，零售商将最新的T台造型迅速转变为价格相对较低的成衣，使一度具有季节性的时尚加速转化为每日趋势。）

他是怎样做到的呢？他在欧洲和美国研究了贝纳通和Gap（盖璞）等大型休闲服饰连锁。受此启发，他看到了日本和亚洲基本尚未开发的休闲服饰市场的无限潜力。他很快将家族企业从销售西装转变为销售休闲服装，以较低的成本大量购入时尚产品。

而后，在20世纪90年代，柳井正借鉴西方连锁的战略，选择对自身供应链进行垂直整合，控制了从设计到生产和零售的全流程。1998年，当消费者开始将优衣库视为向郊区居民销售廉价服装的折扣零售店时，柳井正在东京市中心时髦的原宿区开了一家三层楼的门店。这一做法成本高昂，但消费者很快就开始将优衣库与高品质、时尚且价格实惠的服装联系起来。

西式零售、垂直整合和高端品牌的结合奏效了。至 1998 年，柳井正已在日本各地成功开设了 300 多家优衣库门店，并开始进军中国大陆和中国台湾。随着优衣库的不断扩张，公司自 2002 年以来为股东提供了近 1 000% 的收益，市值增加了 390 亿美元。

如今，优衣库是日本最大的服装零售商，规模是第二位排名的三倍。优衣库在日本以外的地区也增长迅速。自 2002 年开设上海的第一家门店以来，优衣库目前拥有 2 000 多家门店，其中一半以上位于日本以外的地区。如第一章所述，传统零售业总体上似乎处于混乱状态，但优衣库似乎是这条规律中的例外。

最大的转型尚未到来。2017 年，优衣库宣布计划到 2021 年将年收益增加到 260 亿美元，增幅接近 70%。如果柳井正能实现这一目标，优衣库将成为全球最大的服装零售商。

要想取得成功，优衣库就必须成功地将重心转向亚洲以外，尤其是在美国进行大规模扩张。这并不容易。休闲服装是一个已经饱和的市场，销售额每年仅增长 1% 左右。阿贝克隆比 & 费奇（Abercrombie & Fitch）、雅皮士（BCBG）、艾迪鲍尔（Eddie Bauer）、盖尔斯（GUESS）、J. Crew（美国一家快时尚零售商）和真实信仰（True Religion）等知名品牌，都关闭了部分或所有门店，因为在线零售商占据了更大的市场份额。

早些时候，优衣库进军美国市场的尝试进展不佳，其原因在于优衣库所在的郊区购物中心衰落了。因此，优衣库采取了新的战略，复制了在东京的做法，通过在纽约、波士顿和华盛顿特区的昂贵高档场所开设门店提升品牌形象。

电子商务也将是优衣库在美国扩张的一个重点，但它希望消费者继续在实体店购物，同时它正在对约一半的实体店进行彻底改造。柳井正长期以来都在推行“点击提货”战略，即客户在网上购买服装，然后到门店取货。优衣库认为，这种混合模式实际上增加了实体店的销量，因为客户来取货时，可能还会购买其他与已购产品相配的商品。

除了零售创新，优衣库还利用最新技术优化其综合供应链。2016 年，优衣库的母公司在洛杉矶开设了环保牛仔裤创新中心，以打造“完美牛仔裤”。它的目标是将设计到生产的时间从 3~6 个月减少到 1~2 个月，并使用更可持续的技术来达成这一目标。

柳井正希望该时长最终能被缩短至两周。优衣库大力押注其向门店供应最新牛仔产品的速度，坚信速度的提升能使其实现雄心壮志。

然而，即使生产速度得到显著提高，也只是成功的一半。优衣库还需大幅增强其库存管理能力。

这也需要进行重大调整。包括 Zara 在内的快时尚公司通过快速应对日新月异的时尚趋势实现增长，而优衣库采取了相反的做法，即提前一年计划生产。不像其他竞争对手售卖各种受国际 T 台启发的时尚服饰，优衣库只生产几种实用都市基本款。

这意味着从最初的设计到产品真正进入门店可能需要 6~12 个月。然而到那时，客户的品位可能已经发生了变化，这会导致销量下降和库存过剩。

为了降低这些风险，优衣库为所有商品贴上了 RFID 标签，以收集可立即进行分析的商品流动实时数据。通过这一新系统，优衣库可以对每家零售店做出准确的每日销售预测，从而提升产品规划和生产的效率。下一步是将生产流程进一步自动化，使用物联网技术收集和共享从生产到零售全供应链的数据。

为了实现这些目标，优衣库在 2015 年与埃森哲合作创建了一个基于云的平台，用于优化供应链并改善客户服务。在接下来的三年中，优衣库成了一家数字优先企业，以提供安全和个性化的消费体验。最终，线下和线上销量都实现了增长。

数字化也在为优衣库追求高度相关性助力，例如，为客户提供定制商品和当日送达服务。东京的一家新工厂通过建立一个共同的数字平台和数据共享，将 4 个部门（规划、营销、生产和物流）的 1 000 名员工连接起来，支持这一战略。一体化系统有助于加快决策速度，提高供应链效率。在埃森哲的协助下，优衣库正在收集和分析更多的门店级客户数据，并通过供应链反馈给工厂。

作为其转型的一部分，优衣库投资近 10 亿美元建设新的仓库和分销系统。柳井正认为，这些投资会通过将仓储成本降至最低、减少过剩库存及在全球范围内缩短产品配送时间收回成本。如果优衣库想要成功地将其商业模式从柳井正所说的“为所有人制造”转变为“为您定制”，那么利用数字技术整合规划、制造和销售就是必经之路，尽管这一举动成本高昂。

优衣库的人力资本战略也被用作其零售扩张的一部分。优衣库采用了日本的“改善”理念，大致意思是不断地追求完美。优衣库的竞争对手常常认为寻找员工的替代品很容易，但优衣库认为员工是宝贵的资产，也鼓励员工多提想法，以提高生产率。

作为“改善”理念的一部分，优衣库规定、记录并分析每个员工的活动，从叠衣服的方式到返还客户信用卡的方式（日本人的方式是用双手交还，同时进行充分的目光接触）。每位顾客都能听到“欢迎光临优衣库！”的问候，员工与顾客互动使用的是公司指导的六个标准用语，包括“您买全您需要的东西了吗？”

培训是重中之重。新员工在入职前三个月内要学习三次优衣库大学的基础课程，随着他们逐步晋升至管理和监督职位，他们还要继续接受培训。实习生与经验丰富的员工紧密搭档，部分原因是为了了解前者的个人目标是否与公司的目标一致。让实习生从事实际工作也使他们更容易向全职就业过渡。

财务三大杠杆

优衣库运用其独特的能力来发现和释放禁锢价值，将零售场所（对其他零售商来说已成为负债）转变为战略资产，以便客户以最优惠的价格在方便的时间和地点获得他们想要的时尚解决方案。优衣库使用了七项制胜战略中的多项战略，包括技术推动、高度相关、数据驱动、人才富集和资产配置。

优衣库正在进行的全球扩张也突显出，有关如何应对颠覆的传统智慧，可能与寻找和释放禁锢价值的努力背道而驰。在零售领域，管理专家往往建议首席执行官摆脱商店、库存，以及员工（在可能的情况下），以便与电子商务领域的对手竞争。毕竟亚马逊并不需要这些要素，所以从理论上来说，现有企业也不需要。但适用于一个竞争对手并不意味着适用于所有企业。优衣库的转型证明，在有所改善的信息系统和新型技术的支持下继续投资于零售基础设施，可以增加而非减少现有资产的价值。发挥创意、坚定信心，针对旧有要素的资本投资便可成为一个差异化因素，并成为竞争优势的丰富来源。

优衣库仍在继续大胆地投资固定资产，包括商店、创新中心和培训中心。优衣库并没有废弃零售店，而是对其进行重新设计，以适应数字技术和数字优先的客户。房地产价格高昂，但迅销首席执行官柳井正相信，通过“点击提货”的方式进行跨渠道销售可抵消这一成本。自动化工厂同样是一项重大投资，但它的成本回收在于降低库存成本和提供更具个性化的产品。

优衣库还驳斥了另一种传统观点，即时装库存的特征应该是成衣和大批量生产，即使这会导致生产过剩。优衣库则认为，可以通过提供定制服装并当天送货的服务提高销量。当然，要实现这一目标，目前就需要大量的技术投资，包括在自动化、分析和人工智能等领域。

此外，作为其“改善”承诺的一部分，优衣库的员工培训和晋升也为其在固定资产和库存方面的转型提供了支持。其结果是，优衣库拥有了一支全心投入的员工队伍，使其有别于其他服装零售商。

优衣库的案例表明，财务转向是围绕管理三项关键资本资产的新战略而建立的：固定资产（包括基础设施）、营运资本和人力资本。

企业管理每项关键资本资产的方法可能已经受到大爆炸式颠覆或挤压式颠覆的挑战。在许多行业，低成本虚拟化服务由云计算、高速移动网络和其他越来越快速、低价、可靠的可出租技术驱动，与之相比，实物基础设施在某些方面突然变得不再经济实惠了。

这些技术的普及还会导致客户的期望迅速变化——比如商品送货上门，而不是去门店取货。这可能会导致实体资产骤然贬值，比如为供应这些资产而被优化的零售店和分销网络。

营运资本已经成为盈利能力的关键因素，而随着新技术打破了时间和竞争洞察力的障碍，它将扮演更具战略性的角色。例如，高级分析能让一些竞争对手提前了解需求——有时甚至在客户完全了解自己的需求之前——从而让零售商降低了库存积压或因库存不足导致销量损失的风险。

企业还需要重新思考如何开发人力资本。由于新技术出人意料地缩短了许多商业技能的寿命，因而曾经定义清晰且易于完成的工作要求，现在却被打乱了。在许多行业，由于一代劳动力被淘汰，我们面临着职位空缺的风险，尽管对具有新能力员工的需求在迅速增长。作为一家以专业人员的专业技能为收入和差异化主要来源的公司，埃森哲一直十分重视继续教育。然而，对于更多来自制造业、公用事业和自然资源等非服务业的公司来说，这一迫切需求正变得愈加紧迫。

作为“明智转向”策略的一部分，企业将如何调整对资本资产的投入和配置？在本章中，我们将讨论财务转向的三条杠杆：固定资产、营运资本和人力资本。

- 固定资产。减少固定资产可降低持续成本，降低企业被淘汰的风险，并在新技术的推动下，使业务产品和运营模式转变更具吸引力，让企业能够更加快速地转型。与此同时，接受“即服务”模式——根据需要从其他机构获取制造、分销、零售和技术能力——会削弱一家公司的独特性，并削弱公司自主开发创新的能力。
- 营运资本。降低库存处理成本可以最大限度地降低存储费用累积的风险，在库存积累过多、过快而不得不进行清仓销售时降低风险，从而提高整体盈利能力。但库存过少会削弱规模经济，例如，从供应商处购买物料时。低估需求也会对品牌造成损害，造成客户无法在有消费欲望时买到他们想要的产品。

- 人力资本。无论在哪个行业，员工技能都是一项至关重要的资产：终极差异化因素。在所有按需购买的资产中，它是最难获得的。然而，禁锢价值缺口扩大导致的破坏正迅速抵消拥有全职员工的优势。与此同时，企业迫切需要与新技术相关的新技能，而合格的员工供不应求。作为“明智转向”的一部分，企业如何在提高员工技能和通过聘用兼职员工获得专业技能之间取得平衡？

固定资产：何时从资产变为负债

资本密集型行业（如重工业、公用事业、自然资源、零售、旅游和金融服务）的企业历来在固定资产（包括房地产、基础设施和工厂）的质量上享有并保持竞争优势。基础设施和复制基础设施的成本一度成为新进入者的主要障碍。

虽然这些资产可能是必要的，也是差异化的来源，但为了使其保持相关性，企业需要对其进行持续不断的维护，并推进现代化发展。当需求放缓时，对新建或扩建基础设施的过度投资可能会带来灾难性的后果，这在所谓的周期性行业，如化工用品和航空行业是不可避免的。

在新闻和娱乐领域，印刷机曾经不仅是一项基本开销，而且价格高到足以成为阻碍新进入者的门槛。然而，随着数字渠道的内容分销越来越优质、越来越廉价，这些资产逐渐成为负债。它们阻碍了现有企业向新的方向转型，也使企业无法抓住机遇，无法在扩大的全球对话中获得更具价值的地位，即再次成为可靠信息来源的化身。

再想想韩国的韩进海运公司（Hanjin Shipping Co.）的命运。该公司于2016年陷入破产境地。韩进海运公司的问题是船只太多，而货物不足。该公司的问题始于10年前，当时，许多航运公司试图使用能效更高的船只以迅速取代旧式船只，从而应对燃油价格不断上涨的局面。

船舶制造商、港口运营商和集装箱公司也在尽力满足中国对工业品和消费品快速增长的需求。但当全球经济陷入萧条时，中国的经济增长放缓了。所有对新基础设施的投资都不是锦上添花，反而成了致命一击。

西尔斯也破产了，至少部分原因是其一度价值不菲的固定资产带来的重压。虽然购物中心内的固定租户位置曾给这家零售商带来了竞争优势，但该公司过于依赖实体店推动销售，而不使用创新的数字工具补充购物体验。

然而，大幅调整杠杆使其远离所有权未必是唯一的解决方案。在零售业，正如优衣库的转型所表明的那样，实体店作为线上和线下创新平衡投资组合的一部分，仍然可以成为有价值的资产。同样，苹果也在扩大而非缩小其实体足迹。苹果商店是美国盈利能力最强的零售空间，它在全球500多家门店的平均收入超过每平方英尺①5 000美元。

① 1平方英尺约为0.093平方米。——编者注

从商店的极简主义设计到有限的产品选择，苹果在传统零售空间中脱颖而出。然而，苹果与其他零售商之间最重要的区别在于，苹果拥有高度相关的客户体验。排队和支付等低价值任务已经完全自动化，员工可以完全专注于个人客户。

其他公司，尤其是初创企业，可以通过另一种方式获得成功：利用数字技术将业务运作虚拟化，消除对硬资产所有权的需求（在某些情况下，甚至消除硬资产的存在）。爱彼迎没有酒店；优步没有出租车。它们所拥有的是软件平台、庞大的用户群和大量有价值的交易数据。这使它们能够克服过去无法逾越的障碍，将昂贵的房地产和车辆的所有权分别转变为现有酒店和运输公司的负债。

无论企业如何调整固定资产的杠杆，我们自身、我们的客户和我们的研究对象的经验都告诉我们，成功的金融投资组合的关键是充分利用企业决定必须控制的资产。毕竟，这是我们的七项制胜战略之一：资产配置。在某种程度上，这是每家公司必须运用的战略。

要了解其具体含义，可以看看印度移动网络运营商 Reliance Jio Infocomm（更广为人知的名称是 Jio）的资产智能战略。印度现在是世界第二大智能手机市场，它拥有 12 亿手机用户，仅次于中国。但在 2010 年，一些人看到的可能是沃达丰集团（Vodafone Group）的印度子公司巴蒂电信（Bharti Airtel）、铝业亿万富翁库玛·曼格拉姆·贝拉（Kumar Mangalam Birla）的创想公司（Idea Cellular）与其他 6 家运营商之间的激烈竞争，该市场几乎没有增长空间。（沃达丰印度分公司和创想公司随后合并。）

印度首富穆克什·安巴尼（Mukesh Ambani）却看到了不同的情况：禁锢价值的缺口在不断扩大。数字鸿沟拉大了印度不断壮大的中产阶级和最贫困人群与富裕阶层之间的距离。安巴尼认为数字鸿沟缩小的速度不够迅速。他决定通过采取一项包括固定资产重大投资在内的包容性战略，消除这一鸿沟。

另外的企业家可能选择租用其他供应商的移动资产，但安巴尼认为，印度的手机用户和不断变化的人口结构需要一个专门、可靠、高速的网络提供无处不在的连接——而当时现有的网络并不支持这些功能。因此，凭借 2010 年收购的关键无线电频率，他建立了 Jio，这是全球首个完全基于当时最先进的 4G LTE（第四代移动电话行动通信标准）技术的移动网络。

Jio 利用信实（Reliance）石化业务的现金，进行了一场 300 亿美元的资产收购热潮，安装了超过 10 万座基站，铺设了 15.5 万英里[①]的光纤电缆，并建设了 50 万平方英尺的云数据中心。

Jio 于 2016 年年底面世，当时数据传输使用的是老一代速度较慢的网络技术，印度的移动用户支付的费用高达每 GB 60 美元。Jio 的收费为每 GB 不到 1 美元，前 7 个月免费。如今，Jio 的收费仅为竞争对手的三分之一，但提供的流量额度更高。

这种价格竞争只能在新用户快速增长的情况下才能奏效，其中包括以前无法负担移动服务的许多用户。虽然 Jio 的低价吸引了中产

① 1 英里约为 1.6 千米。——编者注

阶级消费者，但要想吸引更贫穷的印度民众，则需要降低 4G 设备本身的高成本。因此，安巴尼推出了 JioPhone，这是一款入门级 4G 手机，售价约为 23 美元，且这笔费用作为押金是可退还的。

Jio 在市场营销上也下了大功夫。带有宝莱坞明星标识和“加油印度”口号的 Jio 广告牌遍布印度各地。Jio 所传达的信息是，这不仅是一项业务——这是一项推动“印度数字文化民主化”的努力。安巴尼的使命是让数百万人第一次接入互联网，从而颠覆整个产业。他的战略重心直指企业、消费者、产业和社会这四个方面的禁锢价值。

这个策略奏效了。截至 2016 年 12 月，Jio 在推出不到 4 个月的时间里就拥有了 5 100 万用户。到 2018 年年底，这一数字达到了 2 亿，几乎占市场的 20%。

Jio 的竞争对手没有意识到升级到 4G LTE 技术的紧迫性，它们认为，印度各地的 LTE（通用移动通信技术的长期演进）采用率较低，而且用户不愿为更高速的网络支付额外的费用。安巴尼看到的是大量的禁锢价值。只要负担得起，印度民众还是希望获得快速的数据和最新的移动技术的。

Jio 还投资了极为诱人的内容，提高了网络使用率。宝莱坞是印度人仅次于板球运动的最大爱好。因此，该公司推出了播放高清电影的应用程序 JioCinema。该公司的网络还提供电视直播、音乐、短信、在线支付和其他必备服务。设备供应商爱立信（Ericsson）公司在 2017 年年末报告称，Jio 进入印度市场这一变化“显著提高了全球（移动数据）流量”。

Jio 的成功震惊并刺痛了竞争对手。自 2016 年 Jio 问世以来，不具备像 Jio 一样的资产智能优势的小型现有企业要么被出售，要么歇业，要么申请破产。其余的公司在竞争中艰难地挣扎，其中两家供应商决定合并。竞争对手纷纷效仿 Jio 的策略，姗姗来迟地升级到 4G LTE，并降低数据价格，以保持竞争力。

安巴尼的解决方案是建立一套全新的移动基础设施，复制竞争对手已有的设施，这在通信行业中被称为“覆盖建设”。他坚信，看起来饱和的市场实际上掩盖了相当大的未被满足的需求，将最新的移动技术与创新应用相结合，可以为消费者释放禁锢价值，从而产生庞大的规模经济。

这项计划执行起来极其复杂。由于施工和运营的困难超出预期，因此最初的发布日期有所推迟。该公司的许可频率分为三个不同的频段，这意味着协调网络既困难又耗时。

然而，4G LTE 协议的带宽利用率要高得多，相比 Jio 的竞争对手使用的旧标准，它能更好地支持高清电影和语音通信。

与此同时，4G LTE 也是相对较新的技术，它直到 2010 年年底才被全球主要市场采用。由于没有可靠的兼容设备，Jio 直到其供应商制造出新的 LTE 设备才得以推出。2015 年年中，LTE 设备才开始在印度出现。因此，Jio 的战略还要求大规模生产此类设备，并尽可能地降低成本。

更重要的是，为了建立能够支持巨大数据容量的数据网络，需要在全国安装大量的光缆，还要建造通信塔。获得印度监管部门的批准需要时间，在现有的通信塔上安装新的天线和其他设备也需要时间。（Jio 三分之一的通信塔为公司所有，其余为共享。）

还有互连的问题，这是确保网络间通信成为可能的关键部分。在发布前的几个月里，Jio 指责竞争对手蓄意破坏公司员工和早期客户的初步测试。该公司抱怨称，其他通信服务提供商故意不提供足够的连接点，导致 Jio 的用户通话大量中断。

尽管存在这些障碍，Jio 自 2017 年年底以来一直盈利，2018 年 3—7 月盈利 8 900 万美元。如果 Jio 继续提供比竞争对手低得多的价格，该公司市场份额将会攀升，以扩大网络盈利所需的规模经济。

爱立信表示，即便是现在，Jio 对固定资产杠杆的反直觉定位也开启了印度移动服务持续扩张的新时期。爱立信预测，2015—2021 年，印度的数据消费将增长 15 倍。Jio 的转型释放了消费者和社会层面的禁锢价值，改善了其生态系统合作伙伴的前景。这些合作伙伴一度很难将产品和服务推广至富裕城市人口之外的群体。

一位市场分析师表示，“这改变了所有消费者的习惯”。“现在每个人都迷上了互联网。”

营运资本：多少库存才是刚好

服装、消费电子、家电，甚至汽车等行业的企业在库存管理方面都面临着残酷的权衡。究竟应该生产和储存大量成品，承担过剩的风险，还是保持供应精益，承担买家在需要产品时却无法买到的风险？这一问题的答案可能对应付账款、应收账款和库存，或者通常所说的营运资本产生深刻的影响。

更保守的企业宁可缺货，只生产它们确定有销路的产品。这种做法可以防止不必要的库存堆积，而这些库存可能会迅速贬值。但如果社交媒体上的用户好评或其他网络口碑造成需求意外飙升，也会让企业变得脆弱。

行业研究中的一些关键事实突显了这种权衡。在全球范围内，缺货导致的销售损失将减少高达 4% 的潜在收入，仅北美地区每年的缩水就超过 1 250 亿美元。一般来说，客户有近 10% 的概率买不到想买的商品。只有 15% 的客户愿意推迟购买，等待补货。

全球库存管理问题将变得更加严重。在受到大爆炸式颠覆的市场中，发现了中意的新产品和服务的消费者正在利用社交媒体向亲朋好友或陌生网友传递信息，从而导致需求突然飙升。如果企业还没有准备好接受这种免费的广告，就可能会发现自己卖的是人人想要但没人能买到的东西，我们称这种危机为“灾难性成功”。

让我们来看看手工制衣初创企业美国巨人（American Giant）的警示故事。2012 年，该公司新推出的全棉连帽衫（“人类所知的最好的帽衫”）在网络杂志 *Slate* 上获得了好评，需求出人意料地达到顶点。美国巨人在一天之内收到了 5 000 份订单，而这家以过分注重设计细节和客户服务为荣的公司却无法满足这些需求。“4 天后，我们就一无所有了，”该公司创始人贝阿尔德 · 温斯罗普（Bayard

Winthrop）尴尬地告诉 BBC（英国广播公司），“我们的仓库里什么也不剩了。”

与所有企业一样，美国巨人必须尽其所能预测未来的需求，订购生产产品所需的原材料，而它需要三个月的时间才能完成生产。*Slate* 杂志的评论破坏了该公司的销售预测，产生了大量积压的订单。

完成积压的订单意味着在两条危险的道路中做出选择。当美国巨人能够充分提高产能时，许多客户可能已经等得不耐烦了。更糟糕的是，该公司无法知道销量的飙升是否只是昙花一现，而且现在的扩张可能让公司日后背上无法管理的债务。

如果没有为灾难性成功做好准备，老牌企业也可能会受到同样严重的打击，甚至更严重。当任天堂最新款的游戏机 Switch 开始热销时，失望的粉丝们指责该公司故意推迟发货，以扩大需求。坊间甚至流传着这样的说法：任天堂正在保护一个装满 Switch 游戏机的仓库，每次仅有选择地向世界各地的零售商发售几台游戏机。

现实远没有那么戏剧化。任天堂只是比较谨慎——也许过于谨慎了。鉴于之前的产品 Wii U 没有大热，任天堂在有意避免为 2017 年 3 月的发布生产过多的 Switch 游戏机。高管们曾希望（但实际上并没有计划）产品大获成功。

常言道，千万不要轻易许愿。Switch 成了任天堂有史以来销售得最快的一款游戏机。截至发售第一个月月末，已售出近 300 万台，游戏销量接近 550 万。任天堂立即提高了产量，但它很快就发现自己在与苹果等公司争夺零部件，而这些公司自身也有难以满足的需求。闪存、液晶显示屏和用于制造 Switch 振动功能的电机都供不应求，这迫使任天堂陷入了零部件争夺大战。

正如任天堂没有意识到需求激增一样，该公司也很有可能生产过多的 Switch，或者更糟的是，在错误的时间生产出来。事实上，正如我们在第六章对任天堂产品战略的简短讨论中看到的，大爆炸式颠覆的本质是，细分市场的即时采用意味着需求总是很快达到饱和状态。把握好生产时机，就能占领整个市场。

如果时机不对，企业就相当于把收入拱手让给更灵活的竞争对手，或是最终守着所有人都想要但都已经拥有的一堆商品库存。

到目前为止，准确预测新消费品需求的时间和规模几乎是不可能的。长期以来，销售产品相对廉价的公司所采用的模式是过量生产，减少或取消多余的库存。例如许多服装零售商的宗旨是“存多卖低”。即使是旨在让新设计尽快从 T 台进入商店，让每个时尚潮流无缝衔接的快时尚领域，有时也会因此产生生产过剩和打折的情况。

然而，高端时装品牌没有打折的选择，至少，如果它们想在未来维持高价，就不会这么做。一些奢侈品制造商甚至会销毁过剩的库存。2017 年，某品牌焚烧了价值 3 800 万美元的未售出服装和美容产品。它宁愿这样做，也不愿打折。该品牌因此受到抨击，它此后不再实行这种做法。

和时尚产业一样受潮流驱动的消费电子产品公司也面临着同样的问题。例如，2012 年，微软将 Surface RT 平板电脑的消费者需求高估了约 600 万台，这导致该公司损失了 9 亿多美元。缺乏第三方应用程序且没有键盘让潜在买家感到不快，这致使该公司将入门级型号的价格从 499 美元降至 349 美元，降幅高达 30%。

一年后，问题恰恰相反。Surface Pro 平板电脑受到了消费者的青睐，成了一款热销产品，在推出之初就收到了强劲的需求。微软的谨慎不足为奇，然而这却导致其生产的早期版本产量不足，很快就出现了严重的缺货。

正如这些例子所表明的，预测时尚和消费电子产品等新颖甚至具有革命性的商品的需求尤其困难。企业面对的要么是需求激增，要么是一无所有。

幸运的是，企业越来越没有必要在库存过少或过多之间做出选择，或者在很大程度上基于直觉做决定。随着机器学习等技术的进步，即使在最不确定的市场中，模拟需求也会越来越准确。随着物联网连接了更多供应链的更多环节，企业将能够立即了解产品的最佳销售方式和销售地点，以及错误的销售地点，从而更快地进行调整。

在我们的研究中，价值释放者将这些技术与七项制胜战略相结合，尽可能推迟生产，直到更好地掌握对需求的了解，然后应用创新营销方法（如优衣库等公司的做法），通过更好的目标市场定位和个性化让客户满意度达到最大化。

当制造商的库存超过预期时，其他数字工具可以将其与专业的在线积压销售商对接，以清除过剩库存，从而减轻影响。它们甚至可以利用技术计算出最优价格来清除过剩库存。

例如，为了改善一家库存过剩销售商的业绩，埃森哲建立了一个预测模型，使公司能够利用历史数据改进其针对不同价位销售规模和速度的预测。输入一项新的给定价格的积压产品，在几秒之内，该工具便会推荐价格变化的数量和时间，以优化利润，并确保产品售空，在许多情况下只需做一次调整。

人工智能驱动的优化算法已经在更广泛地寻找和利用可观察到的历史模式、相关性和数据元素之间的关系，从而进行更好的供应链决策。

这些新工具可以预测订购特定型号的时间、数量、地点，以及颜色、大小等。很快，每个行业都将能够提供自己的快时尚版本，快速推出新产品，以满足客户瞬息万变的口味。这将由推荐最佳销售地点和价格的软件提供支持，以最大限度地减少过剩库存。

同时还可使用历史数据对该算法进行测试，然后根据客户需求的实际情况进行自动评估和纠正，即边做边学。与我们库存过剩的客户一样，它们可以立即发现多余的库存，并迅速出售。

上市公司尤其需要采用这些工具。市场分析师会密切地关注营运资本，用库存问题来恫吓市场可能会对股票价格的健康状况造成极大的不利影响。

全球最大的体育品牌耐克在 2017 年曾遭遇这种情况。耐克可能野心过大了——它设定了到 2020 年收益达 500 亿美元的目标，进而导致生产过剩。过剩的库存必须打折，而这将影响企业的净利润。高盛（Goldman Sachs）在致投资者的一份报告中，以运动装和服装行业面临的“基本挑战”（包括耐克零售合作伙伴的过剩库存）为例，将该公司的评级下调至“中性评级”。股价跌了。

整体需求并没有下降。事实上，随着“运动休闲”品类的出现，即既可以在健身房穿也可以作为休闲装的服装，行业销量有所上升。然而，竞争异常激烈，其中阿仕利塔（Athleta）、安德玛（Under Armour）、露露柠檬（Lululemon）等创新品牌和名人品牌系列越来越受欢迎。

耐克迅速恢复，并加快了数据驱动和高度相关战略的进程。短期内，为了专注于畅销产品，管理层决定将上市的款式减少 25%。

耐克随后将其零售合作伙伴从拥有 11 万个分销点的 3 万家公司大幅缩减至仅 40 家主要零售合作伙伴。选中的零售商包括富乐客（Foot Locker）、诺德斯特龙（Nordstrom）和其他一些公司，这些公司在其门店内经营独特的耐克品牌空间，并由经过耐克培训的特定员工协助销售。

由于需要管理的零售合作伙伴越来越少，耐克得以将注意力转向从顾客身上收集更多、更好的数据。作为交换，它提供了更加相关和定制化的客户体验，这是其营运资本调整的基石。

例如，在其自称为“消费者直接进攻”的计划中，耐克将匿名在线买家转变为 NikePlus“会员”，为其在官网或其应用程序上开设账户。耐克已经帮助逾 1 亿个用户注册账户，这些用户的平均消费几乎是未注册“访客”的四倍。耐克的目标是在未来五年内将会员数增至三倍。

利用数亿顾客购买习惯的数据，耐克可以提高预测需要生产的产品、目标客户、最佳销售方式，以及在线下还是线上销售的能力。与此同时，耐克在缩减产品线之后，新系列推向市场的速度将提高一倍，这也是公司为了不断改善消费者体验所做的一部分努力。

更值得一提的是，耐克正在开发本地化库存控制的工具，使商店只销售本地客户想要的产品。参考“梅尔罗斯的耐克”（Nike by Melrose），这是一家创新的快闪店，它于 2018 年夏在著名的西好莱坞大道开业。

该公司正在利用当地 NikePlus 会员提供的数据来决定新店的库存。“梅尔罗斯的耐克”提供城市特色款式，而不考虑公司更明显的季节优先性。例如，耐克的低口 Cortez 运动鞋在洛杉矶很受欢迎，所以这家店储存了更多各种色号的该款运动鞋。为了让“梅尔罗斯的耐克”与时俱进，公司每两周就会调整库存，以应对当地不断变化的潮流走向。

商店里的位置传感器可帮助识别进店的客户是否为 NikePlus 会员，这进一步推进了库存优化。根据购买历史，商店可以为每位会员保留特定商品，无论他们是否已经提出需求。

更广泛的战略背景是提升公司品牌，其中一部分就是直接面对消费者销售，而且速度比过去更快。公司不仅提供产品，而且为其最忠实的客户提供定制化的体验——或者说是一种生活方式。

尽管耐克仍处于转型初期，但它高度关注基于更多、更好数据的收集、分析和运营，突显出各行业企业如何调整营运资本杠杆。

我们相信，借力新技术的任何规模的企业不仅能更准确地管理库存，还能将库存管理专业知识转化为竞争优势。有了无处不在的通信网络、低成本的基于云计算的能力，以及越来越多的可重复使用的数据源，企业既可以持有自身的资源，同时也可以将其出售。

人力资本：你有多重视你的员工

技术带来的颠覆步履不停，这迫使各行业的企业重新审视财务资产的第三个大类：员工技能和专业知识。

无论业务为何，企业都可能在培训上进行了大量投入，比如在特定的技术和设备、业务流程、专业和人际关系发展方面，或是在获得许可和继续教育方面。

然而，新技术可以或快或慢地改变这些投资的计算。颠覆不仅要求企业更换旧设备和外包基础设施，它还迫使企业淘汰曾是此类资产方面专家的员工，或对其进行再培训。具有讽刺意味的是，随着旧技能过时，接受过新工作培训的员工开始供不应求。

例如，在交通运输领域，我们即将实现自动长途卡车运输，车辆在紧密的配置中“排列”，使货物运输更高效、更快捷、更安全。那么职业卡车司机在这个过程中会遇到什么情况？企业将如何雇用和留住实施和运营新技术的专家？至少在初期，寻找和留住此类人才并非易事。

尽管公司员工的技能清单可能不会直接出现在公司的资产负债

表上，但人力资本是一项越发重要的资产，也是最不稳定的资产。

埃森哲自身的经验便说明了这一点。自 2015 年以来，埃森哲几乎从零开始，建立了市值 20 亿美元的网络安全业务，这是我们转向数字化第一战略的一部分。如今，我们拥有近 6 000 名安全专家，他们遍布全球各地，包括在马尼拉和布拉格的网络中心。大部分专业人才来自收购，收购的公司包括 Arismore、iDefense、Defense Point Security（埃森哲的一家联邦服务公司），以及澳大利亚、以色列和印度的安全公司。

但即便是如此庞大的并购活动，也不足以建立我们的客户目前需要的业务模式，更不用说让埃森哲具备向新业务转型所需的规模了。我们仍然受到有机增长的推动，致力于不断投资员工的能力，无论他们最初以何种方式加入公司。因此，在 2016 年，我们位于印度班加罗尔的中心实现了许多低级任务的自动化，这既是为了提高产能，也是为了将员工的工作转移到更高层次的问题解决上。

埃森哲人力资本投资组合的首要任务之一是高度专业化技能的快速扩张。在 2018 财年，我们在员工发展方面投入了超过 9.25 亿美元，在按需数字环境中为个人提供定制化继续教育机会。我们还对再培训进行了大量投资，超过 29 万名员工接受了新技术技能培训，包括自动化、敏捷开发和智能平台。

技术正在推动重新思考人力资本杠杆的需求，为企业提供新工具和新要求，使其接受人才丰富、资产智能和网络驱动的制胜战略，并将其作为明智转向的一部分。培训正从课堂转向云端，借助高清视频和先进的电话会议、全息摄影、机器学习，以及增强现实和虚拟现实技术构建的新型人机界面，培训水平有所提升。

我们已经描述了调整人力资本杠杆在我们自己的企业改造中发挥的作用。现在我们来看看另一家一流企业——它同时也是世界上历史最长、规模最大的企业之一——是如何在其行业经历大爆炸式颠覆和挤压式颠覆之际，转变技能杠杆的。我们将讨论的是现代传媒巨头 AT&T。

正如我们在前面的例子中指出的，迅速融合的通信和媒体行业正经历着比所有行业中都严重的颠覆。不久以前，语音通信使用自己的模拟交换网络，而视频娱乐则依赖于无线广播。在许多国家，这两项服务最初仅由政府机构提供，而后由受到严格管制的垄断机构提供。价格和服务、进入和退出，以及全民覆盖的要求都是由复杂的程序规定的，通常由地方当局操作进行。

随着包括电缆、蜂窝、光纤和卫星在内的新一代生产和传输技术在商业上变得可行，它们也被用于老一代网络和监管方案，但这么做并不合适。

例如，一些国家将新的数据通信服务从法律上与政府或受监管的提供商分开。这意味着，随着技术越来越先进、越来越低廉，对于构建和部署该技术的公司来说，它们在调整自己的网络方面几乎不受限，新旧用途都能适应。这就包括新的混合技术，如短信、视频聊天和社交网络。

这种自由导致的结果之一是，互联网的非专有标准几乎渗透每一种较旧的网络技术，在短短几十年的时间里，它提供了语音、视频、数据及三者的新型排列组合。

这场革命以及由此产生的日益扩大的禁锢价值缺口，给现有企业带来了巨大的压力，尤其是那些曾经受到严格监管的企业，它们必须快速实施一系列转型。我们已经讨论了包括康卡斯特、Jio、谷歌、微软和亚马逊在内的部分行业领导者和新进入者如何调整其创新和基础设施战略，现在来看看世界上最大的雇主之一 AT&T 如何通过调整人力资本杠杆来推动自身的转型。

在撰写本书时，AT&T 正处于其近 150 年的历史上最重大的战略挑战之中。客户几乎完全抛弃了传统的电话服务，尽管他们对内容丰富的无线语音、视频和数据服务有着近乎无限的需求。从 2007 年苹果推出 iPhone 到 2015 年，AT&T 移动网络上的数据流量增长超过 150 000%！

企业通信服务也在蓬勃发展，因为公司在办公室之间，以及向亚马逊、谷歌和微软等云基础设施传输的数据量越来越大。AT&T 的网络日益以光纤为中心，该网络每天处理的数据量达 130 PB（若以字节为单位，相当于 1.3 后面加 17 个零），这相当于美国国会图书馆数字资产的 40 多倍。

尽管如此，随着消费者期待 5G 网络投入使用，企业通信业务的增长速度正在放缓。5G 网络是在速度、可靠性和容量方面均有显著提升的新一代网络协议，但它要求 AT&T 筹集数十亿美元以投资于新的基础设施。另外，长期以来，美国四大移动网络运营商之间的价格战一直难分难解。

在 AT&T 的娱乐业务方面，付费电视客户正从固定电缆和铜线网络技术转向基于卫星的服务，并从卫星转向来自大量不断增长的新进入者的过渡互联网流媒体内容，其中包括 AT&T 的许多供应商和内容合作伙伴。

2007 年，兰德尔·斯蒂芬森（Randall Stephenson）开始担任 AT&T 的首席执行官。在他的领导下，公司不断地转型。AT&T 在 2014 年以 630 亿美元的价格收购了卫星提供商 DirecTV，并于 2018 年完成了与内容巨头时代华纳 850 亿美元的合并，这使 AT&T 获得了 HBO 电视网、CNN（美国有线电视新闻网）和华纳兄弟工作室的创意人才和产品。

与此同时，该公司的法律团队一直在与国家和地方政府合作，以促进关停剩余的模拟语音网络，让新老客户都能使用更好、更快、更便宜的互联网光纤和移动通信。

但 AT&T 的员工是否具备在重组后的 AT&T 工作所需的技能，甚至能否带领 AT&T 进入新兴市场，达到能够追赶硅谷行动最快、能力最强的竞争对手所需的规模？无论如何，这都是斯蒂芬森面临的挑战。

AT&T 拥有约 25 万名员工，其中大多数人接受教育和职业培训的年代不同，适用于 AT&T 不同的发展阶段。一方面，这些员工保留了公司不能失去的大量制度和文化知识。除去客服中心的员工，AT&T 员工的平均任期长达 22 年。

另一方面，新的商业环境需要云计算、软件开发、数据科学和其他数字优先能力方面的技能，而极少数现有员工具备这些技能。其中许多领域的发展太快，以至于传统的在职培训和发展方法无法跟上。另外，公司外部供不应求，从而抬高了工资水平。

2013 年的内部研究显示，仅约半数的 AT&T 员工具备公司所需的科学、技术、工程和数学方面的必备技能，到 2020 年，这一比例将降至 5%。到那时，将有 10 万名员工的工作是为公司原本可能淘汰的硬件提供支持。

这让 AT&T 进退两难。AT&T 可以尝试聘用新的技术人才，以满足当前对数字优先技能的需求，以及数字娱乐、分析、计算机安全、移动应用程序开发、自动驾驶汽车和物联网等领域的新兴需求。但即使提供高薪，AT&T 在试图填补数万个软件和工程职位时仍可能面临人才短缺。

那么现有员工呢？更换员工不仅会对员工、企业及员工生活和工作的社区造成创伤，而且成本高昂。2012 年的一项研究显示，更换员工的平均成本超过员工年薪的 20%，这一比例随着基本工资的增加而上升。

因此，AT&T 选择对现有员工进行再培训，让他们掌握运营公司新业务的技能。这一过程始于一项大型的 AT&T 组织结构调整计划：“员工 2020”。超过 2 000 个职位被缩减到更易于管理的规模，具有类似技能的职位被合并为一个单一的类型。17 种不同的编程职称统一简化成了“软件工程师”。

接下来是建立针对数万名员工的再培训系统。AT&T 花费数年、投资 10 亿美元实施“为未来做准备”计划，其中包括在线课程、与 Coursera 和 Udacity（优达学城）等数字教育公司以及一流大学的合作。

其他手段包括帮助员工了解公司在三个生命周期阶段需要何种技能，使员工能够依此安排自己的培训。为了促进该计划的实施，AT&T 开设了一个在线门户网站，展示空缺职位及其要求和潜在工资区间，还有每个工种扩大或缩小的可能性。

该系统还负责评估每位员工当前的技能，并提出针对性建议，即员工可以通过额外培训在未来从事哪项工作。员工可以选择不同的目标，然后将系统设置为出现匹配其首选技能组合的职位空缺时进行提醒。截至 2017 年，公司超过半数的员工完成了数据科学、网络安全、敏捷项目管理和计算机科学领域的近 300 万门在线课程。另有 500 名员工参加了佐治亚理工学院的在线计算机科学课程，在这所一流的工程学院攻读理学硕士。将近 100 人已经毕业。

实际上，根据 CNBC（美国消费者新闻与商业频道）报道：“若员工目前正在接受再培训，则其被聘用到更新、更关键的工作岗位的可能性将翻一番，而职业晋升的可能性将翻两番。”

AT&T 通信公司首席执行官约翰·多诺万（John Donovan）负责该公司的全球通信和视频服务业务，他在 2018 年告诉 CNBC，公司目前在技术技能方面对非正式员工的依赖度大幅下降。“我们正在向正式员工倾斜，因为我们开始关注公司内部的人才。”

为了做管理技能的重新调整，多诺万于2016年在与卡西·本可（Cathy Benko）合著、发表于《哈佛商业评论》的文章中描述了AT&T重新设计人才实践的三种方式。

- 简化绩效指标，重点关注个人如何为业务目标做出贡献并更好地认识到工作的市场价值。该方法提高了拥有网络安全、数据科学、计算机网络等方面高需求技能的个人的薪金回报。
- 提高业绩预期。在AT&T的技术和运营部门，绩效评价分为五个等级，获得最高两级的经理人数下降了5%，而获得最低两级的人数则增加了37%。
- 重新设计薪酬计划，降低资历的重要性，增加薪酬变量，以激励高绩效者并强调公司所需技能。

对于专业人员，公司已经明确表示，再教育需要员工自己投入一些时间和资金。而激励这种付出是一项关键的挑战。此外，约50%的AT&T正式员工都是工会成员——这是美国最大的全职工会员工群体。因此，从2013年左右开始，新版合同包含了培训和发展计划的详细信息。公司与工会合作，而工会也认同如果工会成员的技能无法与时俱进，他们就将面临风险。

目前AT&T宏伟的“2020计划”仅完成了一半。为了使公司在未来十年拥有技术熟练的员工队伍，仍有数万名员工需要接受再培训。与此同时，超过一半的网络仍需转向数字技术，这意味着对老一代网络相关技能的需求仍旧很大。

无论如何，成功在望。2016 年，在 4 万个公开招聘的职位中，逾 40% 由内部员工填补。2017 年年初，公司估计有 14 万人正在以某种方式为公司内部的不同岗位做准备。

AT&T 对人力资本杠杆的大胆调整是以经济且高效的方式利用技术对员工进行再培训和提升，达到了两全其美。它还体现了企业和社会禁锢价值的切实释放。

有些企业可能因规模过于庞大或结构过于稳固而无法快速进行明智转向，即便是这样的转型也实属必需，读者可能因此产生了诸多疑问，而该案例应该已经解答了这些问题。"技术转变已经成为常规，" AT&T 首席执行官兰德尔 · 斯蒂芬森在 2017 年接受《财富》杂志采访时说道，"但谁的人才能够紧跟技术的步伐，进行大规模的转型？"

AT&T 对人力资本大刀阔斧的处理方法突显了许多企业如今正在努力克服的其他一些关键问题，而我们的研究也致力于解决这些问题。

- 当员工的技能因大爆炸式颠覆或挤压式颠覆影响时，在员工再培训方面，企业的责任是什么？
- 培养出的技能娴熟或独特的员工可能跳槽，或者继续任职一段时间后仍需要再培训，那么企业应该进行多少投资来培养他们？

- 相反，企业是否应该最大限度地减少不确定和不可预测的技能投资，仅以购买的方式获得需要的技能，但同时认识到自由职业市场存在最新技术技能供应不足的情况？

当然，这些问题没有简单的答案，而且需要考虑许多与公司业务和战略定位具体相关的利弊权衡。拥有数量充足的技能匹配的员工可能会压缩利润，而技能不足的员工可能因错误和糟糕的客户服务抬高成本，更将降低自下而上的创新水平，而后者正是明智转向的基础。

尽管如此，一如 AT&T 的案例所述，无论企业如何平衡过去、现在和未来的财务组合，要想成功实现明智转向，必须对企业最宝贵的资产之一——员工——进行深思熟虑的战略性管理。

我们也将在下一章和最后一章讨论这一主题。

第八章　人力转向：领导力、工作和文化

在上一章中，我们讨论了财务转向，并在最后讨论了不同行业的公司在面临日益加快的由技术驱动的颠覆时，如何管控员工技能方面的成本和风险。

本章将深入探讨人力因素及其在明智转向中所扮演的角色。我们将超越技能量化的范畴，对人力资源进行更为具体的探讨。无论企业规模大小，任何在其中工作过的人都知道，如果人不做出改变，其他改变都是空谈。

我们将着重探究成功地管理过去、现在和未来的业务将如何影响企业将各式各样的人和文化聚集在一起，在保证团结一致的同时尊重个性的方式。在埃森哲，我们将这一目标称为“以人为本”（Truly Human）。这是一种全面的方法，专注于促进人的全面发展——包括思想、身体、心灵和精神。

若读者也想同我们一样，将这种愿景作为业务的核心原则，则

需要采用广泛的人力资源方法，包括多样性、包容性、专注性和持续学习。打造平衡的人才组合不仅本身是有益的，这也是保证企业成功经历三个生命周期所有阶段的唯一方法。它是埃森哲企业文化的重要组成部分，也是我们明智转向的关键成功因素。

在这里，我们将探讨最后三条杠杆，它们分别针对领导风格、快速发展的人机前沿技术及企业文化。

让我们再度回到波动频繁的通信行业，详细地了解其中一家企业，看看它的某子公司首席执行官的非常规领导风格是如何对利润及其他方面产生影响的。

德国运营商 T-Mobile 逆袭

2012 年，德国通信巨头德国电信（Deutsche Telekom）做出了一项重要的决策。移动网络提供商 T-Mobile 是该公司在美国的主要资产，如果 T-Mobile 想超越竞争对手，在市场中生存，它就需要新的领导。

当时，T-Mobile 身处的美国运营商行业正在经历快速整合，而 T-Mobile 由日本投资方软银集团控股，行业排名垫底，在威瑞森、AT&T 和 Sprint 之后。德国电信已停止对 T-Mobile 进行重大资产投资，因为技术从 3G 转向 4G LTE 后，运营商无法在竞争中获胜。

以 390 亿美元的价格与 AT&T 合并看上去是德国电信对 T-Mobile 的最佳安排。然而，这次并购被美国监管机构叫停了。T-Mobile 最终获得了 40 亿美元的补偿，其中包括 30 亿美元现金和 AT&T 最好的一些无线电频率许可，但 T-Mobile 本身没有关于如何使用这些许可的战略。

公司随后聘用了约翰·莱杰尔（John Legere），他是一位自称特立独行的领导。莱杰尔迅速证明了自己的价值。2013 年，也就是莱杰尔担任首席执行官的第一年，T-Mobile 用户数显著上升，实现了 165 万人的增长。在前两年亏损数十亿美元之后，公司在那年甚至获得了微薄的利润。

尽管莱杰尔的工作卓有成效，但 2014 年接任德国电信首席执行官的蒂莫休斯·霍特吉斯（Timotheus Höettges）面临着持续不断的压力，需要为 T-Mobile 寻找买家。在美国运营商之间的价格战不断升级的大背景下，用户增长和重新盈利可能是短暂的。要想真正超越威瑞森和 AT&T，T-Mobile 需要注入更多投资更新其老旧的基础设施。在十年或更长的一段时间之后，当 5G 技术成熟，T-Mobile 又要进行新一轮投资。

出售 T-Mobile 还能为母公司带去急需的现金，以帮助德国电信抵御欧洲内部的颠覆性威胁。

蒂莫休斯·霍特吉斯和约翰·莱杰尔可谓电信行业的一对奇葩组合。霍特吉斯坚忍而坦率，被称为热情的谈判者，他既专注细节，又能把握宏观战略。莱杰尔傲慢而好斗，有时甚至有些粗鲁，他会在推特上攻击竞争对手的首席执行官。

霍特吉斯决定抓住机遇向新兴业务转型，这首先需要对旧有业务和现有业务进行大量投资。德国电信的领导层接受了莱杰尔对 T-Mobile 从产品到企业文化等各个方面彻底改革的评估。莱杰尔得以自由地以其玩世不恭的方式对 T-Mobile 进行改造，包括允许员工做面部穿刺和文身。

在莱杰尔的领导下，T-Mobile 为公司的客户挖掘了巨大的禁锢价值。他以简单、透明的定价取代了长期手机合约，减少了设备升级的困难，并取消了全球漫游费用。他为顾客提前终止其他运营商的套餐转而选择 T-Mobile 所造成的损失买单，并提升了利用 Wi-Fi 网络拨打免费电话的便捷度。他还与苹果达成销售 iPhone 的协议，美国其他三家运营商此前均已开始售卖 iPhone。

随着流媒体视频逐渐流行，T-Mobile 推出了 Binge On 服务，这款服务使用户在观赏 YouTube、网飞及其他音乐和视频内容时无须使用套餐中的数据流量。至于目前和未来的业务，莱杰尔赢得了政府拍卖，扩展频谱以改善 T-Mobile 的 4G LTE 网络，同时为 5G 的发展提供了更为清晰的路径。

莱杰尔推动了用户、销量、利润和股价的空前增长。只要他继续保持，霍特吉斯就认为没有必要放弃 T-Mobile。“这支队伍表现出色，”霍特吉斯在 2014 年与分析师的首次电话会议上如是说，“我们不冲动，不着急，丝毫不绝望，也并非一定要进行并购。”

虽然霍特吉斯承认莱杰尔的管理风格从未在德国奏效，但 T-Mobile 首席执行官的好胜心态确实与德国电信的文化完美同步。“我喜欢带来颠覆的人，”霍特吉斯在接受采访时说，“我喜欢勇敢的人。他与我们的基因和目标非常契合，即便他的方法非常美国化。”

美国化的方法得到了回报。经过五年的转型和重组，2018 年，T-Mobile 成了威瑞森和 AT&T 真正的竞争对手，与二者相匹敌。同时，公司宣布与 Sprint 合并，合并后的公司估值为 1 460 亿美元。为了保持挽救了 T-Mobile 的领导力，该公司的高管将在新公司担任高层职务，新公司也将保留 T-Mobile 的名称。在撰写本书期间，热衷于强劲的 5G 竞争的监管机构似乎很有可能批准该并购案。

对德国电信来说，聘用莱杰尔远非一次性的个别案例。未来，通信公司必须转向内容、应用和技术创新（正如康卡斯特、AT&T、Jio 和其他公司进行的转型），为了做好准备，德国电信将需要更多的国内外业务创造者和冒险家。

霍特吉斯及其领导团队已经接受了一种新的前景，包括专注于数字时代成功领导力的全球高管培训项目。这门为期一年的课程名为 levelUP，它提供有关管理数字优先企业的定制内容，包括同时拓展当前核心业务及可规模化新型业务的策略。

2017 年，来自德国和海外的 700 名德国电信管理人员参与了该项目，这也逐步提高了公司转型的迫切性。

但管理层知道必须谨慎行事，不能把杠杆朝新的方向推得太远。时任首席人力资源官的克里斯蒂安·伊利克（Christian Illek）在 2017 年的一篇博文中表示：“德国电信在全球拥有 23 万名员工，我们不可能用管理初创企业的方法来管理如此庞大的集团。”“诀窍在于，在成功开发新的数字业务领域（比如云）的同时，高效管理核心业务。”

伊利克的观点是，初创企业只需要运营一家企业，然而现有企业需要运营处于生命周期不同阶段的多家企业。这意味着要管理不同的商业文化——更传统的旧文化、更开放的新文化。

因此，为了应对通信行业普遍存在的大爆炸式颠覆和挤压式颠覆，德国电信改变了从公司首席执行官到初级客服中心员工等各种人才的招聘和管理方式。

这包括采取直接行动来提高公司领导层和企业文化的多样性。在过去十年的大部分时间中，公司一直在努力招聘更多女性担任管理和领导职位，甚至设置了配额。2017 年，管理层女性占比从 2010 年的 19% 上升至 25%。该公司还将监事会的女性占比提高到了 40%。（德国法律要求公司设立第二董事会，由股东代表和公司员工组成，其中很大一部分必须是女性。）

在德国，提高女性在公司领导层的代表性、缩小两性薪资和职业机会差距一直是棘手的政治问题，但德国电信欣然接受而非抵制监管干预。

无论是强制还是自愿，建立配额可能不是最佳解决方案，但它至少在目前是必要的。德国电信人力资源开发主管埃尔克·弗兰克（Elke Frank）博士在公司网站上表示：“我当然支持配额制度。”“我很乐意看到没有配额也能得到相同的结果，但这在德国似乎是不可能的。所以，我们应该务实一点儿，使用配额。”

培养多元化的管理人才还需改变整体工作条件。例如，德国电信扩大了覆盖所有员工的产假计划，并为管理人员提供了更灵活的工作时间。该公司还增加了非全日制工作安排。员工可从入职开始就进行非全日制工作，也可从全职工作转为非全日制工作；非全日制工作之后，也可随时恢复为原先的全职工作时间。

新技术也在改变员工的工作内容。该公司希望在 2021 年之前，通过精简员工、推进自动化和数字化，实现 1% 的年均收益增长率。

该公司正在开发“聊天机器人”等人工智能解决方案，以提高客户服务和员工的效率。聊天机器人通过文本或语音模拟人工对话，以减轻人工客服中心人员的标准任务，让他们有更多的时间来处理只有他们能做的工作。Tinka 是 T-Mobile 奥地利公司的一名“虚拟员工”，她知道 1 500 多个典型的客户问题的答案，能够自主处理 80% 接收的问题。如果遇到无法回答的问题，她再转到人工服务。

人力三大杠杆

正如德国电信的故事所表明的那样，如果公司希望在三个生命周期阶段优化员工队伍，就需要进行人力转型，调整聘用并留住人才的方式。

人力转型不仅仅适用于员工队伍。它包括在三个阶段均拥有正确的领导组合，并以开放的心态接受外部人才资源的贡献。

行业的禁锢价值缺口迫使其转型，而企业所在的行业及其缺口的规模，可能也会促使领导层创造新的岗位，促进越发智能的机器与人类合作，利用人机耦合的力量。

如何将不同的领导风格和自动化水平整合到一种包容的企业文化中，同时仍然保持统一的品牌形象和客户体验？

例如，德国电信一直在努力实施包容性战略。它不仅需要激励员工，还必须遵守瞬息万变的劳工法，包括如何收集和使用员工数据。这对许多跨国公司来说都是一项挑战。

在如何管理一家同时拥有旧有业务、现有业务、新兴业务的企业麾下数十万名员工方面，埃森哲自身的明智转向同样需要新的思路。鉴于我们每个时段的目标不同，我们需要培养兼顾最佳工作方式和显著不同的人才组合的技能。

其中的地理、文化差异和代沟不容忽视。在某些国家，我们雇用的员工中的千禧一代占总数的三分之二以上。让最年轻的一代员工发挥所有潜能，就需要调整领导、培训和评估流程，主动适应他们，而非强迫他们适应早期发展起来的文化。

如前所述，我们面临的特殊挑战是找到更好的方法来吸引和整合埃森哲主体以外的组织和文化的领导者，这是一项极其重要和宝贵的技能，对通过收购实现增长至关重要。这要求我们重新设计管理架构，进行最深层的调整——这是领导力基因的一次重大进化。

进行收购时，我们寻找的是能够“感染”我们的文化，也就是拥有技术、企业、创意和其他行为和技能的员工群体，使我们能够向其学习。随之而来的挑战是为他们创造教育我们的空间。

这不仅仅是指外部人才需要更友好的环境。我们在过去五年中取得的增长，尤其是在数字营销、人工智能和客户体验设计等新业务领域的增长，要求我们全面反思传统员工角色、工作定义和招聘策略。我们还需创造一个更加灵活的工作场所，其做法和方法应该吸引尽可能多的人才和贡献。

更重要的是，鉴于禁锢价值缺口在不断扩大，保持员工的专业技能与时俱进和未来提供优质的客户服务至关重要。除了第七章介绍的再培训，明智转向在很大程度上依赖于为员工提供持续颠覆行业的技术。

如前所述，我们对培训项目进行了大量投入。在过去的两年内，我们已经为数万名可能被自动化取代的传统岗位上的员工进行了再培训。如今，这些员工正在从事高价值的工作，在某些情况下使用人工智能和其他技术为客户提供最先进的服务。

专业服务公司历来不被视作高科技公司，但新技术正在迅速改变这一情况。对我们来说，这意味着采用最先进的工具和技术进行数据设计和可视化，重塑软件开发，成为计算架构前沿领域的专家。我们还对前沿视频会议、协作软件和其他改善团队合作的工具进行了大量投资。

然而，在分析一家公司的人才转型时，最关键的问题是人工智能。许多人工智能的推广者和开发者认为，人工智能将很快使自动化的成本低于知识型员工，选择前者将更加划算，尤其是对于在成熟的服务型行业寻找丰富的禁锢价值的初创企业而言。

然而，许多关于人工智能的热门话题都是无益的。它们潜在的假设是，人类和机器是竞争对手，人工智能的处理能力远超人类，且增长快速、取之不尽，它也将取代各级员工。

我们不同意这种观点。正如我们的同事保罗 · R. 多尔蒂（Paul R. Daugherty）和詹姆斯 · 威尔逊（H. James Wilson）在其最新著作《机器与人：埃森哲论新人工智能》中所述，未来更有可能是员工和技术以新的方式协作。尽管我们将拥有各式各样、不断发展的新技能，我们仍然需要人类员工。

事实上，人工智能已经在更细微的方面对技术颠覆的加速做出了重要贡献，颠覆了传统的劳动力角色、层级、战略和领导风格。

我们所做研究的一项重要发现是，企业存在巨大的机遇让员工使用技术，而不是用技术取代他们，这也是德国电信转型的一个显著特征。

然而，极少数公司效仿了德国电信的做法。我们的调查显示，绝大多数高管计划在未来三年内使用人工智能来实现任务自动化，使产品与众不同，并增强人类员工的能力。但几乎没有一家公司同时计划扩大培训和再培训的投资以达成这些目标。

作为明智转向的一部分，企业将如何弥合这一缺口？穿行于旧有业务、现有业务和新兴业务之间时，如何对人才进行自上而下的管理？面对不断变化的社会价值观、年轻员工的偏好、日益全球化的员工队伍和客户群这三者带来的压力，公司文化在这三个方面需要如何做出改变？

通过详细探讨明智转向的其他三条杠杆——领导力、工作和文化，我们将找到这些问题的答案。

- 领导力。专注于企业创建的领导者（企业家）与专注于企业运营的领导者（经营者）之间存在一种内在的平衡。而在一个冲击不断的环境中，两者均是必需。鲜少有高管能同时具备这两种能力，这意味着你可能需要多个具备不同技能和风格的领导者。在三个生命周期阶段分配领导人才时，了解如何投资和管理正确的组合，才能实现有效的管理。
- 工作。被机器取代的恐惧至少可以追溯到19世纪早期的英国，当时卢德分子［据说是内德·卢德（Ned Ludd）的效仿者］砸碎了早期的工业纺织机。这些恐惧是不合时宜的，有时甚至是杞人忧天。它们掩盖了通过利用合适的技术来改善人类工作本质的机遇。毕竟某些技术能够增强而非削弱员工的能力，埃森哲商业研究院称之为“缺失的中间环节”。未来劳动力的确切轮廓可能在未来一段时间内仍不明晰，但企业需要尽早在“缺失的中间环节”上发挥自己的潜力。
- 文化。转向新兴业务往往要求企业更多地采用开放的创业文化，包括年轻一代员工的社会价值观和职业道德，这种文化正是信息革命背后的推手。此外，让员工在全球市场中工作的同时为客户提供服务，是企业面临的挑战，这要求其从单一的统一运营原则，转向更具包容性的模式：从众多文化中提炼出一种文化。在这个过程中，领导者必须重视其品牌的独特原则，包括每位员工所信仰的共同使命。

领导力：从经营者到企业家

小说家 F. 司各特 · 菲茨杰拉德（F. Scott Fitzgerald）在 1936 年的一篇文章中写道："检验一流智力的标准，就是头脑中同时存在两种截然相反的想法却仍能保持行动力。"对于今天的高管来说，这种见解非常恰当。为了管理向新兴业务的大规模转型，高管必须结合两种领导力：经营业务的经营者和创建新业务的企业家。一如菲茨杰拉德提出的悖论，明智转向需要两种类型的领导。

蒂莫休斯 · 霍特吉斯和约翰 · 莱杰尔之间成功的工作关系完美地诠释了菲茨杰拉德的观点。霍特吉斯这样的业务经营者注重细节，他们知道无论绩效的变化多小，都有可能对利润造成成倍的影响。从本质上讲，业务经营者通常能在现有企业、流程和系统的持续改进中发现机会，而不是在颠覆性转型中发现机会。在管理明智转向的旧有业务和现有业务投资组合方面，他们是完美的领导者。

业务创建者则热衷于以创新的名义违反规则，制造更大的颠覆活动。从本质上讲，企业家总是在不断地寻找下一个重大机遇，并在发现之后疯狂地扩大机遇。业务经营者鼓励高绩效，业务创建者鼓励创新——这正是管理投资组合新部分所要求的。

接受对不同类型领导的需求可能是当今企业管理者最难做到的事情之一，尤其是当自己的风格与公司新兴业务的要求不相适应时。

埃森哲在执行明智转向时就经历了这一挑战。我们成熟的系统集成和外包业务运作娴熟，我们的咨询和战略实践发展良好。但是我们明白，数字优先业务将是我们的未来和救星，而应该从哪里获得扩大此类业务所需的企业家呢？

坦率地说，我们真正需要的是来自不同于我们的企业文化、运作模式的领导者，我们精心打造的企业文化强调的是可重复的质量和优质的客户服务，而不是硅谷推崇的标新立异。

我们的解决方案是充分采纳包容性的制胜战略，打破实体和虚拟障碍，这些障碍会使约翰·莱杰尔这样的人觉得在埃森哲旧有业务中工作受到约束和限制。

在过去的五年中，我们进行了一系列收购，得益于其中许多公司的领导者的帮助，我们做到了这一点。我们不仅留住了这些人才，而且像沃尔玛的管理层一样，将他们整合到管理职位，为他们提供了扩展新业务所需的自由。

高级人才的新组合大大增加了埃森哲领导层及其思维的多样性。我们的企业基因现在要求高级管理人员既能实现运营目标，又能实现创业目标，并着重关注后者，包括促进创新、内部和外部合作，以及为客户提供打破常规的解决方案。

为了推动再创造和扩张，我们大幅增加了人才库的规模。例如，在2018财年，尽管近700名新董事总经理是内部提拔的，但我们也从埃森哲外部招聘了近300名新董事总经理，他们大多为各自行业中的高级业务领导，这显著提高了我们领导层的专业性。

然而，在最高层，能够同时作为业务运营者和业务创建者，引导公司经历连续的明智转向，并随着颠覆出现在三个生命周期阶段（有时同时发生，而且总是不可预测），在运营者和企业家的工作重心之间不断切换的领导者非常罕见。

以迈克尔·戴尔（Michael Dell）为例，他首先打破了个人电脑业务的格局，推出了根据客户偏好定制每种产品的模式。戴尔在大学宿舍推出的定制生产模式，很快击败了惠普、康柏，甚至IBM等巨头。1992年，27岁的戴尔成为《财富》500强公司榜单有史以来最年轻的首席执行官。

然而，到2005年左右，有两股力量给戴尔的核心业务带来了挑战：大量来自海外新竞争对手的低成本个人电脑，以及智能手机和平板电脑的风靡。2006年，该公司失去了行业第一的位置。

因此，几年前才放手了日常运营的戴尔在2007年将重心转回了首席执行官的角色。改组势在必行。这家成功运营多年的公司需要企业家的再次带领。

戴尔着手将公司改造成一家更具可持续性的企业——一个投资覆盖三个生命周期阶段的多元技术帝国。在接下来的几年里，他斥资数十亿美元收购了需求激增领域的一些企业，包括信息技术服务巨头佩罗系统公司（Perot Systems）、云计算公司Boomi和Wyse Technology，以及专门从事计算机安全的公司。

2016年，戴尔进行了最大的调整，斥资670亿美元收购了数据存储和数据管理硬件及软件的领先生产商易安信（EMC Corp），期望在坐拥不断增长的商业和客户信息的新兴市场实现迅速扩张。该交易还包括 EMC 的子公司威睿（VMware），它是“虚拟化”技术的领导者，该技术允许应用程序在多种硬件和操作系统环境中运行。

总而言之，在戴尔的带领下，公司进行了一系列意义深远的转型，从个人电脑到工业级数据存储，再到云硬件和软件解决方案。这家最初定制生产个人电脑的公司现在成了全球最大型的一些企业的完整信息技术解决方案提供商。

迈克尔·戴尔这样的领导者只是个例。这种情况不是只局限于高科技产业，或者硅谷和其他技术中心。正如我们所看到的，丰田（Toyota）的领导者也能够做到为混合动力汽车创造一个大众市场，同时保持传统内燃车的增长。

我们在关于明智转向的研究中发现，其他一些领导者能够在运营目前的核心技术的同时对其进行重建，为未来做准备，他们往往依靠非常规手段。像戴尔这样同时兼具业务运营和业务创造双重角色的高管有何不同？他们具有三大鲜明特征。

- 他们没有闭关自守，运用陈旧的战略规划理论来寻找和扩展核心竞争力，而是着眼于缩小禁锢价值缺口，与更愿意向其靠拢的不寻常人物合作：风险投资者、企业家和下一代技术开发人员。
- 他们不是收集战略计划，而是向客户、供应商、学生和任何对其产品有强烈感情的群体征求意见。和通用家电的

FirstBuild 实验室一样，它举办黑客马拉松，邀请外部人士就未来的产品进行合作，而不设限制或签订保密协议。

- 他们冒着向潜在竞争对手透露意图的风险，用机密换取进行创造性实验的机会。为了快速扩张新兴业务，这种权衡是有意义的，即使他们从更开放的创新中获得的只是快速进入新市场所需的洞察力，这种洞察力是焦点小组或其他旨在逐步改进的营销技巧所无法发现的。他们通过熟悉掌握推出新产品和新项目的时机和方式，将风险降到最低。

当然，在我们研究的大多数公司中，不同领导者和领导风格相互结合，才能驾驭一次成功的转型——实现这条关键杠杆的正确设置。这种结合也是切实有效的，沃尔玛的案例清楚地表明了这一点。

2014 年，当道格·麦克米伦（Doug McMillon）成为沃尔玛的首席执行官时，迈克尔·戴尔那种前瞻性和回溯性的专业知识在该公司并不存在。麦克米伦十几岁就开始在沃尔玛卸货，开启了他的职业生涯。他很有先见之明，知道自己需要创业思维的刺激。

为了应对包括亚马逊在内的在线零售商的生存威胁，麦克米伦需要更多的业务创造能力。因此，在沃尔顿家族的大力支持下，这位沃尔玛新任首席执行官决定将领导力杠杆向新兴业务大幅倾斜。

如第六章所述，为了启动 2016 年沃尔玛的转型，麦克米伦收购了由马克·洛尔成立并领导的 Jet.com。然而，麦克米伦并没有让洛尔继续建设 Jet.com，使其成为沃尔玛向可扩展的新兴业务转型的保护伞，而是任命洛尔为电子商务主管。

尽管洛尔负责的业务部门规模相对较小，但这一举动意味着他成了高管团队中四大首席执行官 / 总裁之一，其他三位分别为沃尔玛美国（Walmart US）、山姆会员商店（Sam's Club）和沃尔玛国际（Walmart International）的首席执行官。（收购 Jet.com 后，洛尔也成了沃尔玛股票的第四大个人股东。他拥有的股份超过了高管团队其他成员的总和。）

麦克米伦和洛尔一起稳步完成了一系列数字零售收购，包括斥资 160 亿美元收购了印度最大的在线零售商 Flipkart，以及户外服装和装备网站 Moosejaw、复古时尚零售商 ModCloth、Shoes.com 及男装网站 Bonobos。沃尔玛的许多数字收购现在由 Bonobos 的联合创始人兼首席执行官安迪·邓恩（Andy Dunn）管理，他向洛尔汇报，并担任"数字原生垂直品牌"的高级副总裁。

麦克米伦的收购战略既是创新转向，也是人力转向。诚然，沃尔玛需要初创企业已经具备的规模和发展轨迹，但对它同样重要的是这些企业家已经熟练掌握的创业技能。

沃尔玛允许 Jet.com 继续沿着自己的道路发展，这在很大程度上是因为沃尔玛需要 Jet.com 为更广泛的新兴业务转型开路。不管怎样，Jet.com 的领导者肩负起了帮助沃尔玛成为数字优先企业的任务。

除了让洛尔升职，麦克米伦还批准了他的提议，任命 Jet.com 的几名高管和其他前同事担任沃尔玛电子商务业务的领导职位。麦克米伦不仅给予批准，还对这个想法表现出极大热情。

这些都不是做做样子而已。麦克米伦决心重组沃尔玛现有的领导层，以更好地在线上和线下适应消费零售业的发展。公司合并了原本分散的数字化业务，包括阿肯色州IT团队和硅谷电子商务团队。

沃尔玛还调整了其薪酬模式。为了与纯数字领域的竞争对手竞争，该公司不再将高管薪酬直接与监管收入挂钩，而是采用了其他价值创造指标，以更符合运营数字原生垂直品牌的高管的贡献。

该公司目前向一些被收购的电子商务公司的高管以及他们聘用的其他初创企业人才支付的薪酬，远高于沃尔玛传统高管在经营一家收入类似的零售商店时可能获得的薪酬。事实上，在沃尔玛的电子商务业务中，薪酬最高的一些领导者运营的网站营收几乎为零，这对该公司来说是一个重大的文化转变。

这正是沃尔玛向新兴业务转型所需要的。公司还计划在未来进行更多的调整。在2017年给员工的一份备忘录中，麦克米伦呼吁"提升速度，减少官僚作风"，以加快沃尔玛的核心使命——为购物者节省时间和金钱。他写道，为了保持"精益和快速"，公司将淘汰一些职位，并创造新的职位。

沃尔玛的人力转型已经带来了利好。得益于洛尔采取的变更，包括线上下单、线下取货，扩大公司网站上的库存，以及大额订单两天免费配送，电子商务销售大幅增长。2017年，即收购Jet.com的一年后，沃尔玛的线上销售增长从上一年的7%跃升至40%，总销售额超过110亿美元。

2018年年中，沃尔玛公布了十多年来最好的季度销售整体增长。

沃尔玛在电子商务和食品杂货领域的业绩尤其出色，直逼亚马逊。亚马逊是电子商务领域的领头羊，它收购了有机食品连锁企业全食超市，显然它已经将目光投向了食品杂货领域。沃尔玛的线上订单支持在 2 100 个地点线下取货，预计到 2018 年年底，送货上门服务将覆盖 40% 的美国家庭。

截至 2017 年年底，约一半在线交易来自亚马逊，而沃尔玛则低于 5%。但沃尔玛的占比在过去三年中显著增长。到 2018 年年底，该公司有望实现电子商务全年增长 40%，并超越苹果，在在线市场份额最多的公司中占据第三名的位置。对沃尔玛首席执行官道格·麦克米伦来说，将杠杆从业务运营调整为业务创建是正确的战略选择。

你的公司是否如德国电信和沃尔玛一样需要独立的运营者和企业家——旧有业务和现有业务的运营者，以及新兴业务的创建者？现有的领导团队能否兼顾业务生命周期的三个阶段并保持平衡？

答案将取决于你所在行业的颠覆状态，以及禁锢价值缺口的规模。与戴尔一样，这也将取决于你的企业文化对持续转型的理念给予何种程度的重视。

最重要的是，你的最佳领导环境将随着你满足客户需求所需要完成的工作的性质而改变，改变过程中新技术所产生的颠覆程度，是人力转型的第二条杠杆。

工作：机器与人如何分配

当今世界，《机械战警》和《霹雳游侠》等科幻电影和电视节目中描绘的世界正在成为现实。智能机器和自动驾驶汽车已经出现，尽管其成本还没有下降到可以大规模采用的水平。无论是好莱坞的剧本还是严肃的新闻报道，都在讨论一个问题：是否会出现机器人起义？

答案是否定的。埃森哲的研究表明，机器并不会取代人。机器也不会消除工作场所对人的需求。事实上，机器和人正以新的角色和新的合作伙伴关系耦合。我们称这些新形式的工作为“缺失的中间环节”，主要是因为目前的经济研究和报告很少谈及这些工作。（就业报告倾向于使用基于行业模型的度量标准，而不是适合信息时代的度量标准。）

多年来，传统的自动化分析一直将人和机器视为竞争对手，一方面是生产效率的竞争，另一方面（在某些情况下）是安全的竞争。但这种二元观点过于简单化，忽略了“缺失的中间环节”产生的强大协作。

然而，要想在“缺失的中间环节”取得成功，就需要在人工智能应用程序和员工再培训方面进行大量投资，使二者能够相互协作。正如我们所指出的，极少数公司为后者做好了准备。

好消息是，做好准备是可以实现的。对于早期采用者来说，当人类与机器作为盟友（而非竞争对手）开展合作，实现人机优势互补时，公司绩效将得到大幅提升。

人类擅长处理数据很少或没有数据的情况，而机器则擅长处理信息量庞大的情况。两种能力对于企业来说都是必须。在“缺失的中间环节”，两者可以相互结合，提升该过程中人类工作的性质。例如，如果医疗服务机构利用智能系统最大限度地减少文书工作和数据输入，员工将有更多的时间护理病人。

转向“缺失的中间环节”意味着某些人类技能将变得越来越重要，比如同理心和沟通能力，而其他技能的重要性则会下降，比如管理能力。人类可以开发、培训和管理人工智能应用程序，使这些系统能够成为真正的人机合作的一部分。同时，这些机器可以增强人类的能力，尤其是处理和分析更多来源不同的数据。

但是，保罗·多尔蒂和詹姆斯·威尔逊表示，很少有公司针对“缺失的中间环节”开发解决方案，尤其是在快速发展的人工智能技术方面，包括先进的机器人技术、机器学习和语音识别。

这一机遇究竟有多大？我们的研究发现，如果每家公司在人工智能和人机协作方面的投资速度与表现最佳的企业相同，则有望在2018—2022年将企业收益提高38%，全球利润总额将达到4.8万亿美元。根据标准普尔500指数包含的公司的平均水平来看，这相当于同期收益增长达到75亿美元，同时盈利提升8.8亿美元。

就业不但不会减少，还将增长10%。

然而这些合作实施起来并不简单。事实上，随着技术驱动降低到任务级别，许多工作需要重新设计配置。多尔蒂和威尔逊写道：

“为了充分发掘人机工作场所的潜力，企业需要对业务流程进行彻底的重新构想。”

电子商务初创企业 Stitch Fix 于 2011 年在马萨诸塞州剑桥市的一间公寓里成立，该公司就是一个绝佳的例证，它说明了重新构想人机合作如何促进新兴业务的快速扩张——补全“缺失的中间环节”。

该公司的网站称，该公司的使命是“通过将科技与资深时尚专家的个人风格相结合，改变人们寻找喜爱服饰的方式”。Stitch Fix 的设计师会根据客户提供的数据为他们挑选服装，包括调查问卷答案、尺寸、品牌偏好和客户喜欢的服装照片，然后直接给客户寄送产品。

设计师借助机器学习算法分析数据，并将潜在的数百万个选择缩小到可管理的范围。Stitch Fix 追求的是一种高度相关的策略，它使用人工智能来寻找超个性化解决方案，适应客户不断变化的风格偏好，从而释放禁锢价值。它与其说是销售服装，不如说是销售新形象。

一个订单被称为一个“Fix”，它首先由 5 ~ 10 种风格算法处理。一种算法基于与人类专业知识的最佳匹配，将 Fix 与人类设计师相匹配。然后，Fix 由另一种算法指导，按路线发送到特定的仓库。客户如果不喜欢这些服装，可以直接退货。

Stitch Fix 的增长十分喜人。到 2018 年，Stitch Fix 已经拥有 4 000 多名员工，其中包括 100 名数据科学家。它改变了近 300 万个客户的形象，年销售额接近 10 亿美元。

Stitch Fix 服装建议的质量决定了其商业模式是否具有价值。因此，人类和机器必须在提升质量上进行合作。软件管理更加结构化的数据，比如尺寸和调查反馈；设计师则专注于非结构化的数据，包括社交媒体上带标签的图片，以及使用有自然语言处理功能的机器预先筛选的客户意见。

这种混合员工团队的绩效可以通过多种方式进行衡量，包括备货速度、客户支出、单次发货中客户保留的货品件数及满意度。

人类和机器均在不断学习和更新决策技能。例如，客户保留了某件服装，企业就可以训练算法在未来推荐更多相关的服装。同时，设计师根据客户的意见，以及从以往互动中获得的洞察，改进和调整推荐和建议。

“我们认为我们的算法是由专业的人类判断和机器组成的。”首席算法官埃里克·科尔森（Eric Colson）在2018年接受《福布斯》的采访时表示，“当客户需要Fix时，我们会使用一组算法缩小选择范围，并进行排序，但最终选择权由人类掌握。”

Stitch Fix作为一家了解提高专业人员工作质量重要性的公司脱颖而出。在“缺失的中间环节”，软件为人服务，而不是人为软件服务。因此，即使个人表现受到定期监督和测评，Stitch Fix的设计师对自己的工作也基本感到满意，这也就不足为奇了。这在很大程度上是因为他们把更多的时间花在创意方面，而不是日常琐事。在另一个截然不同的产业，高端汽车领导者梅赛德斯–奔驰（Mercedes-Benz）也在追求高度相关的战略，在“缺失的中间环节”应用人工智能，通过定制和个性化让其产品与众不同。无论是水杯架还是轮胎阀盖，每一款车型均根据客户的个人需求定制。

这一战略意味着，梅赛德斯－奔驰需要让人在工厂发挥更大的作用。虽然机器善于重复执行固定任务，但它在适应定制方面仍有欠缺。梅赛德斯－奔驰需要适应性和灵活性，而人在这方面的表现仍然优于机器。

2016 年，梅赛德斯－奔驰的生产主管马库斯·谢弗（Markus Schaefer）在一份行业刊物上表示："机器人无法应对我们今天拥有的个性化程度和众多变量。""我们通过雇用更多人来节省资金并保护我们的未来。"

汽车行业是工业机器人的最大用户之一，但随着豪华轿车市场竞争的加剧，定制化至关重要。因此，梅赛德斯－奔驰正在对另一种类型的自动化投资，即人机耦合。作为调整工作杠杆的一部分，该公司在过去的几年里为员工配备了更小、更轻、更灵活的机器，为员工赋能，公司称其为"机器人养殖"。

对于奔驰 E 级车，该公司用更小、更灵活的机器人取代了两台固定的机器，协助人类工程师执行精确任务的工作，比如调整汽车的新平视显示器，该显示器可以在挡风玻璃上显示速度和方向。

谢弗称："我们不再试图将自动化水平提到最高，而是让人类再次在工业过程中发挥更大的作用。我们必须灵活起来。种类太多，机器根本无法处理。机器无法适应所有不同的选项，并跟上变化的步伐。"

时装设计师、汽车制造商和其他公司必须谨慎地在人与机器之间取得平衡。为了在竞争日益激烈的市场中实现"与客户的零距离”，企业必须变得高度相关，为客户提供更详细的个性化服务，从而缩小禁锢价值缺口。但为了保留部分释放的价值，企业需要采用人工智能等技术来提高员工的工作效率。

换言之，在考虑对工作杠杆进行可能的调整时，企业仍然需要权衡新技术对工作角色的影响，同时兼顾三个生命周期阶段——但应从“缺失的中间环节”的角度而非人机零和博弈的角度来考量。

多种文化的统一文化

执行成功的明智转向意味着重新考虑公司文化的许多方面。

公司存在的时间越长，这一点就越发显得尤为重要，也尤为困难。公司创始人的教诲可能会备受尊崇，之前成功的产品和服务被视为未来研发的标准，价值观和品牌作为宝贵的资产受到严格保护。

然而，面对大爆炸式颠覆或挤压式颠覆，或者二者同时出现时，即使是最受尊敬的企业也面临着明智转向的挑战，在三个生命周期阶段采用投资组合模型。有时，扩展新兴业务需要使用新的技术构建块来巩固文化基础。或者是重建文化。我们在欧盟成员国爱沙尼亚进行了一项关于国家身份的实验，这一独特的案例便说明了这一点。

爱沙尼亚经历了外国数十年的占领，在此期间，该国的历史、语言和文件均遭到破坏或压制，直到它在 1991 年重新获得独立。当时整个国家支离破碎，缺乏基础设施和经济发展动力。

埃森哲与爱沙尼亚政府密切合作，为爱沙尼亚建立了独特的国家身份系统，使其成为全球最早实现完全数字化的社会之一。举例来说，在爱沙尼亚的 130 万居民中，90% 以上经常使用互联网，能够接入高速宽带。

数字爱沙尼亚项目不仅关乎包容性，还包括对政府服务的全面重新构想，目标是使其易于获取、高效和透明。爱沙尼亚所有经收集的公民数据均被存储在云端。这些信息主要由学校、医院和其他收集信息的机构维护，但在需要时也可供其他机构使用。

数字爱沙尼亚项目的核心是数字身份系统，公民可通过该系统获取所有信息，包括健康记录、投票、纳税等。每个居民均持有国家发放的数字身份。数字身份也被用于非公开活动，例如，这能确保爱沙尼亚报纸、网站上发布的评论是真实的。

毋庸置疑，保护数字身份是重中之重。因此爱沙尼亚转向了区块链技术。涉及数字身份的每次互动均被登记在分布式加密虚拟账本上。

这种设计不仅保证了安全，更重要的是保证了完整的透明度。爱沙尼亚公民可以看到他们的信息被访问的每一次互动，以及被谁访问。该系统并没有使用技术来扩大政府监管公民的能力，而实际上恰恰相反，它赋予了爱沙尼亚人前所未有的监督政府的能力。

信任和透明度是爱沙尼亚人共同建立的新的国家身份的核心特征。托马斯·亨德里克·伊尔韦斯（Toomas Hendrik Ilves）于 2006—2016 年担任爱沙尼亚总统，他甚至表示，在数字时代，国家政府的工作不仅是认证公民身份，还需保护公民身份，而且不仅仅是保护其不受政府控制。

如今，在全球数据收集方和信息中介日益强大的世界里，爱沙尼亚决定为每一次信息交换建立可信和安全的系统。伊尔韦斯在《治愈未来》（*How to Fix the Future*）一书中向作者安德鲁·基恩（Andrew Keen）解释道："别人知道我的血型没什么大不了，但如果他们能篡改我的血型数据——那可能会要了我的命。"

证据表明，爱沙尼亚创造新的国家身份的努力正在起效。调查发现，大多数公民表示信任政府，这一比例接近欧盟其他国家的两倍。

该国领导人正努力迅速地扩大规模，将爱沙尼亚对信任的独特承诺转化为竞争优势。爱沙尼亚是世界上第一个将政府服务外包给非公民的国家，它为任何有兴趣在爱沙尼亚（甚至是欧盟）经商的个人提供"电子居住证"。"电子"居民可获发数字护照，享有与居民相同的部分服务。例如，可以申请安全的电子银行、访问国际支付服务、数字签署和传输文件，所有这些活动都得到了国家政府的认证。

爱沙尼亚设定了宏伟的目标，到 2025 年发放 1 000 万张电子居住证——该国实际人口的 8 倍。爱沙尼亚希望成为现代化的瑞士：一个中立的国家，其独特定位是为世界提供安全的数字身份和数据验证。

爱沙尼亚的例子之所以引人注目，有几个原因，尤其是因为它着重将其国家身份技术用作一种统一的数字品牌。更常见的情况是，文化杠杆向另一个方向发展，企业领导人利用新兴业务更宽松、更开放的方式，或我们所说的"多种文化的统一文化"，重新平衡旧有业务强大的共享企业文化。我们已经看到一些领先企业采用了更为灵活的企业文化，其中一些企业已有100多年的历史。

皇家飞利浦打破了作为白炽灯领先生产商的百年传统，它在旧有模式中严格遵守运营效率和渐进式改进，从而决定了企业的利润。

但是，新技术清晰地表明白炽灯技术终将被取代甚至很快被取代，面对这一变化，公司领导者别无选择，只能转型。不仅转向新产品，还有创业和颠覆性创新的文化；不仅需要在照明领域转型，而且需要在快速变化、以技术为主导的医疗保健行业转型。

同样，汽车公司最初也不愿投资自动驾驶汽车技术。但它们现在已经认识到将自动驾驶创新留给初创企业带来的机遇和风险，因此有必要对其一直以来保守的文化进行重组，使其更具实验性。

本章前文介绍了全球收入稳居第一位的沃尔玛如何适应电子商务公司的挑战——首先招募人才，然后整合自己的创业人才，其中大部分来自世界上最自由的科技中心，包括以随性著称的硅谷。

埃森哲自身的转型同样迫使我们重新评估长期以来的工作的价值和可行性，即将应用于世界各地的统一文化作为一套清晰而统一的流程来开展业务和发展员工。

作为一家专业服务公司，尤其是在新业务中，我们必须适应不同地区、不同国家的文化，特别是年轻员工的工作风格和多样的社会价值观，而不是让他们适应我们。

消费者品位变化的速度加快，同时在互联世界中，消费者的组织能力和向供应链上下游的利益相关者传达自己偏好的能力增强，鉴于此，消费品行业正在进行类似的重新思考。这对拥有近200年历史的消费品巨头宝洁（Procter & Gamble）来说是巨大的挑战。

2015 年，宝洁新任首席执行官大卫·泰勒（David Taylor）发誓要改变公司内部文化：他在接受英国《金融时报》的采访时表示，这是一次“大规模干预”。

他知道，宝洁必须做出改变。随着消费者转向网上购物或在实体店使用移动设备购物，公司的增长速度放缓，这让公司措手不及。拥有强大信息访问工具的消费者不仅要求了解关于公司产品的更多信息，还有关于产品生产方式以及生产者的更多信息。他们还要求更广泛的个性化选择和特定原料。

泰勒对文化杠杆的重大调整之一，是让宝洁的产品经理在产品投资、供应商合同等决策方面拥有更多的自主权（和责任），取消被长期员工戏称为“灌木丛”的命令审批链。全球的产品领导者拥有销售团队的控制权，而此前，销售团队受区域经理管辖。

另一项调整不仅是雇用更多的外部人员，还增强了公司对自由职业者的依赖。这可不是一次小规模的转型。长久以来，宝洁公司几乎完全从内部提拔员工。泰勒本人是宝洁的终身员工，他在大学毕业后加入宝洁担任生产经理。

随着新的改革指令出台，宝洁时任人力资源主管的里奇·波斯特勒（Rich Postler）开始尝试利用外部人才市场。公司对专业技能的需求并不固定，因此他利用数字工具，根据需求即时在全球范围内发掘拥有特定技能的专业人士。

宝洁以复杂的组织结构和基于流程的发展方法闻名，而这一努力明确旨在加速公司的创新。正如泰勒在 2016 年的一次采访中所解释的："在包括我们公司在内的许多组织中，有一些流程是公司钟爱的。一旦一套流程根深蒂固，公司——进而延伸到员工——就会忽视这样一个事实：它不再能带来我们想要的结果。"

宝洁公司认为，向更多的自由职业者倾斜将有助于摆脱已经失效的流程。希望不受公司强大文化束缚的外部人员工作速度更快，并质疑效率低下，尽管泰勒也在解除内部人才的束缚。泰勒在 2018 年的一次领导会议上说："作为一个领导者，你必须创造一种环境，让人们有勇气走出去，让未来与过去不同。"

2017 年年初，该公司完成了一项试点计划，该计划测试了在开放的人才市场中，将等级制度和官僚作风最小化的效果。宝洁尝试了几个基于软件的自由职业者管理平台，包括自由职业网站 Upwork 的企业服务平台 Upwork Enterprise。Upwork 允许公司发布工作需求，然后匹配合格的自由职业者——类似于人才市场的爱彼迎。

对于试点项目，宝洁的管理人员使用了"按需人才"市场，这是 Upwork 的定制版本，它可让项目经理挑选自由职业者。"按需人才"可以简化并降低客户研究、网络和创意开发、软件工程、平面设计、数据分析、核心科学，甚至监管合规等各种技能的雇佣成本。

宝洁发现，与传统方法相比，在 60% 的情况下，该试点交付产品的速度更快、成本更低。工作质量提高了 33%，而寻找所需员工需要的时间从 90 天缩短至 4 天。

在转向时，员工不了解公司运作方式，而宝洁面临的一个挑战是，如何让职业经理人从项目的角度，而不是从职位描述的角度思考。传统的做法是，项目负责人打电话给公司内部人员寻求帮助，但现在他们必须为所有需要完成的工作提前做好计划，并安排和确定关键事项。管理人员还需要学习新的技能来监督远程工作人员。

该公司还改变了研发文化，从完全基于内部专利的发明转向更开放的创新。如今，宝洁将外部问题解决程序与寻找针对特定设计问题的创造性替代方案的内部用户进行匹配。

宝洁的开放式创新平台 Connect and Develop 为最近几款产品的推出做出了贡献。例如，在 2017 年，为了快速应对唇膏需求的突然激增，宝洁利用该平台促进了与 OraLabs（欧博士）的合作，而 OraLabs 是宝洁其他产品类别上的竞争对手。宝洁没有从零开始开发产品，而是授权 OraLabs 已经开发的技术。宝洁实际上是用保密换取了速度。

宝洁使企业文化更精简、更敏捷的努力似乎取得了成效。到 2018 年，公司恢复了更强劲的增长。

在本章结尾，即明智转向之旅的最后，我们需要强调不同于最后几个例子的一个重要观点。

我们对文化杠杆的大部分讨论集中在调整，使其松散地朝着统一的方向发展，从多种文化中提炼出一种统一的文化。

因为这种做法对于新兴业务的快速扩展通常是必不可少的。正如我们所看到的，消除快速扩大的禁锢价值缺口需要创造力、实验精神、创业精神和其他技能，而这些技能通常与以流程为中心的企业文化不相容——这种文化通常是旧有业务和现有业务成功的关键所在，它强调渐进式改进和可预测的、高效的运营。

尽管如此，实现明智转向需要在三个生命周期阶段之间保持平衡，并集中于这三个生命周期阶段。企业不能抛弃旧的产品和服务，因为它们创造了大部分（即使不是全部）收入，也不能抛弃让其盈利的文化。正如德国电信、梅赛德斯－奔驰和沃尔玛等不同行业的公司证明的那样，转向未来需要将现有核心的最佳元素与现今最成功的颠覆者的工具和技术，以及驱动它们的新技术结合起来。

这种结合包括了企业文化的特征，无论企业所服务的客户年龄大小或多么与众不同。尽管在我们的研究中，许多价值释放者将最后一条杠杆向统一文化的方向调整，但在我们的分析中，没有一家成功的公司完全放弃了强大而值得信赖的企业品牌所蕴含的指导原则和伦理原则。

它们也不能这样做。企业在旧有业务和现有业务上的成功源于与其他行为方共同的价值观，如果没有同样的相互尊重和共同的价值观，企业和新兴生态系统中的其他行为方就无法发挥作用，更不用说扩展新业务了。没有了这一基础，企业的品牌就没有任何意义，更不用说致力于为客户、员工、供应商、投资者或监管机构提供依靠，创造信任，兑现对它们的承诺。多种文化的统一文化仍然需要基本规则。

这种承诺的另一个名称是使命。我们指的不是几十年前流行的普通使命“声明”，它们大多是毫无意义的陈词滥调，比如“增加股东价值”（即“提高我们的股价”）。这些可能在牌匾和海报上看起来不错，但最终并没有产生任何实际效果，更不用说将利益相关者团结起来，使用共同的参与规则，朝同一目标努力。

这才是真正的使命：在公司内部和外部，我们彼此做出承诺，尽最大的努力继续寻找和释放禁锢价值。即使这意味着与员工、客户和整个社会分享利益。

如果没有每个利益相关者相信并尽其所能追求的真正的、可实现的使命，企业就只是一些不相关、无关联的资源的集合。

例如，在埃森哲，我们仍然非常认真地秉承创始人的承诺，提供超越客户期望的产品和服务，无论该项目是为了创造交互式客户体验、帮助跨国公司将遗留的 IT 业务迁移到云端，还是在企业受到攻击时为其提供网络安全事件应急响应。

同样，无论我们的合作伙伴是谁、工作地点在哪里，我们对待员工的方式，或者我们希望他们对待彼此及工作伙伴的方式都不能打折。这就是我们所说的“以人为本”。

从这个角度来看，在埃森哲向新兴业务转型、快速扩张规模、增强服务和地域多样性的过程中，我们的一体化理念实际上有所强化。对我们的增长来说，这种文化不是阻力，而是动力。

现在，我们已经讨论了作为明智转向的一部分，企业需要审视和重新审视的九大战略杠杆。之后，我们将总结关于如何开始整合的一些想法和建议。现在，让我们休息片刻。

结 语
找到你的积木

南佩德在这本书的开头写道："这需要勇气。"

他这么说是有原因的。只有当领导人准备好离开今天的避风港时，他们才能转向未来。而这需要勇气。

接受当下的核心产品可能即将终止盈利的勇气。

采用尚存在问题的新技术的勇气。

拥抱来自硅谷和全球其他技术中心在业务工具和管理方法方面的一些最佳创新的勇气。

在市场条件一致的情况下扩大新产品规模的勇气。

我们知道发现并培养这种勇气有多么困难。我们经历过这一切。也许这就是为什么在与受相同问题困扰的首席执行官持续对话时，我们的故事能引起如此共鸣。公司的历史、所在的行业、客户和员工的所在地似乎都无关紧要。

就在我们完成本书的最后几页时，我们会见了世界各地的十几位商界领袖。几乎所有人都问了同样的问题：如何避免我的核心业务受到干扰？我的公司的新兴业务是什么？我们如何界定其范围？如何迅速、大规模地转型？

其他许多没有定论的问题也在反复出现。在我的执行团队中，谁应该负责客户体验？如何说服今天的投资者增加创新投资？我的产品公司究竟该如何发展服务文化和思维方式？如何在不疏远股东的情况下，不断地将我们释放的禁锢价值再投资到后续的转型中？如何吸引那些在新技术领域拥有广受欢迎技能的员工，即使他们更愿意在初创企业工作？

我们希望，其中一些问题已得到解答。从我们研究中的案例分析到我们转型的亲身经历，以及与我们共事过的高管的经历，我们在本书中提供了尽可能多的细节，介绍企业在受到颠覆时该做什么和不该做什么。

毫无疑问，当企业开始转向未来时，会遇到更多的问题。我们将在我们的研究、与客户的合作中继续寻找这些问题的答案，并借鉴我们自身不断改造所得来的经验教训。

我们希望读者能加入我们关于明智转向的持续对话，分享自己的经验和想法。

最后，我们想提出几点建议。这些建议更加基于直觉，而非具体的研究结果。尽管如此，它们是我们在七年前开始转型时就希望拥有的洞见。

1. 耐心。初创企业有句俗话："早到等同于犯错。"做出明智转向的公司会享受时间的推进，但它从不急着走向未来。正如保罗·马森葡萄园的一则旧广告所言："酒未熟，不可卖。"

展望未来，而不被未来迷惑。看似即将弥合的禁锢价值缺口可能只是幻象，幻象中的绿洲虽然真实存在，但它比表面上看起来遥远得多。丰田掌控了混合动力技术市场，但值得注意的是，第一辆混合动力汽车由费迪南德·保时捷（Ferdinand Porsche）于1898年设计，当时他只有18岁。该车型问世8年后停产，销量仅为300辆。

同样，看看Friendster的命运吧，它是第一家大型社交网站，成立于2002年，比脸书早两年出现。尽管世界上最强大的风险投资公司之一为其投入了大量资金，但市场还是转向了别处。脸书的另一个竞争对手MySpace（目前全球第二大社交网站）为世界上最强大的媒体公司之一所有。MySpace一度使用广泛，以至于《卫报》在2007年的一篇头条中问道："MySpace会失去垄断地位吗？"

耐心并不意味着不采取任何行动。耐心意味着认识到实验只是测试未来的方式，而不对未来做出承诺。企业仍然需要做好现有业务的方法，否则更谈不上投资新兴业务了。

正如我们所指出的，百威英博正转向生产新客户想要的微酿啤酒，但并没有放弃许多顾客仍然偏好的批量生产品牌，也没有放弃生产这些品牌所需的资产。（毕竟，最受欢迎的微酿啤酒在未来也需要实现一定规模的生产。）能源公司也在积极开发更可持续电力来源的能力，但如果过早放弃化石燃料，这些公司将无力继续开发。

即使产品质量更高、价格更低，企业也不能急躁。亚马逊的Kindle并不是第一款面向市场的电子阅读器，但这并不是因为亚马逊无法更早推出。亚马逊耐心等待，直到各种因素形成恰到好处的组合，包括制造成本、屏幕对比度、电池续航时间和可获得的图书的数量，然后迅速抢占市场。

2. 慷慨。禁锢价值像水一样，一旦被释放就会形成汪洋大海。在此过程中，客户和行业合作伙伴将从企业的工作中受益，甚至可能比企业自身获益更多。相比自己的净利润，企业为全球最脆弱的社群所做的贡献可能更多。企业甚至可能会助力其竞争对手，因为它们的转型也可能让这家企业受益。

没关系。满足于企业释放的那部分价值，并坦然接受价值的溢出。

价值释放者同时提高了今天的利润和明天的潜力，我们的研究揭示了它们的一个关键特征，即它们的策略旨在分享财富。这样做可能是吸引生态系统参与者开发可迅速扩展的创新所必需的。我们发现，给予最多的公司增长也最快，并且在史无前例的短时期内成了世界上最有价值的公司之一。

践行慷慨的一种方法是专注于创造价值，而不是简单地改变价值。想想亚马逊和其他领先零售商在免提结账技术上的实验吧：无线技术、传感器和摄像头让顾客可以带着货物直接走出商店并自动结账。对于此类商店来说，免提结账意味着成本大幅降低，这让人类员工可以专注于更有价值的客户服务形式，比如回答问题和提供建议。

而客户也可以享受更快的服务、更少的错误、综合的忠诚度奖励，以及其他便利。这是实实在在的双赢。

3. 现实。并不是每次转型都能大获成功。有些投资将无法产生任何收益。

这也没关系。

如果没有将所有鸡蛋放在公司转型的脆弱篮子里，企业就可以制定一项适应预期之外的新技术、竞争对手和客户需求的生存策略。无论是跌倒、转向，还是再次转型，试错的成本都是可以接受的。胜败乃兵家常事，即使是世界上最成功的公司，也不可能满盘皆赢。没有一家公司能永远得意。

但是，你可以提高成功的概率。将创新、投资和其他资产作为投资组合来管理，在三个生命周期阶段保持平衡和集中，这是为企业提供最好的保证，以确保失败的投资不会带来生存危机。企业将有其他赌注作为缓冲，现有的核心也将得到加强和扩展，作为继续前进的动力。

明智转向共有九条杠杆，通过调整其中的部分或全部，企业可以随时调整投资组合，不断地衡量和完善战略，而不是像我们在分析公司战略时经常发现的那样，每隔几年才进行一次，甚至更少。

最后，我们还要讲述一家公司的故事，这家公司面临着突然出现、似乎势不可挡的禁锢价值缺口。但该公司没有沮丧，没有退缩，而是回归其根源。它重塑了与其核心资产和产品的联系，形成了强大的创新和客户服务文化，东山再起，甚至超越自身。

大约 15 年前，拥有近百年历史的玩具制造商乐高集团（LEGO Group，下文简称“乐高”）濒临破产。当时的乐高难以管理成本，无法推出消费者想要的新产品。技术使新一代经济实惠的电子和数字玩具成为可能，似乎任何东西都比积木更酷。

然而，乐高并没有不断萎缩：受困于规模越来越小的幼儿市场，而是转向了未来。从乐高数字设计器到乐高 Boost，再到乐高 Life，该公司进行了前所未有的创新。乐高数字设计器是一款免费的计算机程序，它能让乐高玩家在使用实物之前规划他们的创作；乐高 Boost 是一款结合计算机编程和实体建筑功能的机器人建造工具包；乐高 Life 是一个在线网络，孩子们可以在安全、互动性强的环境中与同龄人分享他们的模型设计。

新的乐高获得了孩子们的青睐，同时唤回了他们对老牌乐高的喜爱。经过多年两位数的增长，乐高继续转型。该公司首席执行官尼尔斯 · B. 克里斯蒂安森（Niels B. Christiansen）在 2018 年接受《华尔街日报》的采访时，总结了经营一家接近禁锢价值缺口边缘的企业所面临的挑战和机遇。

“乐高积木是我们的核心，”他说，“但我们正越来越多地使用数字技术来对其进行提升。”

这就是明智转向的精髓。找到自己的“积木”，然后不断提高。

致 谢

在还未完全转向未来之前，让我们先回顾一下过去，感谢那些给予我们极大帮助、让本书成功面世的人。在撰写本书的过程中，我们得到了无数客户、同事、老板、导师和朋友的帮助与支持。虽然我们在这里无法向他们一一表示谢意，但我们对他们所做的一切心怀感激。

尽管如此，我们还是想在此特别感谢一些给予我们特别帮助和重要帮助的人。

首先是维德拉·萨维奇（Vedrana Savic）及其在埃森哲的出色研究团队：艾米·程（Amy Chng）、迈克·摩尔（Mike Moore）、巴巴克·穆萨维（Babak Mousavi）和科特斯瓦拉·伊瓦图里（Koteswara Ivaturi）。感谢他们多年来就该课题所做的研究，同时也感谢他们多年来的创意和思考，正是他们成就了这本书。

感谢埃森哲的艾维·李（Ivy Lee）。她在业余时间“自告奋勇”为我们提供宝贵研究，本书中的很多公司案例都是由她完成的。此外，她还在关键时刻为我们提供了无价的编辑帮助。如果没有她，这本书同样不会面世。

我们还要感谢埃森哲商业研究院一流的编辑团队。保罗·巴巴加洛（Paul Barbagallo）自始至终为我们提供了宝贵的编辑支持，并在帮助我们保持清晰的思路和信息方面发挥了关键作用。我们对他深表谢意。同时，我们还要感谢戴维·莱特（David Light）和雷吉娜·马鲁卡（Regina Maruca），感谢他们为本书原稿给出的大有裨益的评论、洞见、建议和修正意见。

在本书撰写的过程中，感谢埃森哲商业研究院的同人给予我们的各种各样的反馈、鼓励和无尽的支持。特别感谢弗朗西斯·亨特曼（Francis Hintermann）——如果没有他的推动，这本书不可能写成。还要特别感谢芭芭拉·哈维（Barbara Harvey），以及乔希·贝林（Josh Bellin）、斯文贾·福尔克（Svenja Falk）、拉格夫·纳萨莱（Raghav Narsalay）、安德烈·施利克尔（Andre Schlieker）、马克·珀迪（Mark Purdy）、马修·鲁宾逊（Matthew Robinson）、普拉桑特·P. 舒克拉（Prashant P. Shukla）和詹姆斯·威尔逊。

感谢埃森哲整个市场营销部门给予我们的巨大支持。感谢艾米·富勒（Amy Fuller）和金尼·卡特赖特·齐格勒（Ginny Cartwright Ziegler），以及格温·哈里根（Gwen Harrigan）和吉尔·克拉默（Jill Kramer）。我们还要感谢马克·阿佩尔（Marc Appel）、斯泰西·琼斯（Stacey Jones）、贾尼·斯佩德（Jani Spede）、艾米·艾德克（Amy Eiduke）、图朗·纳扎里（Tourang Nazari）和阿利森·泰斯纳尔（Allison Tesnar）。

感谢弗莱彻公司（Fletcher & Company）的艾瑞克·卢普弗（Eric Lupfer），感谢他作为版权代理为我们提供的超越本职工作的支持。

致　谢

感谢桦榭图书集团（Hachette Book Group）旗下公共议题公司（PublicAffairs）的约翰·马哈尼（John Mahaney），他有着超高的编辑技能，也有着超强的耐心。我们还要向林赛·弗雷德科夫（Lindsay Fradkoff）、杰米·莱费尔（Jaime Leifer）和克里斯汀·玛拉（Christine Marra）表示我们最诚挚的谢意。

感谢将这本书推向市场的卡罗琳·摩纳科（Carolyn Monaco）和吉尔·托滕伯格（Jill Totenberg），感谢她们给予的重大支持。

感谢所有出色的编辑和出版人。他们帮助我们改进本书内容的各个部分，并将其中理念传递给商业受众。感谢《哈佛商业评论》的萨拉·克利夫（Sarah Cliffe）、埃本·哈雷尔（Eben Harrell）、莫林·霍克（Maureen Hoch）、史蒂夫·普罗凯斯奇（Steve Prokesch）、梅琳达·美利诺（Melinda Merino）和玛萨·斯波尔丁（Martha Spaulding）。感谢《麻省理工斯隆管理评论》（*MIT Sloan Management Review*）的保罗·迈克尔曼（Paul Michelman）。感谢《欧洲商业评论》（*European Business Review*）的埃莱诺拉·埃尔罗伊（Elenora Elroy）。

在这里，我们要特别感谢埃森哲已退休的首席战略官提姆·布锐恩（Tim Breene）。他对战略和首席战略官角色的思考先于我们一步，而他所给出的洞见和他所做出的示范一直激励着我们。奥马尔和保罗特别感谢他多年来给予的明智的、富有挑战性的指导。

就其核心而言，这本书讲述的是埃森哲自身的故事以及它的客户的“明智转向”。这些故事都是由各个优秀团队所成就的。单单是书中埃森哲的内容，就有很多人参与。所以，我们在这里要特别感谢南佩德、大卫·罗兰、麦克卢尔（KC McClure）、乔·德布拉雷（Jo Deblaere）、詹弗兰科·卡萨提（Gianfranco Casati）、保罗·多尔蒂、巴斯卡尔·戈什（Bhaskar Ghosh）、查德·杰迪（Chad Jerdee）、马克·尼克雷姆（Mark Knickrehm）、万杉德（Sander van' t Noordende）、丹·伦敦（Dan London）、理查德·卢姆（Richard Lumb）、劳伦斯·莫尔万（Laurence Morvan）、吉恩－马克·奥拉格尼尔（Jean-Marc Ollagnier）、黛比·波利斯胡克（Debbie Polishook）、吉恩·雷兹尼克（Gene Reznik）、埃琳·舒克（Ellyn Shook）、迈克·萨克利夫（Mike Sutcliff）和朱莉·斯威特（Julie Sweet）。

我们还要感谢慷慨拿出时间接受我们采访的很多人。他们为本书中的人物和公司做了介绍，并以各种方式帮助我们完成了本书。感谢黛布拉·阿利格罗（Debra Alliegro）、穆奇特·阿什拉夫（Muqsit Ashraf）、阿尔琼·贝迪（Arjun Bedi）、布鲁诺·伯顿（Bruno Berthon）、马克·卡雷尔－比利亚尔德（Marc Carrel-Billiard）、杰玛·卡奇普尔（Gemma Catchpole）、克里斯·唐奈利（Chris Donnelly）、斯蒂芬·费尼霍夫（Stephen Ferneyhough）、皮尔卡洛·格拉（Piercarlo Gera）、斯科特·哈恩（Scott Hahn）、路易斯·霍华德（Louise Howard）、川田广隆（Hirotaka Kawata）、吉奥吉斯·克里特索塔基斯（Jiorgis Kritsotakis）、彼得·莱西（Peter Lacy）、戴娜·拉雷多（Dinah Laredo）、凯瑟琳·莱斯利（Kathleen Leslie）、托马斯·尼斯特尔姆（Tomas Nyström）、安吉·帕克（Angie Park）、埃米莉·德波塞斯（Emilie de Possesse）、凯里亚科斯·萨巴塔卡基斯（Kyriacos Sabatakakis）、吉尔·斯坦迪什（Jill Standish）、比尔·西菲卢（Bill Theofilou）和马科·齐格勒（Marco Ziegler）。

奥马尔·阿布什

感谢家人——特别是两个儿子——一直以来对我一心扑在工作上给予的宽容。接下来，我要感谢多年来的客户，是他们让我了解了现实世界中的领导困境。他们信任我，并与我分享他们在人员、竞争和监管等众多领域面临的种种严峻挑战。在这里，要感谢保罗·惠特克（Paul Whittaker）、菲尔·诺兰（Phil Nolan）、史蒂夫·霍利戴（Steve Holliday）、克里斯·特雷恩（Chris Train）、约翰·佩蒂格鲁和阿利斯泰尔·菲利普斯－戴维斯。

如果没有职业引领人多年来给予的信任、指导和发展空间，我不可能成为现在的自己。因此，对于吉尔·赖德（Gill Rider）、戴维·托姆林森（David Thomlinson）、马克·斯佩尔曼（Mark Spelman）、比尔·格林（Bill Green）、万杉德和吉恩－马克·奥拉格尼尔，我永远心怀感激。

就职业生涯而言，我是幸运的，我遇上了数百个值得信赖的同事。在此，特别感谢凯利·比塞尔（Kelly Bissell）、斯科特·布朗（Scott Brown）、西蒙·伊夫斯（Simon Eaves）、丹·埃尔龙（Dan Elron）及其优秀团队，特雷弗·格鲁金（Trevor Gruzin）、凯瑟琳·奥莱利（Kathleen O’Reilly）、丹·雷德（Dan Reid）、纳里·辛格（Narry Singh）、约翰·齐利（John Zealley）、斯图尔特·尼克尔（Stuart Niccol）、迈克·科科伦（Mike Corcoran）、基肖尔·杜格（Kishore Durg）、西蒙·怀特豪斯（Simon Whitehouse）、比特·莫纳拉特（Beat Monnerat）、西尔维奥·马尼（Silvio Mani）、朱莉·斯皮兰尼（Julie Spillane）、赖安·尚克斯（Ryan Shanks）、戴夫·“巨无霸”·麦肯齐（Dave “Big Mac” McKenzie）、莉萨·杜纳利（Lisa Dunnery）、戴夫·阿布德（Dave Abood）、吉尔·亨特利（Jill Huntley）、阿南德·斯瓦米纳坦（Anand Swaminathan）、尼古拉·莫里尼–班齐诺（Nicola Morini-Bianzino）、赖安·拉萨勒（Ryan LaSalle）、汤姆·帕克（Tom Parker），以及出色的、激励人心的成长与战略网络。

为战略注入活力的人有很多，他们包括江川昌史（Atsushi Egawa）、鲍勃·伊斯顿（Bob Easton）、朱伟、胡安·佩德罗·莫雷诺（Juan Pedro Moreno）、弗兰克·瑞曼斯伯格（Frank Riemensperger）、塞尔吉奥·考夫曼（Sergio Kaufman）、阿诺普·萨古（Anoop Sagoo）、利奥·弗拉米尔（Leo Framil）、奥利·本泽克里（Olly Benzecry）、吉米·埃瑟里奇（Jimmy Etheredge）、艾伦·麦金泰尔（Alan McIntyre）、安妮·奥里奥丹（Anne O’Riordan）、弗朗西斯科·文图里尼（Francesco Venturini）、埃里克·谢弗（Eric Schaeffer）、戴维·索维（David Sovie）、马蒂亚斯·阿隆索（Matias Alonso）、蕾切尔·巴特尔斯（Rachael Bartels）、比利·斯马特（Billy Smart）、马克·柯蒂斯（Mark Curtis）、奥洛夫·施伯格森（Olof Schybergson）、格伦·哈特曼（Glen Hartman）、

布赖恩·惠普尔（Brian Whipple）、纳伦德拉·穆拉尼（Narendra Mulani）、艾丹·奎利根（Aidan Quilligan）、埃德温·范德奥德拉（Edwin VanderOuderaa）、史蒂夫·卡尔普（Steve Culp）、伊娃·塞奇–加文（Eva Sage-Gavin）、唐·舒尔曼（Don Schulman）、罗伯特·沃兰（Robert Wollan）、丹尼尔·施瓦特曼（Daniel Schwartmann）、乔恩·柯茨曼（Jon Coltsmann）、杰夫·道尔（Jeff Doyle）、克莱尔·格拉齐奥索（Claire Grazioso）、乔尔·乌鲁克（Joel Unruch）、雷卡·梅农（Rheka Menon）和莫林·科斯特洛（Maureen Costello）。

最后，还要特别感谢我的老板、埃森哲前董事长兼首席执行官南佩德。在推动转型方面，南佩德展现出的智慧、紧迫感和包容开放让我受益匪浅。南佩德以其敏锐的才智、幽默感和实用主义，为我们的不断转型创造了最佳条件，他同时也培养了一代又一代伟大的领导者。跟随南佩德学习是一段最激励人心、最令人兴奋的旅程。我们所有人都深深地怀念他。

保罗·纽恩斯

感谢家人：妻子琼（Joan）以及我们的 3 个孩子——乔纳森（Jonathan）、夏洛特（Charlotte）和迈克尔（Michael）。感谢简·卡明斯（Jane Cummings）和詹妮弗·卡明斯（Jennifer Cummings）在纽约给予的无微不至的关怀。感谢凯文和朱莉·马伦（Kevin and Julie Mullen），约瑟夫·纽恩斯（Joseph Nunes）、温迪·海曼–纽恩斯（Wendy Heimann-Nunes），以及马库斯和艾米·纽恩斯（Marcus and Amy Nunes）。感谢埃里克·克莱蒙斯（Eric Clemons）、威廉·“道克”·纳皮沃基（William “Doc” Napiwocki）、吉姆和露西·霍斯波达斯基（Jim and Lucy Hospodarsky）、迈克·卡瓦诺（Mike Cavanaugh）和李纲，迈克·戴维斯（Mike Davis）、汤姆·达文波特（Tom Davenport）、阿吉特·甘比尔（Ajit Kambil）、乔·普伦德加斯特（Joe Prendergast）、莱恩·谢尔曼（Len Sherman）、里克·斯塔基（Rick Stuckey），以及所有给予我帮助的人。

拉里·唐斯

感谢埃里克·阿佩尔（Eric Apel）、丽贝卡·阿博加斯特（Rebecca Arbogast）、南希·巴考尔（Nancy Bacal）、德里克·卡特（Derek Carter）、雪莉·西特伦（Shirlee Citron）、彼得·克里斯蒂（Peter Christy）、埃里克·豪尔（Eric Hower）、安德鲁·基恩、安娜–玛利亚·科瓦奇斯（Anna-Maria Kovacs）、朱蒂·拉斯利（Judy Lasley）、罗斯林·莱顿（Roslyn Layton）、埃伦·利安得（Ellen Leander）、布莱尔·莱文（Blair Levin）、拉里·卢（Larry Loo）、萨拉·卢（Sarah Loo）、卡尔·莫里森（Carl Morison）、凯文·莫里森（Kevin Morison）、林恩·帕克斯–卡特（Lynn Parks-Carter）、理查德·波斯纳（Richard Posner）、张瑞敏、海迪·斯特劳斯（Hedy Straus）、丹尼斯·萨默斯（Dennis Summers）和马杜拉·维耶瓦登纳（Madura Wijewardena）。